清宮林則徐檔案匯編

23

中國第一歷史檔案館
福建省林則徐研究會 編

海峽出版發行集團
海峽文藝出版社

第二三册　目録

作者	事由	日期	頁碼
上諭	著吏部議奏林則徐等為紳民捐建義學請加鼓勵摺	道光二十年二月二十二日 一八四〇年三月二十五日	一
兩廣總督林則徐等奏摺	委令余保純署理廣州府知府	道光二十年二月二十五日 一八四〇年三月二十八日	二
兩廣總督林則徐等奏摺	捐修三水城垣文廟等工竣請照例獎勵出力官民	道光二十年二月二十五日 一八四〇年三月二十八日	五
兩廣總督林則徐等奏摺	請將虧短庫項之已革署長寧縣知縣高炳文拏問究追	道光二十年二月二十六日 一八四〇年三月二十九日	一三
兩廣總督林則徐奏片	督飭查辦連山軍寮排内瑶民出排搭寮聚居情形	道光二十年二月二十六日 一八四〇年三月二十九日	一六

兩廣總督林則徐奏摺	道光十九年份動項循例修補巡洋師船	道光二十年二月二十六日 一八四〇年三月二十九日	二〇
兩廣總督林則徐清單	道光十九年份巡洋師船應造修換各情形簡明清單	道光二十年二月二十六日 一八四〇年三月二十九日	二五
兩廣總督林則徐等奏摺	燒毀外洋匪艇篷寮拏獲通夷烟販黃添幅等審明分別定擬	道光二十年二月二十六日 一八四〇年三月二十九日	四三
兩廣總督林則徐奏摺	校閱在省標營各官兵參將張錫九精力就衰請勒令休致	道光二十年二月二十六日 一八四〇年三月二十九日	五五
兩廣總督林則徐奏片	傳聞英國有大號兵船將次到粵各要口已檄行遣員分往稽查	道光二十年二月二十六日 一八四〇年三月二十九日 *	六一
上諭	著林則徐等將拏獲漢奸定擬具奏嗣後如有匪船照前痛擊	道光二十年三月初七日 一八四〇年四月八日	六三
兩廣總督林則徐奏摺	廣東水師提督關天培是否應俟夷務辦竣再請陛見	道光二十年三月初七日 一八四〇年四月八日 ※	六五
兩廣總督林則徐奏片	密舉張成龍調任南澳鎮總兵	道光二十年三月初七日 一八四〇年四月八日 ※	六九
兩廣總督林則徐等奏摺	請以張錫蕃陞補佛岡同知	道光二十年三月十一日 一八四〇年四月十二日	七二
兩廣總督林則徐等奏摺	請將遣軍流罪烟犯變通起解以清囹圄而免疎虞	道光二十年三月十一日 一八四〇年四月十二日	七七

兩廣總督林則徐等奏摺	粵東查辦鴉片續獲人烟槍具實數	道光二十年三月十一日 一八四〇年四月十二日	八三
上諭	著吏部議奏林則徐等為官民捐修城垣工竣請獎摺	道光二十年三月二十五日 一八四〇年四月二十六日	八九
兩廣總督林則徐等奏摺	徵收道光十九年下忙錢糧銀兩數目	道光二十年三月二十五日 一八四〇年四月二十六日 ※	九〇
兩廣總督林則徐奏摺	遵旨審明盜犯關九興案擬請絞決	道光二十年三月二十六日 一八四〇年四月二十七日	九四
兩廣總督林則徐等奏摺	籌議添建尖沙嘴官涌礮臺	道光二十年三月二十六日 一八四〇年四月二十七日	一〇九
兩廣總督林則徐等奏片	請一體發放靖遠礮臺協濟兵丁口糧銀兩	道光二十年三月二十六日 一八四〇年四月二十七日	一一五
兩廣總督林則徐等奏摺	察看廣東水師情形大鵬營籌設副將請動項添船建衙製械	道光二十年三月二十六日 一八四〇年四月二十七日	一一八
兩廣總督林則徐等奏摺	遵旨籌議曾望顏所陳封關禁海事	道光二十年三月二十六日 一八四〇年四月二十七日	一三〇
兩廣總督林則徐等奏片	請將粵省拏獲烟犯船貨産業准予給賞	道光二十年三月二十六日 一八四〇年四月二十七日	一四二
兩廣總督林則徐等奏片	藩司熊常錞因病請准開缺調理員缺即請簡放	道光二十年三月二十六日 一八四〇年四月二十七日 *	一四八

兩廣總督林則徐奏片	委令廣州府知府珠爾杭阿賫繳欽差大臣關防	道光二十年三月二十六日 一八四〇年四月二十七日 *	一五〇
兩廣總督林則徐等奏片	緝獲洋盜趙歡洪等情形	道光二十年三月二十六日 一八四〇年四月二十七日 *	一五二
上諭	著即勒令休致林則徐所參精力就衰參將張錫九	道光二十年三月二十七日 一八四〇年四月二十八日	一五七
兩廣總督林則徐題本	題參廣東分巡惠潮嘉道王貽桂等員疎防竊案限滿贓犯未獲	道光二十年三月二十七日 一八四〇年四月二十八日	一五八
兩廣總督林則徐題本	題參廣東督糧道王篤等員疎防行舟劫案限滿贓犯未獲	道光二十年三月二十七日 一八四〇年四月二十八日	一七〇
兩廣總督林則徐題本	題參廣東督糧道王篤等員疎防渡船劫案限滿贓犯未獲	道光二十年三月二十七日 一八四〇年四月二十八日	一八一
兩廣總督林則徐題本	題報粵省各屬道光十九年份拏獲私鹽船隻變價銀兩	道光二十年三月二十七日 一八四〇年四月二十八日	一九七
上諭	著周天爵林則徐等查察邪教偽書來源予以嚴懲	道光二十年三月二十八日 一八四〇年四月二十九日	二〇一
上諭	著林則徐確查合浦縣境内販運烟土栽種罌粟之事	道光二十年四月初二日 一八四〇年五月三日	二〇三
上諭	著伊里布妥議具奏林則徐籌議變通漕務三條	道光二十年四月初八日 一八四〇年五月九日	二〇五

上諭	著准林則徐等請以張錫蕃陞補佛岡同知	道光二十年四月十二日 一八四〇年五月十三日	二〇六
兩廣總督林則徐等奏摺	審明南海縣潘義德等誘拐幼孩凌虐致死案分別定擬	道光二十年四月十二日 一八四〇年五月十三日 ※	二〇七
兩廣總督林則徐奏摺	京察湖北大汛潰隄奉諭照舊供職謝恩	道光二十年四月十三日 一八四〇年五月十四日	二一六
兩廣總督林則徐奏片	奉接硃批並恩賞福壽字謝恩	道光二十年四月十三日 一八四〇年五月十四日	二二〇
兩廣總督林則徐奏摺	請以陳連陞陞署三江協副將	道光二十年四月十三日 一八四〇年五月十四日	二二二
兩廣總督林則徐等奏摺	請准洋商呈請捐繳三年茶葉行用銀兩藉供防英經費	道光二十年四月十三日 一八四〇年五月十四日	二二七
兩廣總督林則徐等奏片	請以李銘調署化州知州	道光二十年四月十三日 一八四〇年五月十四日	二三六
兩廣總督林則徐奏摺	道光十九年份應修外海内河巡緝戰船請動項修造	道光二十年四月十三日 一八四〇年五月十四日	二三八
兩廣總督林則徐奏片	粵省代修閩省師船請仍循閩省大修例價報銷	道光二十年四月十三日 一八四〇年五月十四日 *	二四三
上諭	著林則徐等嚴密稽查永遠禁絶鴉片	道光二十年四月二十五日 一八四〇年五月二十六日	二四七

上諭	著准林則徐等所奏於商捐生息銀內動支添建尖沙嘴官涌兩處礮臺	道光二十年四月二十五日 一八四〇年五月二十六日	二四九
上諭	著准林則徐等所奏廣東藩司熊常錞開缺調理其缺著梁寶常補授	道光二十年四月二十五日 一八四〇年五月二十六日	二五一
兩廣總督林則徐奏摺	遵旨保舉趙光璧趙承德堪勝廣東省陸路總兵之任	道光二十年四月二十五日 一八四〇年五月二十六日	二五二
兩廣總督林則徐奏片	請俟張成龍到粵察看後再請與惠昌燿互調	道光二十年四月二十五日 一八四〇年五月二十六日	二五八
兩廣總督林則徐奏摺	請照案動項興建南韶連鎮衙署營房	道光二十年四月二十五日 一八四〇年五月二十六日	二六二
兩廣總督林則徐等奏摺	審辦新寧縣疍民蕭亞遂在洋圖財謀殺一家三命案	道光二十年四月二十五日 一八四〇年五月二十六日	二六八
兩廣總督林則徐等奏摺	訪獲護送鴉片巡役及出洋販烟各犯審明分別懲辦	道光二十年四月二十五日 一八四〇年五月二十六日	二七八
兩廣總督林則徐題本	題請黃慶澄補授廉州府白石場鹽大使	道光二十年五月初二日 一八四〇年六月一日	二九五
兩廣總督林則徐題本	題報應運道光二十年滇銅及道光十年粵鹽各費互抵銀數	道光二十年五月初二日 一八四〇年六月一日	三〇二
上諭	著准洋商捐繳茶葉行用銀兩三年並著林則徐等撙節動用核實支銷	道光二十年五月十一日 一八四〇年六月十日	三三六

文件	事由	時間	備注	頁碼
兩廣總督林則徐等奏摺	請以劉師陸陞補南澳同知	道光二十年五月十三日 一八四〇年六月十二日		三三七
兩廣總督林則徐等奏片	請以劉世淳調署博羅縣知縣崔國政調署石城縣知縣	道光二十年五月十三日 一八四〇年六月十二日		三四二
兩廣總督林則徐等奏摺	審明洪耀漳等出洋買販鴉片案分別擬辦	道光二十年五月十三日 一八四〇年六月十二日	*	三四四
軍機大臣穆彰阿等奏摺	林則徐奏請將烟販船貨給賞拏獲之人尚無窒礙産業應毋庸議	道光二十年五月十三日 一八四〇年六月十二日	※	三五六
兩廣總督林則徐奏摺	核辦控案請追奪醮婦張石氏封典	道光二十年五月十五日 一八四〇年六月十四日		三六〇
兩廣總督林則徐等奏摺	遵辦連山排瑤人遷居龍水尾小排安業案並籌定稽查章程	道光二十年五月十五日 一八四〇年六月十四日		三六六
兩廣總督林則徐奏摺	拏獲買土大鵬營兵丁並在營吸食各犯請將守備林東榮革審	道光二十年五月十五日 一八四〇年六月十四日		三七四
兩廣總督林則徐奏片	廣東藩司熊常錞病故	道光二十年五月十五日 一八四〇年六月十四日		三八〇
兩廣總督林則徐等奏摺	磨刀洋外焚剿夷船辦艇擒獲接濟漢奸情形	道光二十年五月十五日 一八四〇年六月十四日	*	三八二
兩廣總督林則徐奏片	查獲弁兵串詐勒索客商審辦情形	道光二十年五月十五日 一八四〇年六月十四日	*	三九〇

兩廣總督林則徐等奏摺	請以王篤委署廣東臬司王雲錦委署運篆蘇登額兼護道篆	道光二十年五月二十五日 一八四〇年六月二十四日	三九五
兩廣總督林則徐等奏片	王篤委署臬篆既蒙恩擢俟部文到粤再行酌辦	道光二十年五月二十五日 一八四〇年六月二十四日 *	三九八
兩廣總督林則徐等奏摺	甄別府廳州縣請分別改撤勒休	道光二十年五月二十五日 一八四〇年六月二十四日	三九九
兩廣總督林則徐奏摺	請以熊宗貴陞署廣西義寧協陸路副將	道光二十年五月二十五日 一八四〇年六月二十四日	四〇三
兩廣總督林則徐等奏摺	審明趙歡洪等在洋迭劫案分別定擬	道光二十年五月二十五日 一八四〇年六月二十四日	四〇七
兩廣總督林則徐奏片	遵諭拏獲廣西思恩縣傳習邪教之徒	道光二十年五月二十六日 一八四〇年六月二十五日 ※	四一六
兩廣總督林則徐奏片	遵查高州廉州囤販栽種罌粟情形	道光二十年五月二十六日 一八四〇年六月二十五日 ※	四一九
兩廣總督林則徐題本	題報廣西各標鎮協營道光十九年份官兵朋扣騎操馬匹併買馬節省銀兩	道光二十年五月二十七日 一八四〇年六月二十六日	四二五
兩廣總督林則徐奏摺	遵旨保舉楊登俊堪勝水師總兵之任	道光二十年六月初五日 一八四〇年七月三日	四三五
兩廣總督林則徐等奏摺	拏獲奉旨飭緝劫犯陳亞三等	道光二十年六月初五日 一八四〇年七月三日	四四〇

兩廣總督林則徐等奏摺	請以龔耿光署理高州府通判	道光二十年六月初六日 一八四〇年七月四日	四四七
兩廣總督林則徐等奏摺	廣東省道光十九年份徵收歷年舊欠錢糧完欠數目	道光二十年六月初六日 一八四〇年七月四日	四五二
兩廣總督林則徐等清單	廣東省道光十九年份帶徵舊欠銀糧已未完數目清單	道光二十年六月初六日 一八四〇年七月四日	四五七
兩廣總督林則徐等奏摺	廣東省盤驗司庫銀數及徵收錢糧銀米完欠各數	道光二十年六月初六日 一八四〇年七月四日	四六二
兩廣總督林則徐等奏摺	密陳接扣三成養廉彌補因公挪墊無著款項十五次扣足銀數	道光二十年六月初六日 一八四〇年七月四日	四六六
兩廣總督林則徐題本	題參廣東分巡惠潮嘉道王貽桂等員疎防劫案限滿贓犯未獲	道光二十年六月十三日 一八四〇年七月十一日	四七〇
兩廣總督林則徐題本	題請以馬芳春陞補廣西上思營都司員缺	道光二十年六月十三日 一八四〇年七月十一日	四八一
兩廣總督林則徐等奏摺	續獲行劫在逃多年盜犯何亞斗審明斬梟	道光二十年六月十八日 一八四〇年七月十六日	四八七
兩廣總督林則徐等奏摺	始興縣知縣莫春暉限内續獲首夥各犯過半請給還頂戴	道光二十年六月十八日 一八四〇年七月十六日	四九二
上諭	守備林東榮著即革職交林則徐提問並審究各犯定擬具奏	道光二十年六月十九日 一八四〇年七月十七日	四九七

文件	事由	日期	頁碼
兩廣總督林則徐奏摺	遵旨保舉王一鳳盛筠堪勝陸路總兵之任	道光二十年六月二十一日 一八四〇年七月十九日	四九八
兩廣總督林則徐奏摺	道光十八年份廣州潮州瓊州各府廠修造届限米艇撈繒各船完竣	道光二十年六月二十一日 一八四〇年七月十九日	五〇三
兩廣總督林則徐清單	道光十八年份廣州潮州瓊州修造米艇撈繒竣工日期清單	道光二十年六月二十一日 一八四〇年七月十九日	五〇七
兩廣總督林則徐等奏片	英兵船在外洋間有駛至校椅沙一帶探詢情形	道光二十年六月二十一日 一八四〇年七月十九日	五一六
大學士管理刑部事務王鼎等奏摺	遵議林則徐等奏審辦巡役及出洋販烟各犯摺	道光二十年六月二十三日 一八四〇年七月二十一日	五一九
上諭	著准林則徐所請府廳州縣各員分別改擬勒休	道光二十年七月初四日 一八四〇年八月一日	五三七
上諭	著照林則徐所請熊宗貴陞署廣西義寧協副將	道光二十年七月初四日 一八四〇年八月一日	五三八
兩廣總督林則徐等奏片	英兵船續來粵省設防情形並飛咨沿海各省協力籌防	道光二十年七月初四日 一八四〇年八月一日 ※	五三九
兩廣總督林則徐等奏片	密陳英國續來兵船寫有説帖滋擾並東向北上情形	道光二十年七月初六日 一八四〇年八月三日 ※	五四三
兩廣總督林則徐等清單	英夷兵船所出漢字説帖鈔録清摺	道光二十年七月初六日 一八四〇年八月三日 ＊	五四七

上諭　著吏部議奏林則徐等為紳民捐建義學請加鼓勵摺

道光二十年二月二十二日内閣奉

上諭林則徐等奏紳民捐建義學請量加鼓勵一摺

著吏部議奏此項捐建銀兩免其造冊報銷該部

知道欽此

二

兩廣總督林則徐等奏摺　委令余保純署理廣州府知府
道光二十年二月二十五日

兩廣總督林則徐等奏摺　委令余保純署理廣州府知府

奏
林則徐等　委（余保純）署府篆由
交〇
三月二十五日

二三

兩廣總督林則徐等奏摺 委令余保純署理廣州府知府
道光二十年二月二十五日

兩廣總督臣林則徐
廣東巡撫臣怡良 跪
奏為委署首府篆務循例恭摺奏
聞仰祈
聖鑒事竊照廣州府知府珠爾杭阿於道光十八
年舉行
大計薦舉卓異接准部咨行令赴部引
見應即給咨北上所遺廣州府知府篆務係省會
首郡事務殷繁時有委審要件必須精明廉
正之員方克勝任查有南雄直隸州知州候補
知府余保純明幹有為辦事結實此次委辦
夷務最為出力堪以接署據廣東布政司會詳
前來除咨部外臣等謹循例恭摺具

奏伏乞
皇上聖鑒謹
奏
道光二十年二月二十五日
硃批覽欽此
二月二十五日

两广总督林则徐等奏折

捐修三水城垣文庙等工竣请照例奖励出力官民

林则徐等

捐修城垣等工奖励由

奏

旨　　恩交○

三月二十五日

二三　兩廣總督林則徐等奏摺　捐修三水城垣文廟等工竣請照例獎勵出力官民

道光二十年二月二十五日

兩廣總督臣林則徐
廣東巡撫臣怡良跪

奏為官民捐修城垣堤濠
文廟暨壽濟院工竣請
旨分別獎勵恭摺
奏祈
聖鑒事竊照前署三水縣知縣任荃稟報該縣地當
北江濱臨大河城垣濠堤均關緊要因歷年
久遠向止隨時黏補挖究未大加修濬以致城垣
樓窩鋪城濠並文廟均坍塌淤塞更甚亟應
乘時修葺完固疏挖深通以資捍衛至
文廟暨壽濟院並文昌閣魁壽均因年久失修亦
有傾壞亟須一律修完方足以肅觀瞻而廣

皇仁遍一勘估約共需工料銀二萬餘兩應即動捐
興辦當經批司飭令妥為辦理俟工竣核實
驗收照例詳請獎勵去後據布政使熊常錞
會同按察使喬用遷查得前次城垣各工先經
該前署知縣任[illegible]偕同地方紳士並府內紳民人等踴
躍捐輸陸續共捐銀二萬八百兩遴選紳民陳
騏等擇吉購料次第興修城垣於道光十六年
十月初八日興工至十九年十月二十日工竣保壽
橋於九年三月二十日興工至五月初一日工竣
文廟於九年五月初七日興工至七月初五日工竣
書院於十九年五月初五日興工至七月初
六日工竣共用過工料銀二萬八百九十兩

一錢四分七厘，除將捐存銀兩作款支用外，
不敷尾數，經該前署知縣陶楚捐貲湊用。由司
將委試用知縣鄭家夔前往查驗，委係工堅料
實，並無浮冒及抑勒捐輸情事，取具委員印結，
並由該府查明加結，造具各官紳士民捐輸銀
數、姓名、履歷及工料細冊，由司詳請具
奏到該局前來。臣等查道光十五年奏准部咨行
捐輸銀兩章程內開：現任地方官遇有捐
資修理公事，二百兩以上者紀錄一次，五百兩以
上紀錄二次，捐至一千兩者給予加一級。又士民
捐銀數在十兩以上，由地方官獎以花紅匾額；一
百兩以上者，詳請獎以匾額；二百兩以上至二千兩

兩廣總督林則徐等奏摺 捐修三水城垣文廟等工竣請照例獎勵出力官民 道光二十年二月二十五日

以上各料估三項六千餘并因今三水縣古
神士民捐修城垣緣城垣
文廟壽將傾其文內房頹壞衆公同集議捐輸
隨捐銀兩及壹萬十兩以上至一百兩者七廣田本
者照例獎勵外所有捐銀一千兩之前署三
水縣知縣任奎倡議捐修倡率捐辦捐銀二百
兩之即選三水縣學教諭蕭良材捐銀五百兩
之三水縣典史陳大福隨同勸捐經理均屬精
詳者方其紳民任出董理助捐出力最著
捐銀之選授高州府教授陳瑛捐銀一千兩之
新選知縣歐陽光華監生唐綸修民人陳德望
捐銀五百兩以上之舉人歐陽鈺捐納即用訓導

兩廣總督林則徐等奏摺　捐修三水城垣文廟等工竣請照例獎勵出力官民　道光二十年二月二十五日

毆陽倜監生周光謨胡芳恩人梁佐仁共九名均
係董理協捐出力不辭勞瘁又捐銀一千
兩之生員梁星垣分發江蘇補用知縣湯殷
芳捐銀五百兩以上之監生何鍾志李沛業
黃毅敖捐錢五千緡折同吳繼堂民人范日福
吳英祥捐銀二百兩以上之捐職布政司理問
李鍾業捐錢從九品麥毅監生黃偉業
民人陳逢均張長慶潘銳亨潘盛亨黃顯高
陳炳霖何錫椒李兆山捐銀一百兩之捐職布
政司經歷何維忠監生李獻瑛民人何永鄭
擇銘黃光陸陸佐廷鄧洸明陸湖光馮耕蘭湯國
蘭逢黃佳蘇夢祥陳五彩鄧廣秀徐瑞之

兩廣總督林則徐等奏摺 捐修三水城垣文廟等工竣請照例獎勵出力官民 道光二十年二月二十五日

世昌黎耀共三十六名均係急公可否援典獎敘
之例相符合無仰懇
皇上天恩敕部照例分別從優議敘以昭激勸至此項
工程係官民自行捐辦請免造冊報銷除將
各冊結咨部查核外臣等謹合詞恭摺具
奏伏乞
皇上聖鑒敕部議覆施行謹
奏
道光二十年二月二十五日
硃批：[illegible]
三月廿五日

兩廣總督林則徐等奏摺　**請將虧短庫項之已革署長寧縣知縣高炳文拏問究追**

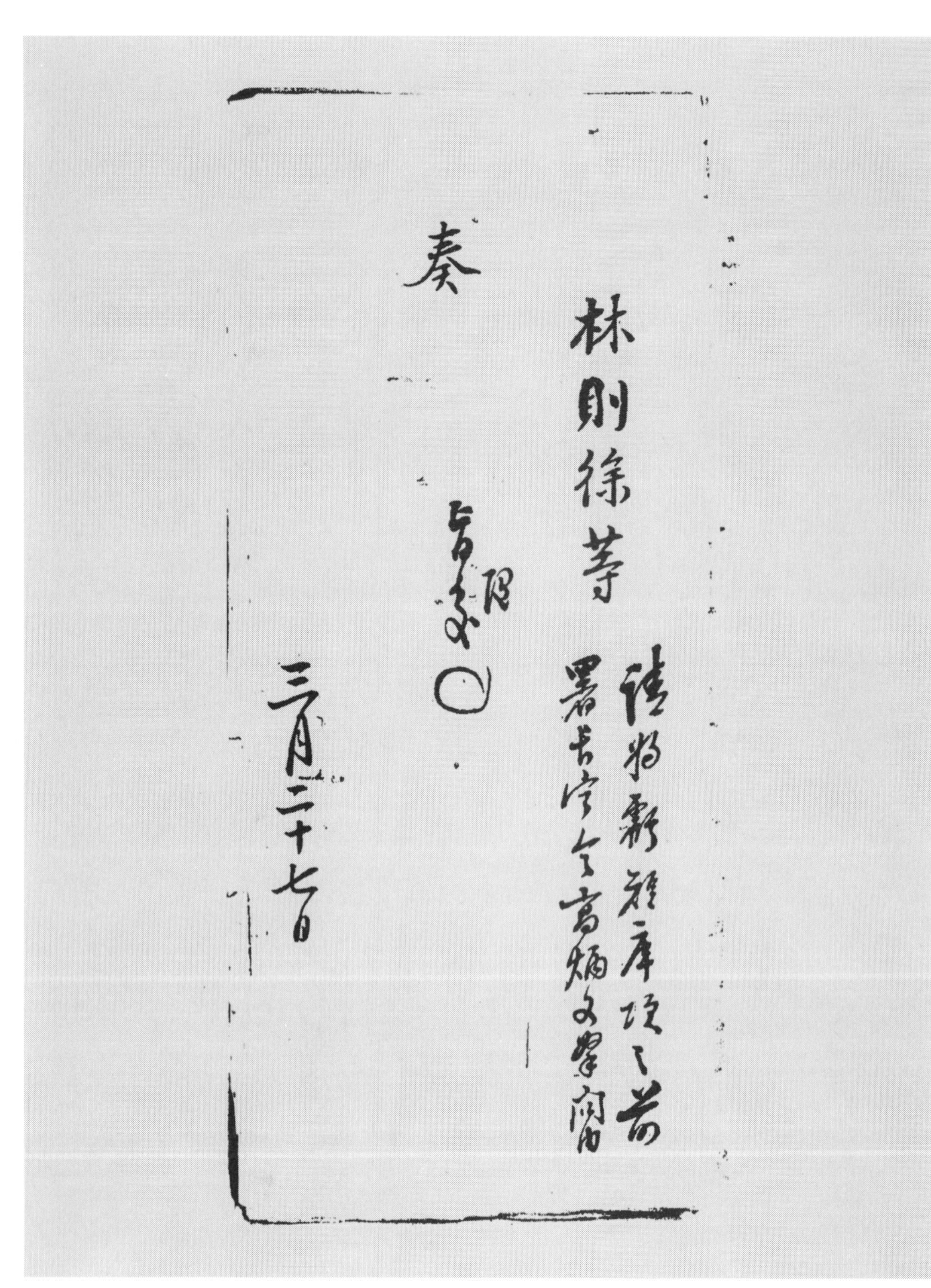
林則徐等

奏

請將虧短庫項之員

署長寧令高炳文拏問

三月二十七日

兩廣總督林則徐等奏摺　請將虧短庫項之已革署長寧縣知縣高炳文拏問究追

道光二十年二月二十六日

兩廣總督臣林則徐
廣東巡撫臣怡良　跪
奏爲已革知縣虧短庫項請
旨拏問以便究追恭摺奏祈
聖鑒事竊照前署長寧縣知縣高炳文因不知檢束與守備
瞿三益同聽流民歌唱經臣怡良會同前督臣鄧廷楨
參
奏革職隨飭接任之員查明該員查明該員任內經手倉
庫有無未清核實盤收結報茲據藩臬兩司會詳據現
署長寧縣知縣謝遇清稟稱前任參革知縣高炳文
任內經管倉庫各款除已交外查有虧欠庫項正雜
各款銀四千四百一十餘兩屢催迄不清交等情查亦由
該管道府揭報到司會詳請

二三 兩廣總督林則徐等奏摺 請將虧短庫項之已革署長寧縣知縣高炳文拏問究追

道光二十年二月二十六日

奏前來臣等查該縣經管各款絲毫皆關
國帑不容稍有短缺茲該員高炳文于因案被參後
復查有虧短庫項銀四千四百一十餘兩延不交清實
屬膽玩相應請
旨將已革前署長寧縣知縣高炳文即行拏問以便提
同經書人等嚴究是侵是挪並此外有無未清款
項分別究追據例定擬另行
奏辦除行司委員即將該革員寓所資財嚴密查抄
並飛咨四川督臣轉飭新都縣將該革員原籍家
產一併查抄備抵外臣等謹合詞恭摺具
奏伏乞
皇上聖鑒訓示謹

兩廣總督林則徐等奏摺　請將虧短庫項之已革署長寧縣知縣高炳文拏問究追

道光二十年二月二十六日

奏

道光二十年三月二十七日奉

硃批　欽此

二月二十六日

兩廣總督林則徐奏片

督飭查辦連山軍寮排內瑤民出排搭寮聚居情形

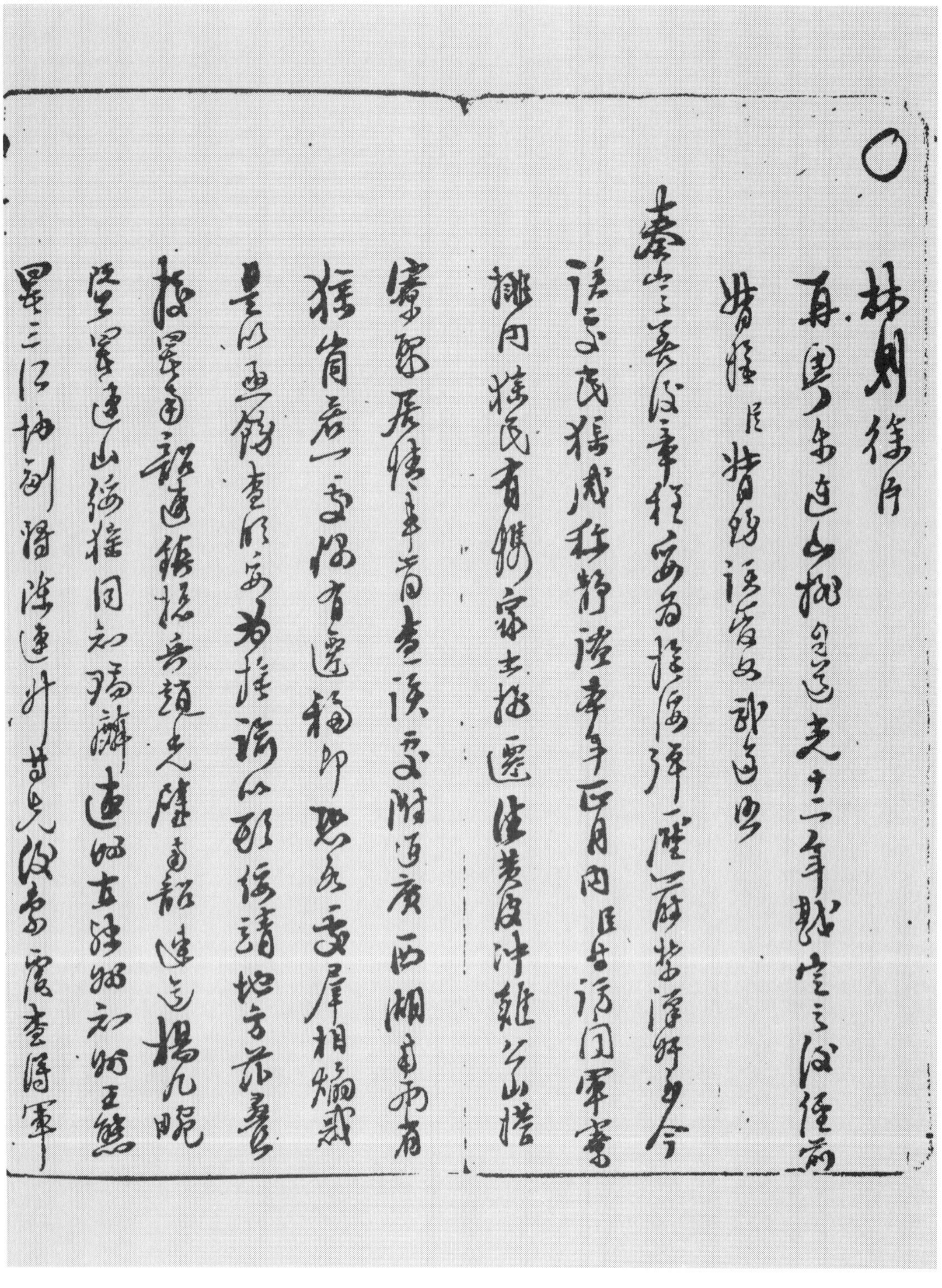

寮排內猺民李金雕二、李漫雞六、李房壽曉甘因
與猺人李狗頭甘、佳鬱尋毆，致被殺害，畏罪攜
帶眷口出赴黃皮沖雜公山搭寮居住，以圖避禍。
至所搭新寮已住九大，該所莫甘李知情
勒款押回排內。李金雕二等僉供不諳滯事，惟求賞
給押回圍恩。該猺民被仇殺未據報明，遽令
歸還原排，轉恐讐殺事端，所關匪細。當飭把
總郭玉寶先將該猺男婦帶回猺山寮內之本
洞，先覓地暫居，將黃皮沖雜公山新寮拆毀，一
面查傳李狗頭等確訊，所控何犯，分別斷結，再令
歸排安業。該總管甘六秀趁其猺情之乎，按擬
該猺詳帶同丁役，密赴查訪，得悉現在地方安

兩廣總督林則徐奏片　督飭查辦連山軍寮排內瑤民出排搭寮聚居情形　道光二十年二月二十六日

兩廣總督林則徐奏片　督飭查辦連山軍寮排內瑤民出排搭寮聚居情形

道光二十年二月二十六日

靜遠界之湖南廣西猺民，任該文武等明白宣諭，
不許私相勾結，並密遠猺性越甚悍。臣等查該
民最易驚疑，必須制以鎮靜，此次該文武等將遷
趕搭寮之眾，先行撤回界內，務令安居撫
諭，釋眾猺再歸原排，復業辦理，尚有次序，惟
李金雕之子與李狗頭、李倫同族，仍恐自相仇襲
殺，縱殺害原起釁之根源，不在即殺傷之隙，
寔易啟爲猺排併居，聚山之中，亦起釁之隙，
惟地方官亦有不宜深究者，臣等惟當寬請
該文武等照道光十二年
奏定章程，責成猺老千長及猺練人等擇地稽查，
不使一猺生事端，以有內遠互控之事，須由地方官

兩廣總督林則徐奏片 督飭查辦連山軍寮排內瑤民出排搭寮聚居情形

道光二十年二月二十六日

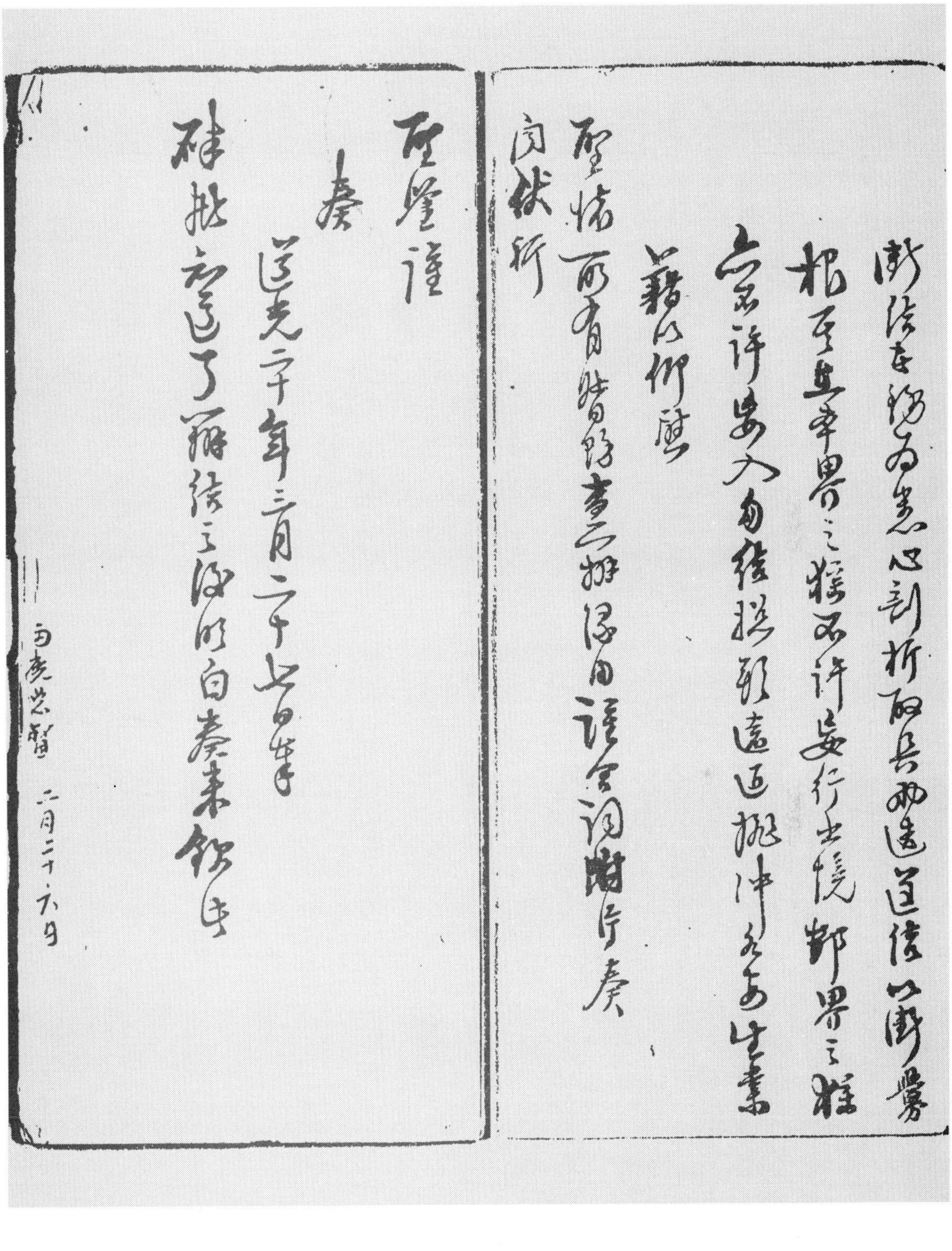

勦除在務為急必剖析所以兩造道使之徹覺
根至其本界之猺不許妄行出境鄰界之猺
亦不許妄入自後接聯遠近撫[illegible]各安生業
藉以仰慰
聖懷所有督飭查辦緣由謹會同附片奏
聞伏祈
聖鑒謹
奏
道光二十年三月二十七日奉
硃批知道了辦理之後仍自奏來欽此
兩廣總督 二月二十六日

兩廣總督林則徐奏摺　**道光十九年份動項循例修補巡洋師船**

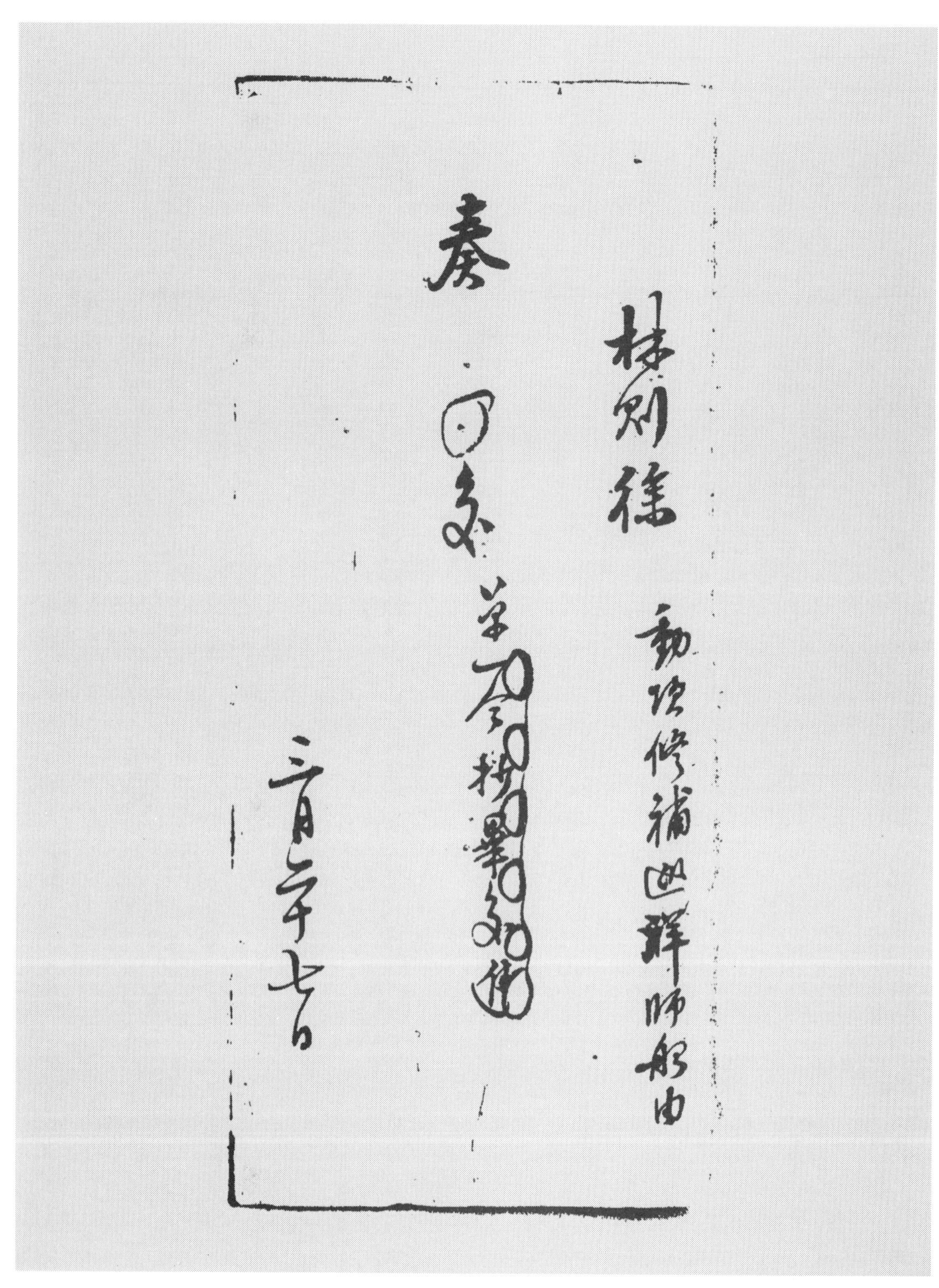

林則徐　動項修補巡洋師船由

奏

同日奉　硃批該部知道

三月二十七日

兩廣總督臣林則徐跪
奏為道光十九年分巡洋師船遭風擊碎損壞，分
別修補，循例彙案恭摺
奏祈
聖鑒事。竊照部議，外海戰船如有遭風擊碎損壞，應
于案發報年工料銀兩，又按損壞情形分別核給。
茲查上屆道光十八年分遭風師船五十六隻，業
經前督臣鄧廷楨
奏明循例造冊送部在案。今查道光十九年分據外海
水師各營先後呈報遭風擊碎損壞大小船隻
計共六十二隻，均經飭司，轉行確勘查明應修各
據署廣東布政司會詳，准據各營將陸續勘明

陽春山海左營第一號槳船水師提標中營第一號大米艇香山協左營第三號中米艇水師提標中營第二號大米艇香山協左營第五號小米艇香山協右營第二號中米艇陽江鎮左營第二號大米艇大鵬左營第一號大米艇第四號中米艇平海營第三號中米艇共被風損壞船十隻均由運商捐辦毋庸動支藩庫款項又虎門海左營第三號大米艇第四號中米艇第一第二號撈罾船平海營艚第一號大米艇共船五隻損壞甚輕由營自行捐修均毋庸動支公項又碣石鎮左營第五號小米艇一隻係屆應拆造之船被風損壞仍俟屆修案內辦理外

兩廣總督林則徐奏摺　道光十九年份動項循例修補巡洋師船
道光二十年二月二十六日

者皆應造應修應換等船撈罾大八槳共船
四十七隻俱應分別動項修造查無捏飾據各
該船出具印結經該管道府確核由司具詳請
奏除將損壞各師船工料並現失軍火炮
械確核估計題銷及請豁免備造具送冊
分別辦理外謹循例具
奏並開具簡明清單恭呈
御覽伏乞
皇上聖鑒謹
奏
道光二十年二月二十六日
硃批工部議奏單併發欽此

兩廣總督林則徐奏摺　道光十九年份動項循例修補巡洋師船
道光二十年二月二十六日

兩廣總督林則徐清單

道光十九年份巡洋師船應造修換各情形簡明清單

清單

謹將道光十九年分據各營先後具報巡洋師船遭風擊碎損壞月日及應造應修應换各情形開具簡明清單恭呈

御覽

一署硇洲營都司馮聖宗稟報第一號撈繒船一隻於道光十九年四月二十日在那娘港口被風將各椗纜頓斷隨風飄擱遂溪縣屬企沙門口擊爛板片漂失無存應行補造

一署廣海寨游擊布萬和稟報第七號撈繒船一隻於道光十九年六月二十八日在漁塘洋面被風將大二三纜頓斷三板漂失隨風飄至塘螺石洋面撞礁擊碎片板無存應行

補造

一署陽江鎮左營游擊林鳳儀稟報第四號中米艇一隻於道光十九年九月初二日在雙洲洋面被風將大二三纜頓斷三板漂失隨風刮入新寧縣屬北渡洋面至初三夜被浪擊碎板片無存第六號中米艇一隻同日在雙魚洋面被風將正副桅纜先後頓斷隨風漂流至次夜漂至電白縣屬白沙洋面撞礁擊碎板片漂流無存此二船均應補造

一署陽江鎮左營游擊林鳳儀稟報第二號撈繒船一隻於道光十九年九月二十六日在雙山洋面被風扭斷各桅三板漂失隨風飄

至石門洋面拉礁擊碎板片無存應行補造

以上中米艇撈繒共船五隻在洋遭風擊碎

均由廣州府廠補造

一署水師提標左營游擊麥廷章稟報第五號

中米艇一隻於道光十九年三月初二日在

沙瀝洋面被風頭斷梚纜等項應行修理

一署水師提標右營游擊王鵬年稟報第四號

中米艇一隻於道光十九年八月二十四日

在淇澳洋面被風折斷大桅風篷繂索等項

損壞應行修理

一署廣海寨游擊布萬和稟報第九號撈繒船

一隻於道光十九年六月二十八日在三洲

洋面被浪顛斷大纜二纜船身灰路頓鬆蓬
索桅椇等項損壞該船係於道光十八年六
月内屆應小修因尚堪駕駛稟准緩修今被
風顛鬆灰路纜索等項損壞過甚勘明難照
小修辦理應歸入遭風案内改為大修辦理
以上中米艇撈繒共船三隻在洋遭風損壞
均由廣州府廠修理
署海門營叅將曹飛揚稟報第一號大八槳
船一隻於道光十九年八月二十一日驟遇
風狂浪大舵牙舵横被浪擊折隨風飄至三
嶼洋面是夜風浪益猛正副椗繩俱被擊斷
復飄至石澳洋面衝礁擊碎片板散失無存

應由潮州府廠補造

一署龍門協副將陳朝良稟報右營第六號中米艇一隻於道光十九年四月二十日在深滘底洋面被風將各纜扭斷大桅擊折舢板被浪漂失舵板擊脫隨風飄至那隆洋面撞礁擊碎板片無存第二號撈繒船一隻同日在南滿洋面被風將各纜頓斷舵板擊碎隨風飄出冠頭嶺外洋撞礁擊碎板片無存此二船均應補造

一海口營參將劉大忠稟報第二號大米艇一隻於道光十九年九月初二日在瓊山縣屬大林洋面被風將大二三纜頓斷頭桅舵牙

擊折船身灰路被浪磕裂滲漏隨風飄至小英洋面撞礁擊碎板片漂流無存第二號撈繒船一隻同日在瓊山縣屬紅沙洋面被風將舵頁擊碎大桅頭桅擊折大二三纜頓斷隨風飄抵澄邁縣屬東水洋面撞礁擊碎板片漂流無存此二船均應補造

一署崖州協副將佘清稟報第二號小米艇一隻於道光十九年九月初九日在中伏洋面被風將椗纜頓斷隨風飄至三亞洋面撞礁擊碎板片漂流無存應行補造

一署龍門協副將陳朝良稟報左營第三號大米艇一隻於道光十九年九月初十日在大

遇洋面被风将桅缆顿断，桅舵断坏，随风飘至红排石外洋撞礁击碎，板片漂流无存。第二号捞缯船一只，同日在洲尾西湾洋面被风将桅缆全行顿断，舵頁击碎，舢板被浪漂失，随风飘至天堂角洋面撞礁击碎，板片漂失无存。此二船均应补造。

一、海康县知县刘丙庆详报，儋州营第八号小米艇一只，因奉文赴硇防夷，于道光十九年十一月初五日黄昏时候驶至县属大林洋面，风雨暴发，浪涌如山，将该船舵板、大桅风桅、灰路击磕损坏，随风飘荡，即在大林洋面撞礁击碎，片板无存，应行补造。

以上大中小米艇撈繒共船八隻在洋遭風
擊碎均由瓊州府廠補造

一署硇州營都司馮聖宗稟報第二號大米艇
一隻於道光十九年四月二十日巡至吳川
縣屬東角洋面天色變異收泊那娘港口下
椗陡起颶風將該船風篷飄脫落海纜索扭
斷舢板被浪擊沉櫓槳漂失灰路槓椇多被
損壞應行修換

一署瓊山縣知縣許夢麟申報海口營第六號
中米艇一隻於道光十九年四月二十日在
縣屬白沙洋面遭風將船身灰路擊鬆滲漏
大桅舵桅槓椇篷索等項均被損壞應行修

換

一澄邁縣知縣高凌漢申報海口營第二號撈繒船一隻於道光十九年四月二十日在縣屬東水洋面遭風將該船大桅風篷舵梳槓椇篷纜等項擊折損壞灰路鬆裂滲漏應行修換

一署龍門協副將陳朝良稟報右營第八號中米艇一隻於道光十九年四月二十日在紅沙滿洋面被風頓斷梳纜灰路篷索槓椇等項均有損壞應行修換

一署廣海寨游擊布萬和稟報第二號大米艇一隻於道光十九年六月二十八日在三洲

塘洋面被風損壞蓬索桅椇等項第四號中
米艇一隻同日在深灣洋面被風扭斷大桅
纜索桅椇多有損壞周身灰路頓鬆第五號
中米艇一隻同日在三洲塘洋面被風損壞
蓬索等項船身灰路頓鬆滲漏第六號中米
艇一隻同日在沙堤洋面被風損壞蓬索桅
椇等項船身灰路頓鬆第八號撈繒船一隻
同日在雙洲洋面被風損壞蓬索桅椇等項
船身灰路頓鬆滲漏第十號撈繒船一隻同
日在大坦洋面被風損壞桅椇蓬索等項船
身灰路頓鬆滲漏此六船均應修換
一署陽江鎮右營都司林亮光稟報第二號大

米艇一隻於道光十九年六月二十八日在博賀港被風將正副椗纜陸續頓斷隨風飄至蚕場海邊擱淺該船通身灰路底板頓爆船上篷索等項俱皆損壞第三號大米艇一隻同日在博賀港被風將大二三纜頓斷隨風飄至天鵝墩洋面撞沙擊爆船身底板舵頁扭壞篷索等項均皆損壞第六號中米艇一隻同日在沙嘴洋面被風將各椗纜先後頓斷灰路頓鬆篷索槓椇等項損壞廣字十三號撈繒船一隻同日在博賀港被風將各椗纜頓斷亭艙吹壞船身灰路頓鬆槓椇等項損壞此四船均應修換

一署陽江鎮左營遊擊林鳳儀禀報第六號中米艇一隻於道光十九年六月二十八日在蝴蝶洲洋面避風至二十九日風勢狂大將大二三纜一齊頓斷桅椇舵頁等項壞爛船即被風飄至白石洲擱淺船身夾路頓鬆船底被石穿裂三板漂失第二號撈繒船一隻同日在戙船澳洋面避風至二十九日風勢益烈將纜頓斷船上桅椇等項損壞兩邊馬路板吹毀夾路頓鬆此二船均應修换

一署廣海寨遊擊布萬和禀報第六號中米艇一隻於道光十九年八月二十一日在香山縣屬亞婆尾外洋被風扭斷大桅篷索桅椇

等項周身灰路頓鬆滲漏應行修換
一海口營參將劉大忠禀報第六號中米艇一隻於道光十九年九月初二日巡抵文昌縣屬木欄洋面被風將大桅擊爆風檀舵牙損折椗纜俱皆扭斷飄擱瓊屬白沙洋面灰路撲裂篷索梢棋等項均多損壞第一號撈繒船一隻同日巡抵瓊山縣屬大林洋面被風將大桅擊折大二三纜並各繂索均被扭斷舵牙擊脱飄擱瓊屬公正塋洋面全船灰路俱皆鬆裂風篷風檀梢棋等項亦多損壞此二船均應修換
一署大鵬營參將賴恩爵禀報左營第二號大

米艇一隻於道光十九年九月初二日在九龍洋面被風將船上篷索桅椇等項損壞應行修换

一署陽江鎮左營遊擊林鳳儀稟報第二號撈繒船一隻於道光十九年九月初二日在戙船澳洋面被風損壞桅椇篷索等項船身灰路頓鬆三板擊裂應行修换

一署廣海寨遊擊布萬和稟報第八號撈繒船一隻於道光十九年九月初二日在鷹洲洋面被風損壞桅椇篷索等項灰路擊鬆三板漂失應行修换

一署龍門協副將陳朝良稟報左營第五號中

米艇一隻於道光十九年九月初九日巡至烏雷大滿洋面被風將大二三椗纜先後頓斷舵頁舢板被浪擊没至初十日漂抵金古海旁擱淺船身灰路頓裂滲漏一切桅椇等項損壞第一號撈繒船一隻同日在龍尾開行駛至洲墪洋面被風將舵頁杉板擊碎椗纜全行頓斷至初十日飄至山扒墪洋面遇沙擱淺篷索桅椇等項多有損壞船身灰路頓裂滲漏右營第八號中米艇一隻同日在南滿開行巡抵北海洋面至初十日被風將椗纜頓斷篷索桅椇等項損壞第三號撈繒船一隻同日巡抵南沙尾洋面見天色變異

收泊淡水口洋面至初十日被風浪頓斷椗纜船頭板片蓬索楨椇等項均被損壞此四船均應修换

一署崖州協副將佘清稟報第一號大米艇一隻於道光十九年九月初九日在白沙港被風將椗纜頓斷隨風飄至東瑁洲洋面擱淺船身灰路擺鬆蓬索楨椇等項損壞第三號撈繒船一隻同日在白沙港外洋被風將椗纜頓斷飄至桶井洋面船上蓬索楨椇等項損壞船身灰路頓鬆滲漏此二船均應修换

一署碣石鎮中營遊擊羊英科稟報第四號小米艇一隻於道光十九年九月十九日在海

豐縣屬白沙湖洋面被風損壞篷索椗椇等

項船身底板灰路被浪頓鬆滲漏應行修換

一署碣石鎮左營遊擊林大光稟報第二號中

米艇一隻於道光十九年九月十九日被風

將正副椗擊斷篷索椗椇損壞隨風飄至蘇

公澳洋面擱掛沙汕船底損壞應行修換

以上大中小米艇撈繒共船三十隻在洋遭

風損壞均係由營修換

覧

燒毀外洋匪艇篷寮拏獲通夷烟販黃添幅等審明分別定擬

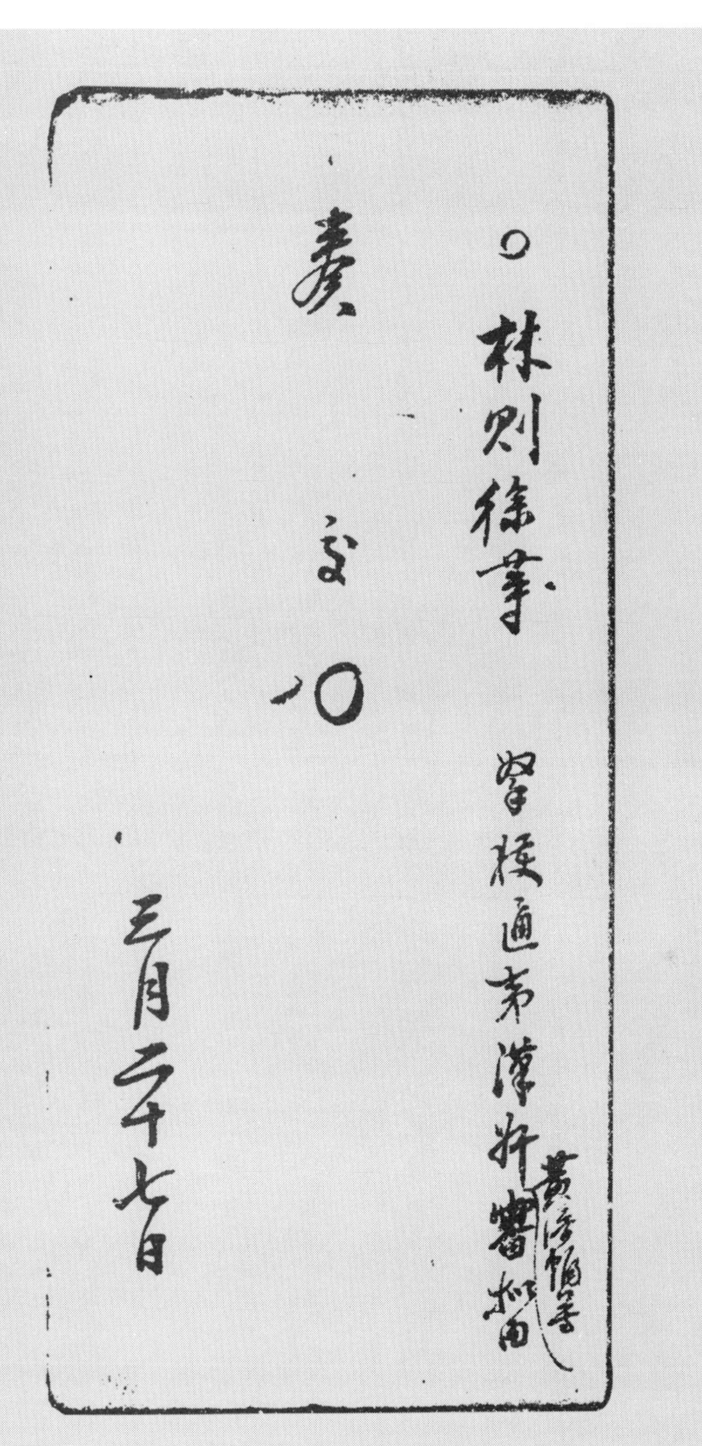

奏

○林則徐等

拏獲通夷漢奸黃添幅等審擬由

三月二十七日

二三

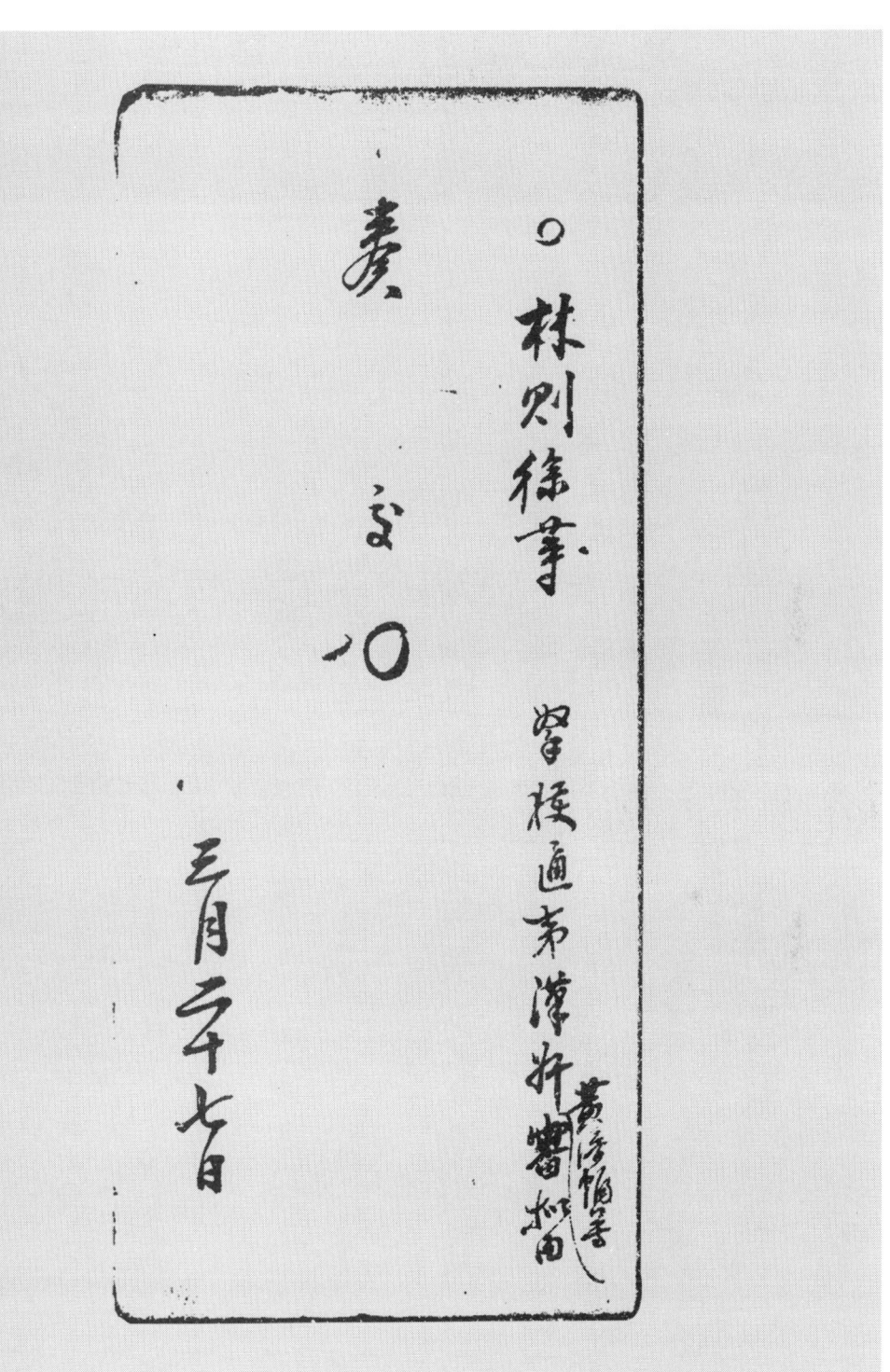

兩廣總督林則徐等奏摺　燒毀外洋匪艇篷寮拏獲通夷烟販黃添幅等審明分別定擬

道光二十年二月二十六日

兩廣總督臣林則徐
廣東巡撫臣怡良　跪

奏為燒毀外洋匪艇篷寮拏獲通夷人犯黃
添幅等審明分別定擬恭摺
奏祈
聖鑒事竊臣等先因停止嘆夷貿易該國夷船雖經
竄出外洋惟恐尚有匪艇潛越出洋勾夷船販
運鴉片烟土及接濟夷人食物情事疊經嚴飭
地方文武等嚴緝并飭水師各營會商并相機
燒燬去後茲據提臣關天培咨據派帶兵勇之署
任游擊馬辰守備黃琮參將大鉞等偵知長沙灣
等處外洋泊有夷船近日匪艇多集往向販
烟接濟該處海灘亦有搭寮賣物之人即欲動

奏包會同水師督率弁兵水勇及新安縣循分
路前進於正月二十七日丑刻駛近夷船寄椗之
長沙灣尖沙嘴一帶當火燒去賣烟土及接濟
食用各物之大小船艇共二十三隻又其海岸沙
灘搭有篷寮六處亦概焚燬淨盡所有通夷
奸匪除在船燒斃及鳧水脫逃淹斃不計外生
擒身穿夷衣脚穿夷鞋之匪犯黃添幅及陳
亞生喬亞先林亞去鍾亞壽劉亞五袁亞二亞
西二畢亞勝林亞保等十名押解來省業經臣
等督飭驅逐夷船情形摺內繕明奏
聞在案隨即將黃添幅所穿夷衣夷鞋訊取供
認裝於夷人處買並將各犯訊取大概供詞仍行

二三　兩廣總督林則徐等奏摺　燒毀外洋匪艇篷寮拏獲通夷烟販黃添幅等審明分別定擬

道光二十年二月二十六日

發司委員確審去後，茲據廣州府知府珠爾杭
阿偕同署南海縣知縣劉師陸、番禺縣知縣張錫蕃審明定擬，由署廣
東按察使陳嘉樹會同署廣東布政使喬用遷
解勘前來。臣等督同司道提犯研鞫，緣
黃添幅、陳水生、亞五、亞六均籍隸新安縣，黃添幅
素駕大小船隻在洋面捕魚載客，及傭工度日。
黃添幅與夷船熟識，諳曉夷語。道光十九年十
二月內，黃添幅因向來外洋夷船
存有鴉片煙土，起意販賣牟利，隨買黃牛二隻，
潛用漁船載往[illegible][illegible]三巴崙夷船，賣與夷人唻
喇嘆，換得公班煙土二箇，攜回轉賣與素識李義
之陳積茂，得番銀五十六圓。黃添幅因見常往夷船

買取烟土恐被巡洋舟師緝拏起意向夷人啨唎取
得夷衣夷鞋於出洋時假扮夷人以圖影射躲
避二十年正月初五日黃添幡又買黃牛二隻
賣與夷人啨唎換得烟土二箇十五日又買黃牛
四隻賣與夷人啨唎換得烟土四箇隨將烟土
六箇轉賣與素識未獲之鄭廣添鄭成聰共
得番銀一百五十圓二十五日有與黃添幡素好
現獲之陳水生因貧難度向黃添幡與三吧喻
夷船熟識起意商同現獲之巫亞二合本購
買食物接濟夷人希圖獲利隨買茶葉於二
十六日往邀黃添幡坐艇要其引帶前往三吧
喻夷船將茶葉賣與夷人得銅錢四百文花用

是夜大小船艇均被火船燒燬黃添幅等見
船匪被兵勇等追捕翁雅不現翁之喬亞
先林亞本鍾亞受劉亞平袁亞二梁陽勝林亞
陽籍錦保莫奇黃覺鄭安黃錫均在新安縣地
方小艇度日道光十九年冬間喬亞先因生意淡
薄聞得外洋有夷船散泊起意買取食物賣與夷
人藉利隨赴附近村墟張績買得芋麻糖菓雜貨
赴外洋賣與夷船不記次數二十年正月二十六日該
犯復起意邀同現獲翁之梁陽勝合本文載
芋麻糖往賣是夜艇隻被燒喬亞先梁陽勝
逃避不及俱被翁雅子林亞本於道光二十年
正月十二日商同未獲翁之陳亞根各出銅錢三

千文買得雞鴨青菜麵粉糧菜等物搭坐
未獲不知姓名漁船赴陽洋沙灘上擺賣常
有夷人收坐三板往買林亞秀等陸續賣得錢文
陸續轉運並在該灘上搭蓋篷寮居住又
鍾亞受夥亞秀於道光二十年正月內又買青菜水
菓載往陽洋沙灘上擺賣有夷人收坐三板先
後向賣二十六日鍾亞受等因天色已晚即在
該處不識姓名漁戶草寮內住宿又袁亞三於
道光二十年正月內起意商同現獲之林亞得
來往沙灘上搭蓋篷寮先後買備雞鴨魚
菜擺賣陸續有不識姓名夷人收坐三板赴
買二十六日在該處寮棚被燒燬該犯與林亞秀

等同被獲。以上人犯十名，黃添幅駕船賣米與
夷人，兌換烟土入口帶賣，並穿用夷人衣履，情
節最重，且據供認不諱。陳水生、甘或駕艇隻，
或搭篷寮，均係接濟夷船，通犯既亦有販賣
鴉片烟土情事，復經陽、劉發、輯標、陳水生、甘望
供所賣零星食物價值無多，不知係黃添幅之
販運，年僅異以兌換夷船烟土，再三究詰，矢口
不移，察無遁飾。查新例載：沿海奸徒勾通
外夷潛買鴉片烟土入口，圖積囤賣圖利之
經審實，首犯擬斬立決，奏請
王命先行正法，例傳首海口地方懸竿示眾。又例
載：交結外國互相買賣，誆騙財物，問發邊遠充

軍多甘得此案黃添幅自買牛隻親向夷船
易換烟土轉賣與羅胜隆引第陳水生等接濟夷
人食物雖非自開窑口而向夷人易換烟土轉賣
已至三次之多復敢向取夷人衣鞋扮作夷裝希
圖擄人單同食屬通夷不法已四歉仰向擬黃
添幅合依沿海奸徒勾引外夷潛買鴉片入口者
責國利首犯擬斬立決例擬斬立決上甘於
審明後即恭請
王命將該犯黃添幅先行正法傳首海口地方懸竿
示衆以昭炯戒陳水生等或系自起意或聽從
合串接載運食物出赴外洋接濟夷人雖與
收米穀至麥偕運出洋濟匪者同惟現當嚴

二三 兩廣總督林則徐等奏摺 燒毀外洋匪艇篷寮拏獲通夷烟販黃添幅等審明分別定擬

道光二十年二月二十六日

驅逐夷人之際，該犯等膽敢駕船接濟夷
圖利，玩法難寬，若僅照交結外國例分別定
擬，殊嫌輕縱，自應加重問擬。陳水生、黃亞先、林
亞考、鍾亞受、劉亞子、袁亞二六犯係自起意，
均合依交結外國互相買賣誆騙財物問發邊
遠充軍例，從重發遣新疆酌撥種地當差。亞
五二、吳亞勝、林亞得三犯係聽從合夥，於交結
外國互相買賣為從杖一百徒三年例上加等，杖一
百，流二千里。劉記、黃安、買表亞二、梁亞勝、楊
供、饒老丁等雖係接濟夷人，問擬遣流，情節較
重，應不准其留養，毋庸聲請查辦。黃添幅曾
收受賣烟及接濟夷人食物價錢，供已零星花用，

請免其追。夷衣、夷鞋均已燒燬。逸犯沈積臣等
飭緝獲日另結。本案通詳係該管地方文武訪
聞拏獲，失察職名應請免開。其犯艇寮雖已全
燬，仍恐復有潛駕艇隻重搭篷寮，尤須隨
時設法焚燬，認真查拏，以杜勾結而絕根株。
除備錄全案供招咨部外，所有審明定擬緣
由，臣等謹合詞恭摺具
奏。伏乞
皇上聖鑒，敕部覈覆施行。謹
奏。
道光二十年三月二十七日奉
硃批：刑部議奏。欽此。

二月廿六日

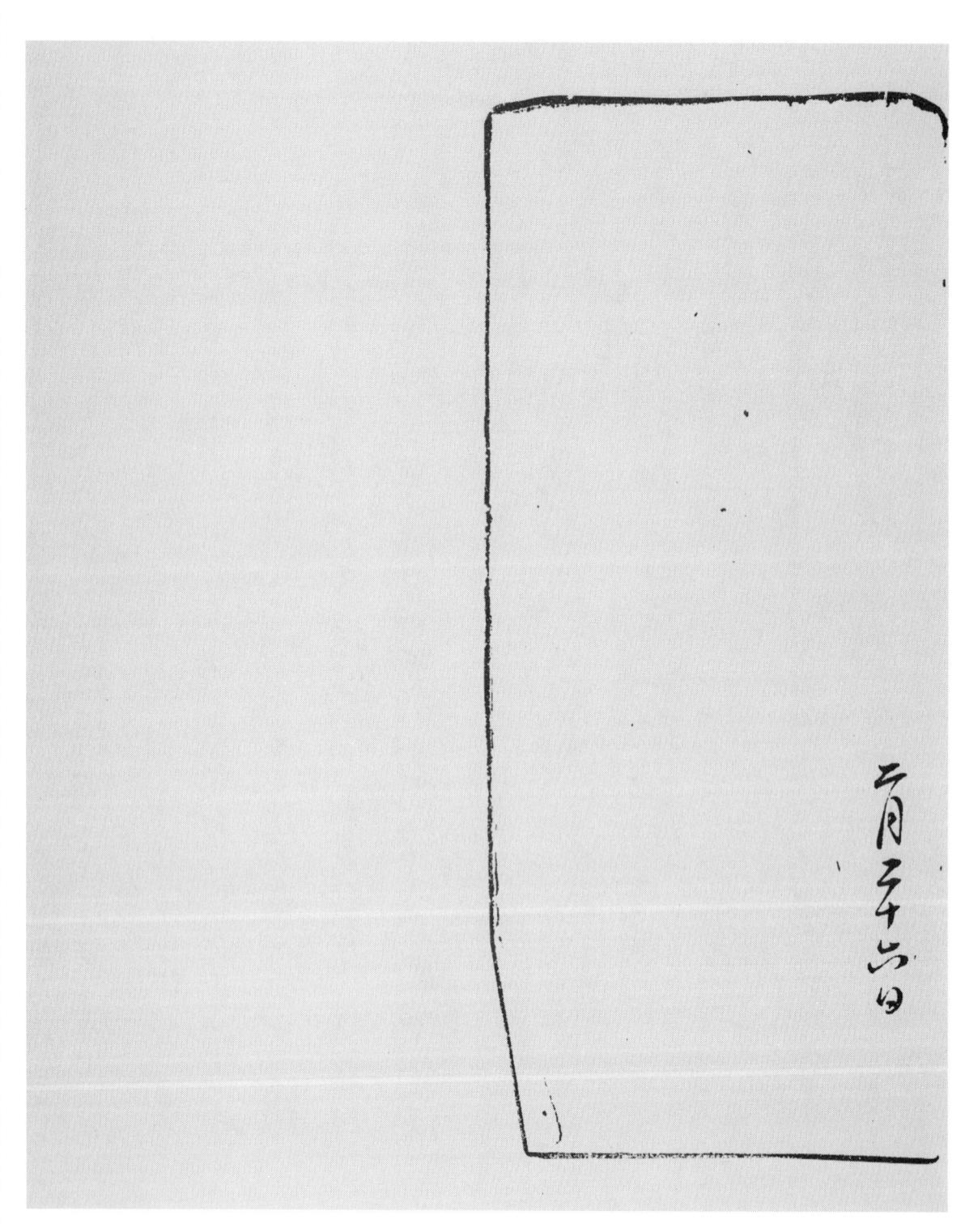

兩廣總督林則徐奏摺

校閱在省標營各官兵參將張錫九精力就衰請勒令休致

兩廣總督林則徐奏摺　校閱在省標營各官兵參將張錫九精力就衰請勒令休致

道光二十年二月二十六日

兩廣總督臣林則徐跪

奏為校閱在省標營暨因公至省各官兵恭摺奏

聞仰祈

聖鑒事竊臣仰荷

恩綸調任兩廣每念海疆重地武備宜嚴而近轄標

營先須整飭雖上年奉差到粵曾蒙

諭令節制水師而駐劄中路海口之日居多所接見者

惟水師提標數營及香山協大鵬營各員弁而於東

西兩路暨遠營汛即未能遍一周知若陸路各營接

見之員尤少此次接任之後即面諭在省營員

以弁兵技藝之短長定將備各員之賢否責

令認真操練必使一兵得一兵之用一日有一日

之功並恐兵丁中尚有沾染吸食鴉片惡習未
經戒斷之人除上年行令各營每兵一名指派五
兵聯保一兵有犯責令五兵舉首其不首者發
覺連坐外臣先將附近各營送到兵冊隨意
抽驗其氣力稍覺軟弱者即先責革嚴驗以徹
其餘至本屆非值巡閱之年而防夷又當吃緊
之際臣未及出赴各屬周歷閱伍而各營支領俸
餉硝磺等事因公至省之弁兵無日無之凡其弓
馬槍牌無不可以隨來隨考約計月餘之內先經
考校者已有一百五十餘員名茲於二月二十
日以後會同廣東撫臣怡良將臣標中左右前
後五營及水師一營撥駐在省兵丁暨撫標

查右兩營並廣州協兩營官兵均在省城校場內
次第校閱所有合操陣式隊伍俱尚整齊施放
連環槍礮亦皆聯絡藤牌刀棍長矛等項撲滾
擊刺頗稱便捷並因各種火器最利行軍當
將逮戰陣內所用之擡槍擡礮噴筒屢加演試擡
礮均能有準高下亦各得宜又考校營將備弁
兵馬步弓箭將弓力先期較準豫備官弓自六
力以上十二力令報明挑用其能挑強命中者頗
不乏人合計準頭數在七成以上其鳥槍分數約
及八成有餘除技藝出衆之員弁兵丁分別獎
賞或遇缺即拔或先予記名外其技藝未熟
而年力正强者即量予分別降責若年衰技

省弁則斥革兵則除糧以示懲儆至將領爲備弁
表率尤須精明强幹始足整頓戎行茲查臣標
左營參將張錫九履歷雖開五十八歲而實年
已逾六十此次來省考驗步箭只中一矢精力就
衰殊難任其戀棧相應請
旨將參將張錫九勒令休致以肅營伍至該將有
輕車都尉世職應否另行承襲恭候部照例辦理
此外未經考驗各營員弁容臣隨時察覈其有
衰庸廢弛者定當嚴行甄汰不敢稍爲姑容期
武備修明仰副
聖主綏靖海疆至意所有校閲在省標營及因公至省
各官兵情形理合恭摺具

奏伏乞

皇上聖鑒訓示謹

奏

道光二十年三月十七日奉

硃批　欽此

二月二十六日

兩廣總督林則徐奏片 傳聞英國有大號兵船將次到粵各要口已檄行遣員分往稽查

兩廣總督林則徐奏片 傳聞英國有大號兵船將次到粵各要口已檄行遣員分往稽查

道光二十年二月二十六日

二三

兩廣總督林則徐奏片　傳聞英國有大號兵船將次到粵各要口已檄行遣員分往稽查

道光二十年二月二十六日

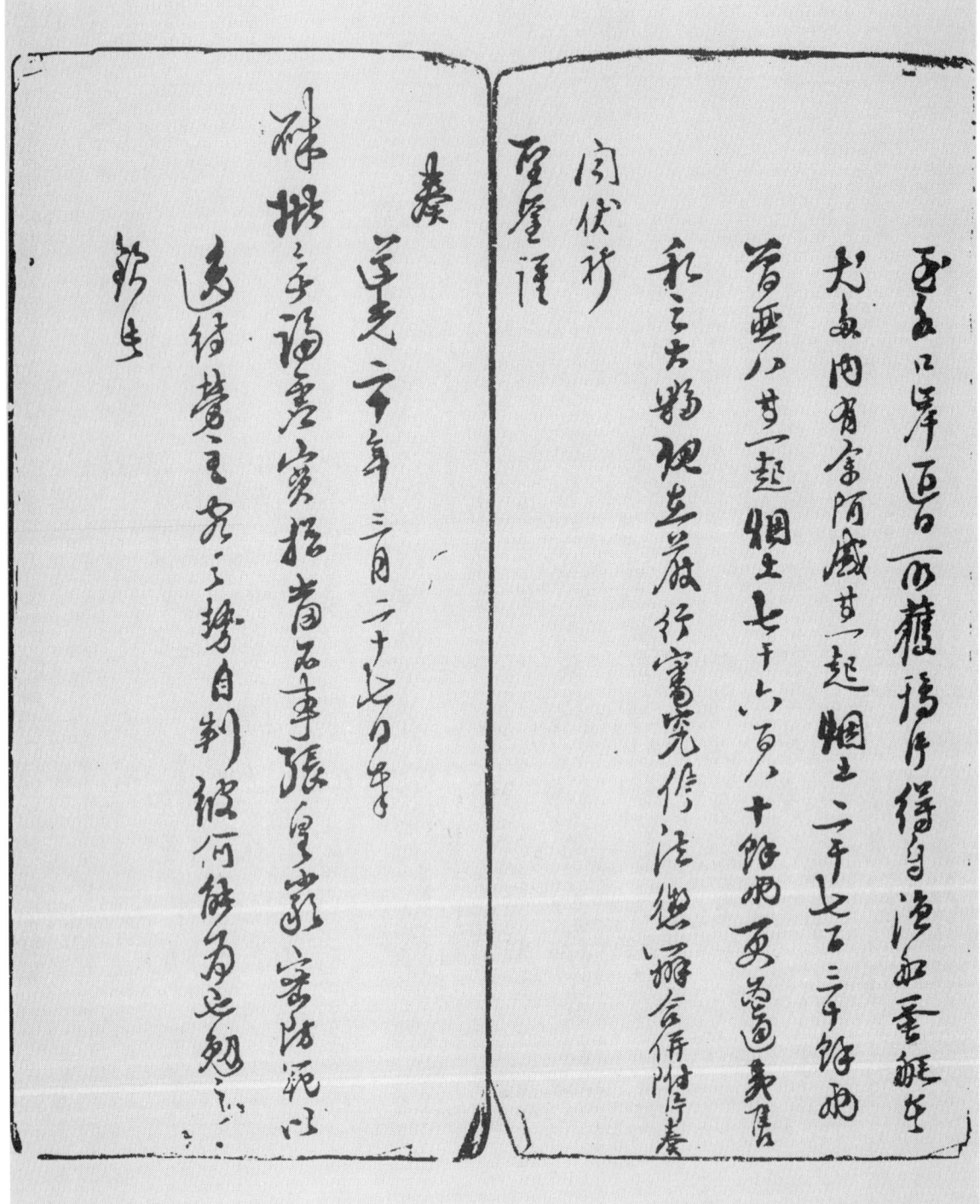

軍機大臣　字寄

兩廣總督林　廣東巡撫怡　道光二十年三月初七日奉

上諭本日據林則徐等奏暎夷被逐逗留現將匪船燒燬拏獲漢奸懲辦一摺所辦甚好暎夷譸張爲幻詭計百出其虛疑恫喝實不足信若令師船整隊遠赴外洋冒險衝波轉爲不值不如以守爲戰以逸待勞該督等所見甚是至貿易斷絶無所顧忌奸夷載回别貨將夷埠所存煙土換來設計誘人玩法牟利實難保其必無現經該督等督飭武弁裝駕火船由長沙灣前進將近夷船寄椗之處驟用火攻燒燬匪船二十餘隻並拏獲漢奸等十

名經此次懲創足以制唊夷而懾漢奸著將所獲
各犯嚴訊定擬具奏並著於各犯口供内追究夥
黨悉數破案從嚴懲辦以儆其餘總之該夷自外
生成既已斷絶貿易便應防其叵測之心業經示
以兵威尤當處以嚴峻之法嗣後如探有匪船在
近口遊奕即著循照前辦章程儘力痛擊不留餘
孽該夷等無險可據又無人接濟智窮勢蹙害自
祛矣又該督另片奏浙江黄巖鎮總兵張成龍爲
水師出色之員如果勝南澳總兵之任即行奏請
與惠昌燿對調餘著照所議辦理將此諭令知之
欽此遵
旨寄信前來

兩廣總督林則徐奏摺

廣東水師提督關天培是否應俟夷務辦竣再請陛見

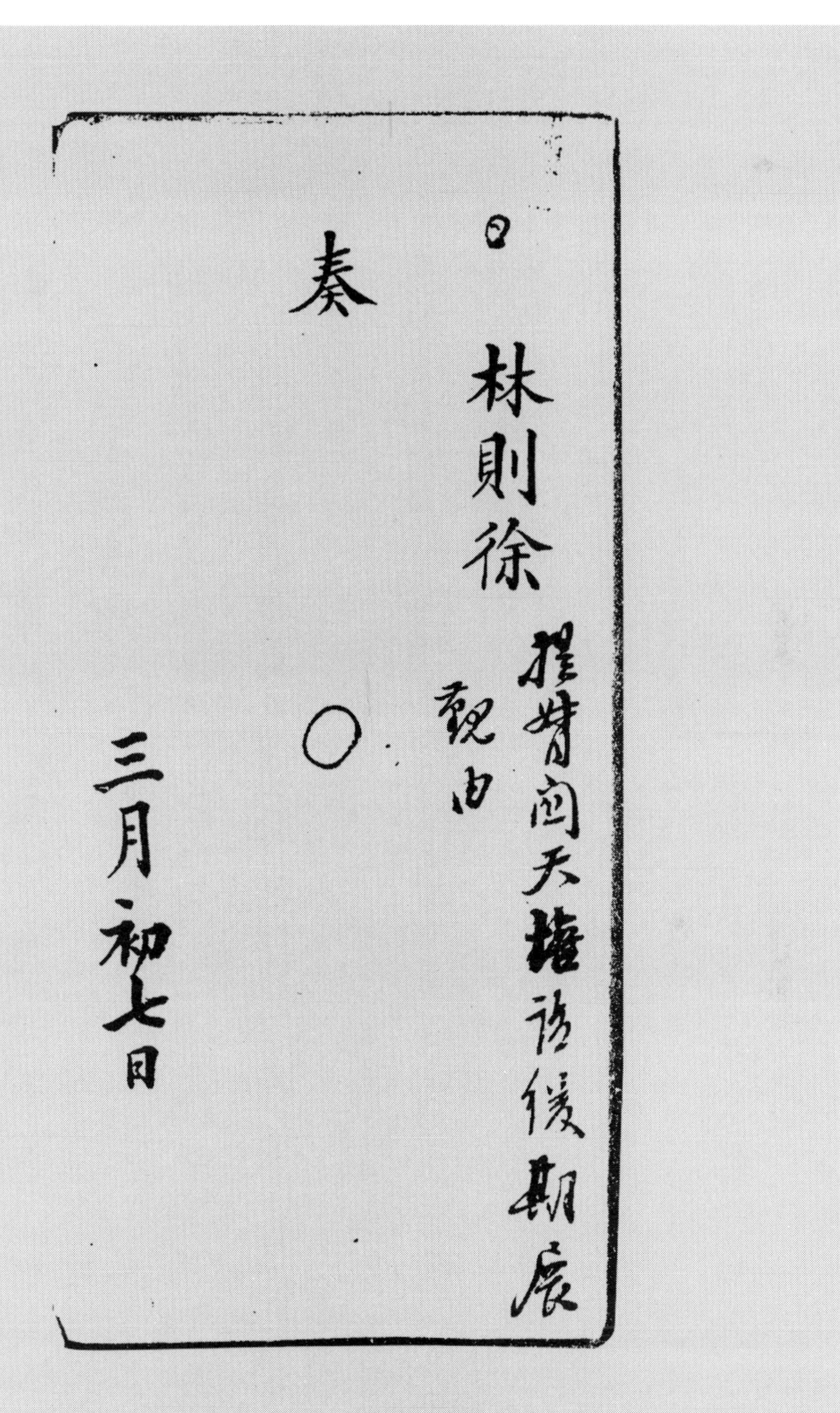

林則徐

提督關天培請緩期展覲由

奏 ○

三月初七日

二三

兩廣總督林則徐奏摺　廣東水師提督關天培是否應俟夷務辦竣再請陛見

道光二十年三月初七日

兩廣總督臣林則徐跪

奏為提臣展

覲屆期應否俟夷務辦竣再行

奏請恭摺懇祈

訓示事竊准廣東水師提督臣關天培咨稱該提督于

道光十四年九月在江蘇蘇松鎮總兵任内欽奉

恩旨簡放廣東水師提督並蒙

諭令馳驛速赴新任遂于是年十一月初六日到粵任事

嗣于十六年十一月距前次十三年

陛辭出京計已三年屆滿當經恭摺

奏請

陛見欽奉

兩廣總督林則徐奏摺 廣東水師提督關天培是否應俟夷務辦竣再請陛見

道光二十年三月初七日

硃批海疆重任加意核實整頓下屆再行奏請陛見
可也欽此欽遵在案今扣至十九年十一月又屆三年
期滿例應
陛見惟現在夷務尚未办竣不敢率陳應否具摺
奏請備文咨商到臣臣查廣東水師提督統轄全洋
且駐劄虎門最爲緊要海口夷船出入皆所必由
近因嘆夷反覆靡常欽遵
諭旨斷其貿易而該國船隻于驅逐出口之後尚在
外洋逗留籌畫剿防正值十分喫緊關天培于
夷情洋務極力講求在粵五年有餘並未攜
帶家眷其母親年逾九十尚不敢顧及烏私前屆
應行請

兩廣總督林則徐奏摺 廣東水師提督關天培是否應俟夷務辦竣再請陛見

道光二十年三月初七日

覲之悃戀

闕固極心殷而防海尤為責重應否俟夷務全竣

就緒海洋一律肅清再行

奏請

陛見之處未敢擅便相應懇請

訓示恭候

命下臣當咨照該提督敬謹遵行理合繕摺具

奏伏乞

皇上聖鑒謹

奏

道光二十年三月初七日奉

硃批必當先其所急于奏請時再行奏來欽此

兩廣總督林則徐奏片

密舉張成龍調任南澳鎮總兵

林則徐片

再閩粵之南澳鎮兼轄兩省海洋，實為扼要
鍵，必須鎮臣得力，不避險艱，始能截擊夷船，不
使此等偷竄。上年該鎮總兵沈鎮邦因病不振，
經臣會同前督臣鄧廷楨
奏參
旨降為都司，其時該總兵缺輪應廣省陞補，臣以要
缺難得人，會同奏請以參將陳國榮署理，欽奉
簡放總兵惠昌燿，因其由香山協陞授，前來赴任，而
所轄之澳門正極緊要，是以又經鄧廷楨
奏請將惠昌燿暫留香山協之任，以期澳地人
惟南澳為閩粵兩省要區，以參將署理總兵

二三

兩廣總督林則徐奏片　密舉張成龍調任南澳鎮總兵

道光二十年三月初七日

資望本淺守[illegible]不靈陸[illegible]業年已
上向來[illegible]澳門防洋似須擇人接署惟水
師人才難得臣昔查看前所見自關天培而外
惟已陞浙江黃巖鎮總兵之張成龍心精手
深曾往直隸在水師中洵屬不可多得雖於
粵洋情形素熟然其志向才守一經習練
可為此時南省水師以廣東為最要而廣東
各鎮以南澳為最要
聖主量才簡用自有權衡臣為海疆需人起見
不揣冒昧謹附片密舉所知伏候
欽定不勝悚切之至謹
奏

兩廣總督林則徐奏片　密舉張成龍調任南澳鎮總兵
道光二十年三月初七日

道光二十年三月初七日奉
硃批　欽此

兩廣總督林則徐等奏摺 **請以張錫蕃陞補佛岡同知**

林則徐等 請以張錫蕃升佛岡同

奏由

隨

奏 旨

四月十二

兩廣總督林則徐等奏摺　請以張錫蕃陞補佛岡同知
道光二十年三月十一日

兩廣總督臣林則徐跪
廣東巡撫臣怡良
奏為遴員請補要缺同知以資治理恭摺奏
聞仰祈
聖鑒事竊照佛岡直隸同知劉開域丁憂開缺
先經恭疏
題報在案所遺佛岡同知係繁難要缺例應在外揀
選升調查佛岡地方界連翁源英德清遠等縣
幅員遼闊林密山深最易藏奸匿匪且民俗獷
悍獄訟頗繁一切巡防緝捕趕辦催科在在均關
緊要非精明練達之員不足以資整飭臣等平
日藩臬兩司于通省現任候補各員內逐加
遴選非現居要缺即人地未宜實無堪以升調之

員惟查有番禺縣知縣張錫蕃年四十九歲江
蘇元和縣人由監生捐納縣丞分發廣東因辦
理連州軍需捐局出力案內奏
上諭着免補本班以知縣繁簡知縣即補欽此題補陽山
縣知縣道光十七年三月初一日到任調補今職是
年十月十五日奉文准調到任該員勤幹廉明
輿情愛戴現任省會首邑辦理本務以及查
拏烟犯起繳烟斗亦極為奮迅兩任接算歷
俸已逾三年任內並無違礙處分其應完罰
俸銀兩已按數完解以之升補佛岡同知洵
堪勝任與例亦屬相符據藩臬兩司會詳前
來相應恭懇

聖恩俯念員缺緊要准以該員張錫蕃陞補佛岡同
知俾資治理如蒙
命允該員係由知縣請陞同知係部選到日照例給咨
送部引
見恭候
欽定此遺番禺縣知縣係衝繁疲難最要缺例應
在外揀選題補容另選員請補除將該員已完
四訓係另案造冊送部查核外臣等謹合詞恭摺具
奏伏乞
皇上聖鑒勅部核覆施行謹
奏

道光二十年四月十二日奉

兩廣總督林則徐等奏摺　請以張錫蕃陞補佛岡同知
道光二十年三月十一日

硃批　欽此

三月十一日

請將遣軍流罪烟犯變通起解以清囹圄而免疏虞

林則徐等

請將遣軍烟犯變通起解由

奏

文

〇

四月十二日

兩廣總督林則徐等奏摺　請將遣軍流罪烟犯變通起解以清囹圄而免疏虞

道光二十年三月十一日

兩廣總督臣林則徐
廣東巡撫臣怡良 跪

奏為粵東烟案查拏日嚴獄囚漸衆請將遣軍流
罪烟犯變通起解以清囹圄而免疏虞恭摺

奏祈

聖鑒事竊照鴉片莫甚于廣東自奉
旨嚴辦以來羣情始知警動然毒流已久一時未易
屏除而法在必行臣等刻不容稍弛計自上年臣
林則徐到粵會同前督臣鄧廷楨暨臣怡良分
飭嚴拏一年之內所獲烟犯約有一千四百餘
名本年正二兩月續獲之犯但就廣州府一屬
計之已及一百五十餘名若以新例一年六個月限
期核辦即此屆滿亟須提撕警覺以醒愚頑

其浮議文武各員以限內多拿一人實限外多
活一人正以寬致玩惟囹圄本難拓地而縲絏漸
若積薪緣外省審擬罪名例應請候部覆
而廣東距京七千餘里每案往返核定動越半
年其中真吸食之徒大率外遣軍流居十之
九舊犯未解新犯續來縱府州縣各監本無
許多烟犯而海疆嚣悍之習自命盜會匪擄
搶打架以及一切雜案每年拘繫罪囚約計千
名以上較之他省已覺倍蓰今因烟犯拿獲之
多不啻又加一倍非但省垣監獄未能多容即
發回各州縣拘禁亦皆以地狹人浮恐疏防範
為慮倘因此而憚于緝拿則棄前功而貽後患

詳閲更爲匯細兹擬飭廣州府知府余保純等
具陳情形經臣等批飭兩藩司喬用遷並臬
司陳嘉樹會議變通章程請
奏前來臣等公同体察一切監獄擁擠委係實情
且縱管有獄官加意嚴防均不至于疎脱而
粵省炎蒸潮濕入夏以後疫癘必多亦非所
以仰体
聖主矜恤惟刑之至意也伏思他案人犯情罪各
不相同毫釐之差恐成千里之謬故即治罪之
犯亦須准到部覆示方許起解惟鴉片須行新例
纖悉畢周而例前犯者仍依舊例例後犯者
悉依新例部行又極分明除審係通夷開設烟

兩廣總督林則徐等奏摺　請將遣軍流罪烟犯變通起解以清囹圄而免疎虞

道光二十年三月十一日

能及興販多次數至五百兩為首之犯罪干斬絞
者居多
題奏辦理外其餘咨部之案率係遣軍流罪等例
皆已照舊引斷不虞歧誤即上年冬間部臣議准
准江蘇巡撫裕謙
奏請軍流以下烟犯免解司道勘轉亦稱但慮其
縱不慮其枉恐州縣因循諱飾畏難苟安是以
變通辦理今獄囚擁擠之患似更甚于州縣轉
解之難臣等反覆籌商合無仰懇
聖恩俯准將廣東省查辦鴉片案內興販吸食等
犯凡擬遣以下罪名已由臬司詳經督撫核明
咨部者即行令監禁之州縣將犯先行請咨起

解俾其早赴配所監獄可疎通將來到配日期
仍以准到部咨之日為斷如部咨或有
更正亦不難將犯改發非死罪已決者之比如此量
為變通辦理既不至疎虞累囚亦可免瘦斃似
于杜絕弊混不無裨益至斬絞罪名例應歸于
題奏者仍宜聽候部咨遵辦以昭慎重臣等為因
時制宜起見是否有當謹合詞恭摺具
奏伏乞
皇上聖鑒敕部核覆施行謹
奏
道光二十年四月十二日奉
硃批刑部議奏欽此
三月十日

兩廣總督林則徐等奏摺 粵東查辦鴉片續獲人烟槍具實數

道光二十年三月十一日

奏

林則徐等 續獲物具等犯由

四月十一日

二三

兩廣總督林則徐等奏摺　粵東查辦鴉片續獲人烟槍具實數

道光二十年三月十一日

兩廣總督臣林則徐跪
廣東巡撫臣怡良
奏爲粵東查拿煙務陸續獲人烟槍具確核實數
恭摺具
奏仰祈
聖鑒事竊臣林則徐自上年抵粵以來疊經會同前
督臣鄧廷楨暨臣怡良查拿煙務將所獲人烟
槍具確數節次
奏報在案茲自上年十二月中旬起本年二月底止
據水師員弁先後拿獲烟案六十起人犯四十九
名烟土一萬五百四十五兩烟膏二千十四兩三錢
五分烟槍七十枝烟鍋三口陸路文武拿獲
烟案一百五十六起人犯二百一十八名烟土三千

二三

两广总督林则徐等奏摺 粤东查办鸦片续获人烟枪具实数
道光二十年三月十一日

二百八十七两六钱烟膏四百六十两零七钱九分
烟枪一百五十三枝烟锅十二口又陆续搜获
及民间首缴烟土四千二百二十七两七钱五分
烟膏三千二两四钱一分烟枪六百三十枝烟锅
十七口总计烟土烟膏一万八千五百七十八两
九钱烟枪七百九十三枝烟锅三十二口查省所获
奏报臣等覆於解到时分提至罪犯将膏土赃
明此有假造之即追究是否抽换图利抑系
朦混邀功随查无异吸食之犯亦先讯
取大概供情仍随时发司审拟其烟土来历
尤必详细讯明因何究出图贩数膏受所破获
尤众无经年同在省司道府县隆且任等员

親至城外東礮臺海岸所砌石池將去冬以來
前存烟土烟膏於二月內銷化淨盡此上
年虎門燬化成法至積有餘滿其烟槍
烟斗無已盡行劈燒此後所獲易於焚燬
又恐各處文武將積案難周即於臣林則徐督
署中修葺僻靜房屋作為獲烟收貯之所
每獲一起即將何處獲驗收一起其鑰匙交
廣州府經管俾得以時稽察臣等伏思暎夷
亂法營私
自斷其貿易原屬罪有應得請杜其來源惟該國距粵七萬
餘里陸續來船未得封港之信難免仍有夾帶
是以尚在外洋逗留觀望尚能潛結漢奸希

因私售烟土，即此次所经拿获

夷船之黄添、恃其把持，敢向结交夷人，身穿夷服，

载运夷粮食物，潜往夷艚，将缯于兄外洋湾泊，

夷艇贪利售私，均为臣等所密派得力备弁

硃

弁兵勇於夷船密查之处，设法探查，一遇内地

务要认真核实，不可藉形疏懈，致弃前功也

匪艇驶扰，为奸即行奋迅追拿，艇则焚烧，人即

解究，毋许稍涉纵漏。至村落不少旧藏烟膏、诡秘多

风瘾，是以现获之犯，何须实为有徒，惟在查

必须名实相副

硃

加严不绝不已，以期仰副

圣主除恶务尽之至意。所有续获人烟枪具缘由，

谨会词恭折具

奏伏乞

皇上聖鑒謹

奏

道光二十年四月十二日奉

硃批知道了欽此

三月十一日

上諭 著吏部議奏林則徐等為官民捐修城垣工竣請獎摺 道光二十年三月二十五日

上諭 著吏部議奏林則徐等為官民捐修城垣工竣請獎摺

道光二十年三月二十五日内閣奉

上諭林則徐等奏官民捐修城垣等處工竣懇請獎勵一摺著吏部議奏此項工程免其造冊報銷該部知道欽此

兩廣總督林則徐等奏摺　**徵收道光十九年下忙錢糧銀兩數目**

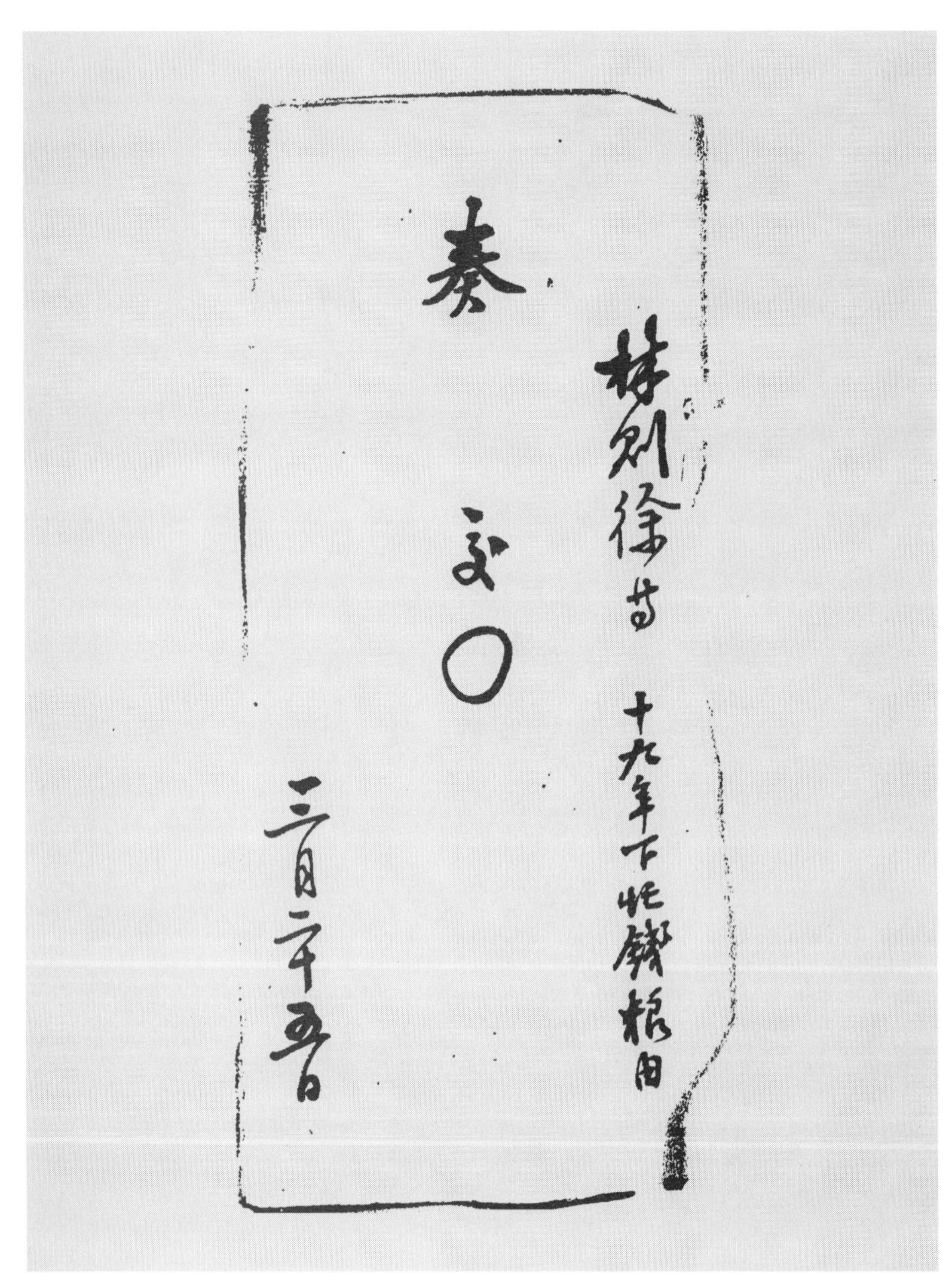

奏
林則徐等　十九年下忙錢粮由
文〇
三月廿五日

兩廣總督林則徐等奏摺　徵收道光十九年下忙錢糧銀兩數目

道光二十年三月二十五日

兩廣總督臣林則徐跪
廣東巡撫臣怡良

奏爲徵收道光十九年下忙錢糧銀兩數目循例
恭摺具
奏仰祈
聖鑒事。準部咨知各省每年應徵錢糧銀兩，除
例准緩徵及實欠在民外，俟該提解司庫，下忙
限十二月底截清，將解司銀數造冊詳報，督撫於
年日內專摺具奏，將原冊送部。前因廣東徵收
錢糧按限造繳，經前督臣蔣攸銛會同前撫臣董
教增
奏准以十二月爲下忙，次年正月底截數奏報，節
經遵照辦理在案。茲據署藩司喬用遷詳稱：廣

兩廣總督林則徐等奏摺　徵收道光十九年下忙錢糧銀兩數目
道光二十年三月二十五日

東省道光十九年分應徵地丁雜稅等項
共銀一百九萬二千八百六十五兩零，除上忙
期內
奏報已完銀六十二萬五千七百三兩零，今自八月起
至年底止，下忙期滿共計續完銀四十五萬
四百五十六兩零，又額徵耗羨銀一十七萬
七千五百兩零，除上忙期內
奏報已完銀一萬四千八百四十一兩零，今下忙
期滿共計續完銀六萬三千三百六十七兩
零，統計完解實數已至八分八毫以上，陸續報
解。應行酌支外，均按解收司道各庫，核實查
庫實徵應存銀糧核對，與庫相符，並無虧缺

係莫大之民正賦揭飭其請前來臣等伏查
餉之緊要務將民欠銀兩上緊催徵務於奏銷
限內全數徵完毋任稍有帶欠除飭藩司詳
造各冊咨送戶部查核外所有廣東省徵收
道光十九年下忙錢糧數目臣等謹恭摺具
奏伏
皇上聖鑒謹
奏
道光二十年三月二十五日奉
硃批戶部知道欽此

兩廣總督林則徐等奏摺　徵收道光十九年下忙錢糧銀兩數目
道光二十年三月二十五日

兩廣總督林則徐奏摺　遵旨審明盜犯關九興案擬請絞決
道光二十年三月二十六日

兩廣總督林則徐奏摺　**遵旨審明盜犯關九興案擬請絞決**

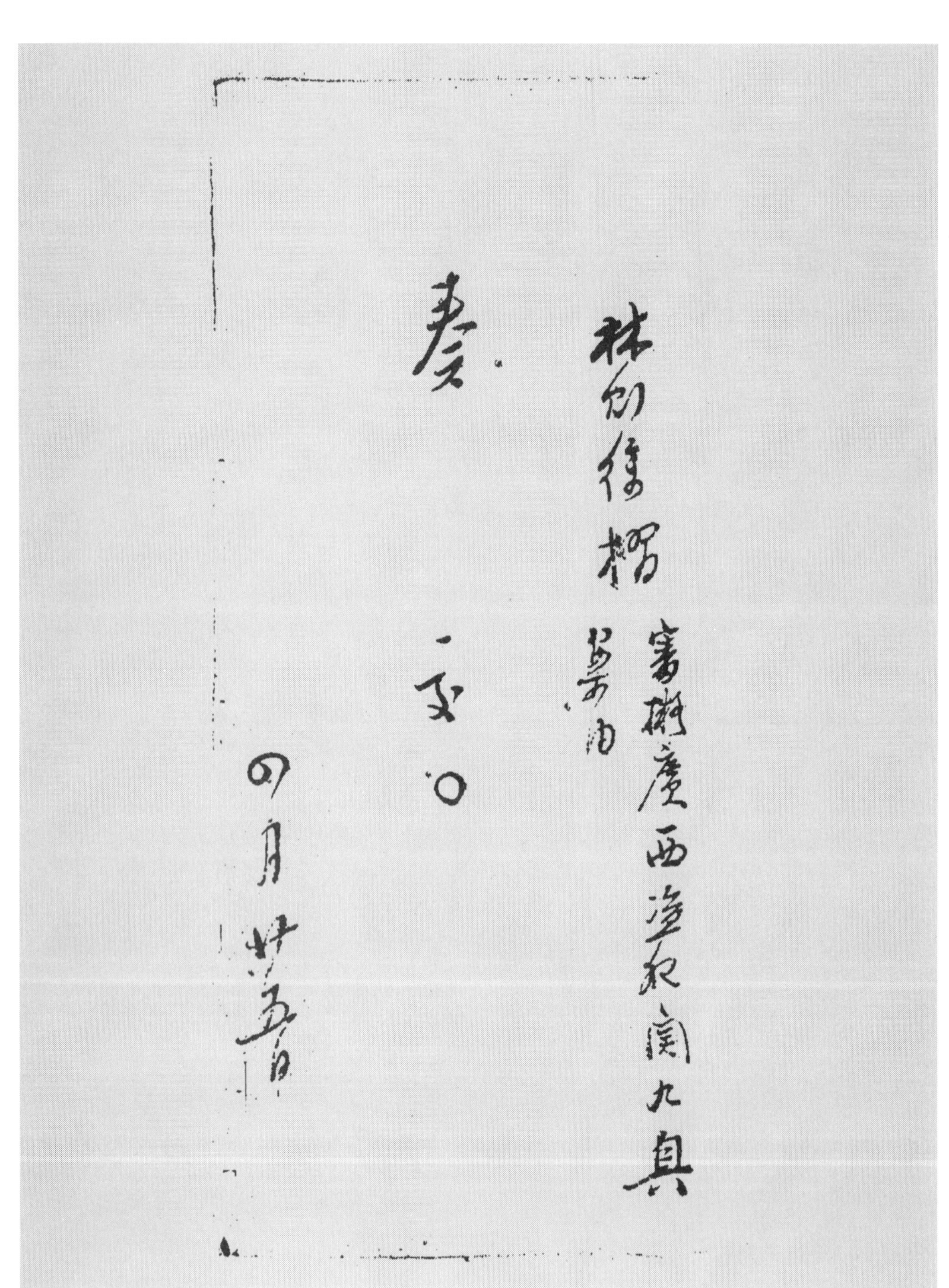
林則徐摺　審擬廣西盜犯關九興
奏。一案。
四月廿五日

兩廣總督林則徐奏摺 遵旨審明盜犯關九興案擬請絞決

道光二十年三月二十六日

兩廣總督臣林則徐跪

奏為遵

旨審明定擬恭摺奏祈

聖鑒事竊臣接准部咨道光十九年十二月初二日奉

上諭前據御史雲臻奏匪徒關九興等據廣西思恩府

百色同知所屬隴風地方設鋪抽稅截劫殺人黨與

甚多地方官不敢捕拏並予賄放改緝令逃逸等語

當降旨著鄧廷楨梁章鉅查拏嚴審究辦嗣據梁章

鉅奏查該御史原奏所稱設鋪抽稅劫奪殺人並無

控案亦無嘯聚多人公然開城霸市及浮取數十

黃言奪犯地方官畏劫放縱情事現在該犯關九

興業經拏獲即委員解往廣東交林則徐[illegible][illegible]竹

審訊。至該御史風聞該犯等開賭擄搶黃姓女子
三人一案，情節重大，雖訊該犯等查無其事，內控
告之案仍須該省再審確得確情，據實具
奏。欽此。臣當即將查此案上年十月內經御史雷繚
奏，以臣查關九興盜蹤，廣西思恩府百色同知屬
內抽放地稅，劫奪殺人，種種諸案，盡逐黨頂充庇
護烟賭，并與差役同規，捏飾因匪黨擄嚴蕭黃姓
父子三人，展轉設計，將該犯該匪黨設圍劫奪
城外，係家數千，以致閉城罷市，盜船數千
大肆猖獗，并奉硃諭嚴劫放縱等情，奏奉
諭旨：飭即速拔緝拿，能確切查明，如該盜現已弋獲，
即行解交廣東省城，歸審究辦等因。欽此。欽遵。臣

兩廣總督林則徐奏摺 遵旨審明盜犯關九興案擬請絞決
道光二十年三月二十六日

鄧廷楨因查該犯關九興先於道光十年即經百
色文武及該管上司訪聞查拏，嗣于十九年
三月內經署廣西思恩府百色同知左江州知州
黃倬堂會同右江鎮右營都司秦紹謙購線帶
領員弁兵役及前任同知黃子將關九興僞穿
靴翎至百色衙門監禁挾嚇調詭飛札飭速
解來省。旋該犯傷已醫痊，業經署同知葉
紹棠、都司秦紹謙將該犯乃父安前大丁子關
亞贊緣自貢光帶押解起程，至廣西接晤派員
員弁會同晉解到來，經鄧廷楨提犯到署訊
關九興先在原籍廣東南海縣屬犯搶擄流在
犯脫逃，潛至廣西許同未獲之陳亞眼對等

臣旋即會委元步在百色所屬閘設更鼓搜查
實無藏烟茇萋勒索受年闖西贊矣已合居並
不知情關九興前無搶劫殺情事遂女被嚴弄
傳為無匪黨盜犯嘯聚圖奪閘城羅市及鄰司
奏給議罪劫殺搶情覆了錄自黃光業從
孫伊文元均係在家痛做並未出外買易尔非
殺關九興移黨肆韓覺伊因圖順花紅田畝作綠
引嫌實無學習拳勇計議報仇並謀先行奪
摺覆
奏欽奉
硃批知道了欽此又先經廣西撫臣梁章鉅將該
御史原奏所稱安鋪地搶劫奪殺人並無捏

紮伏要隘聚多人以致閩賊羅布及匪艇數十
聲言拿犯北方派長刻放縱情勢更為黃姓被
殺三人赴府衙門控告之案查明具
奏茲查案欽奉諭旨經撤行署廣東按察使
陳嘉樹督同署廣州府知府余保純等提
犯確切訊究茲據審擬解勘前來臣即親提研
鞫緣關九興即關亞九籍隸南海縣嘉慶十一年
間聽從關亞達在縣屬九江東方河面持械搶
奪事主李全所帶銀物審依持械肆搶為從例
杖一百流三千里發配湖南瀘溪縣安置十三年
三月到配隨于閏五月二十三日在配脫逃逸回
回籍後將面刺字文剜燬因恐關移原籍

查拏不敢逃回売至廣西边境各處潛匿道光八年正月
不記日期在百色所地方與先經諸獲未获之陳單眼豹
何通城即陳音祿林大成辨苟陳程芳陳清剃閏五
街四郭亞柔不識姓之亮華併已故之曾美元陳駛成
江賢大李大使茂果亞有陸亞亮閔威雙郭四李亞文
草撥道貸姜閏九興探知百色所屬平馬河旁常
有客船往來又多鋪戶貿易欽定齊同商議更鈸
自行充當要犯搜查客船如搜出鴉片即擄取
要覔即便鴉片亦可向客船及鋪戶索取番銀工資
分用陳單眼豹首先出名糾計共一十九人在本場河
旁搭蓋篷寮一間作為更鈸關及即雇請不識姓名
剃字匠人雕刻聯義堂圖記一顆並書成紙條寫

聯義堂三字蓋用圖記牌存鈐用遇有客船來往
關九興等假稱本處搜查如搜出鴉片烟土即擄取
回館設立關帽名目並稱買得關帽可保無人查
拏經年誘過往客船陸續買受如遇搶截多烟
取進館煎熬成膏及挑運至雲南省販賣每烟土一
斤賣銀自四兩至十一兩不等其鴉片可換兩
向停泊客船及附近貿易鋪戶嚇稱伊等充當更
夫巡緝地方須送給更錢給與關記字條包管無
事否則必遭搶害及客船鋪戶因欲免累各先後
錢關九興等遂將圖記字條給付各船各店收執
取錢二三十文至三百六十文不等作為飯食費用
外餘皆隨時傳分不及記擄過客船若干隻

擄掠烟土若干斤，變賣得錢若干兩，不能追
悉確數。被擄船戶及買贓窩戶之人均未問及
姓名。旋經百色文武及各上司訪聞查拏，並出
花紅，飭屬購線。嗣于十年賞向關九興查拏
緊急，折鈔逃散，隨處避匿。至十九年三月，關
九興因身受傷，時常嘆痛，獨至□□茶肆
民啼村附近按信路線人黃光華偵知，關同日花一
紅，回赴百色同知衙門稟首，隨據同知葉□宗會
同都司秦錫蓮，帶領兵丁并兵役及前往關
知府丁鉁隨同關。關九興因財拒捕，被兵役
格傷頭顱腿腳，當場帶案，收傷醫治，隨
經解審。先是關九興曾娶孀婦周氏，其前夫

助子區贊隨母改嫁前往關姓已逾十歲伊
尚屬自謀生理並不與同住道光十一年間地方官因
關九興素有寄贓訪知關亞贊係伊妻前夫
之子差拘訊責押令跟尋蹤跡關亞贊
並不知關九興有作賊而被更鋪拴綁勒索之
事現將關亞贊與關九興面質據供不居家已
二十餘年實為並不知情似屬可信復提該關
九興有無搶奪他殺劫奪殺人謀財情事逐堂
供究底細嚴及砲製黃姓父子三人致屍子
計誘後仍恃手誘犯據口下辯並據伊氏犯
於烟設鎮嚴變重究復已經認定有別項不
諱亦是一樣而究何用據類無刑可讞一嚴與前

兩廣總督林則徐奏摺 遵旨審明盜犯關九興案擬請絞決
道光二十年三月二十六日

暨原御史楨及廣西撫臣梁章鉅查訊相符
以臣御史原奏內風聞該犯曾用砲轟斃黃
姓父子三人一案情節最重雖西省查無案據
案例應設法根究復向該犯及係人反覆究
詰不特關九興堅稱並無其事即該人黃光等
亦稱如果伊父被殺此時正可冤求伸冤豈
有隱匿不伸之理當日實係伊獨自患病
知關九興縱竊前圍奠並無別有黃姓係人
亦不聞關九興糾黨另有殺死他人一家三命
之事至同縣人鄧滔有不實不盡復該拟關九興
從糾伊黨羽實止該草埔糾約十六人僅該道光
八九年間既已豁擒該開埠即已分散其外別無同

賜如果另有其人伊已自行承認何肯代人隱瞞其
其餘盜犯李亞六已於道光十八年十二月內病故前
供在逃者最多實屬錯誤不敢謊供只請加以刑嚇
矣亦不稍寬矣疑義查原案內有兵弁認較擒飾
之語並未確指何人經飭道人密查關九興應手
同夥也寬之空蹤以查得內規提飭若原
案訊稱匪未數千盜船數十艘圍劫奪以行開城
羅平黨羽恐激事變假冒逸去各情無諱查明
後無影響首從擬請查明例載私開鴉片煙
館引誘良家子弟者比照邪教惑眾律擬絞監
候其誘一案關九興犯搶擬流並起脫逃首盡

慶二十五年八月二十七日
大赦以前應免隨常該犯復仍夥同該處更役搜查
零船搶奪鴉片烟土四錢設立開烟名目私逃散
更與開窯賭烟係于去年新例以前者
照舊例科斷但例無開窯治罪專條向照烟
館擬流該犯藉遣圖地紙條勒取船家舖戶更
錢比照打單嚇詐罪止擬軍自應從重問擬關
九興除勒詐輕罪不議外應照私開鴉片烟館例
議處宗子弟並比照聚眾本律擬絞監候例
擬絞監候該犯膽敢搶奪鴉片設立開烟名目
遂往別省錯傳手越兩年不記次數實屬藐

法應請
旨即行絞決以昭炯戒。關亞贊、張阿畢已分應並無隨
同搶劫情事，應毋庸議。被搶被劫之人據供不知姓名
無憑提訊，各贓應並無確數。惟該犯搶烟為毒既越兩
年，均經各自見不少，必有財產，必由毒烟勒詐而得，應飭原籍南
海縣及該管地方之佛山同知確查該犯有無餘財產，分
別查封入官。更緝業經拔繳逸犯陳單眼翁等飭拿務獲
日另結。據供已故之曾美光、黃各池及李亞六、梁居寶
已病故，撤飭兩縣追查，明分別請勘，訊取親族保結
供結據實辦理。該犯搶烟勒索業經該管文武訪聞拿
亦失察賊名，應請免議。除全案供招咨部外，所有
審明定擬緣由，臣謹恭摺具

兩廣總督林則徐奏摺　遵旨審明盜犯關九興案擬請絞決
道光二十年三月二十六日

奏伏乞
皇上聖鑒勅部核覆施行謹
奏道光二十年四月二十五日奉
硃批刑部速議具奏欽此
道光二十年三月　二十六日

兩廣總督林則徐等奏摺　籌議添建尖沙嘴官涌礮臺

道光二十年三月二十六日

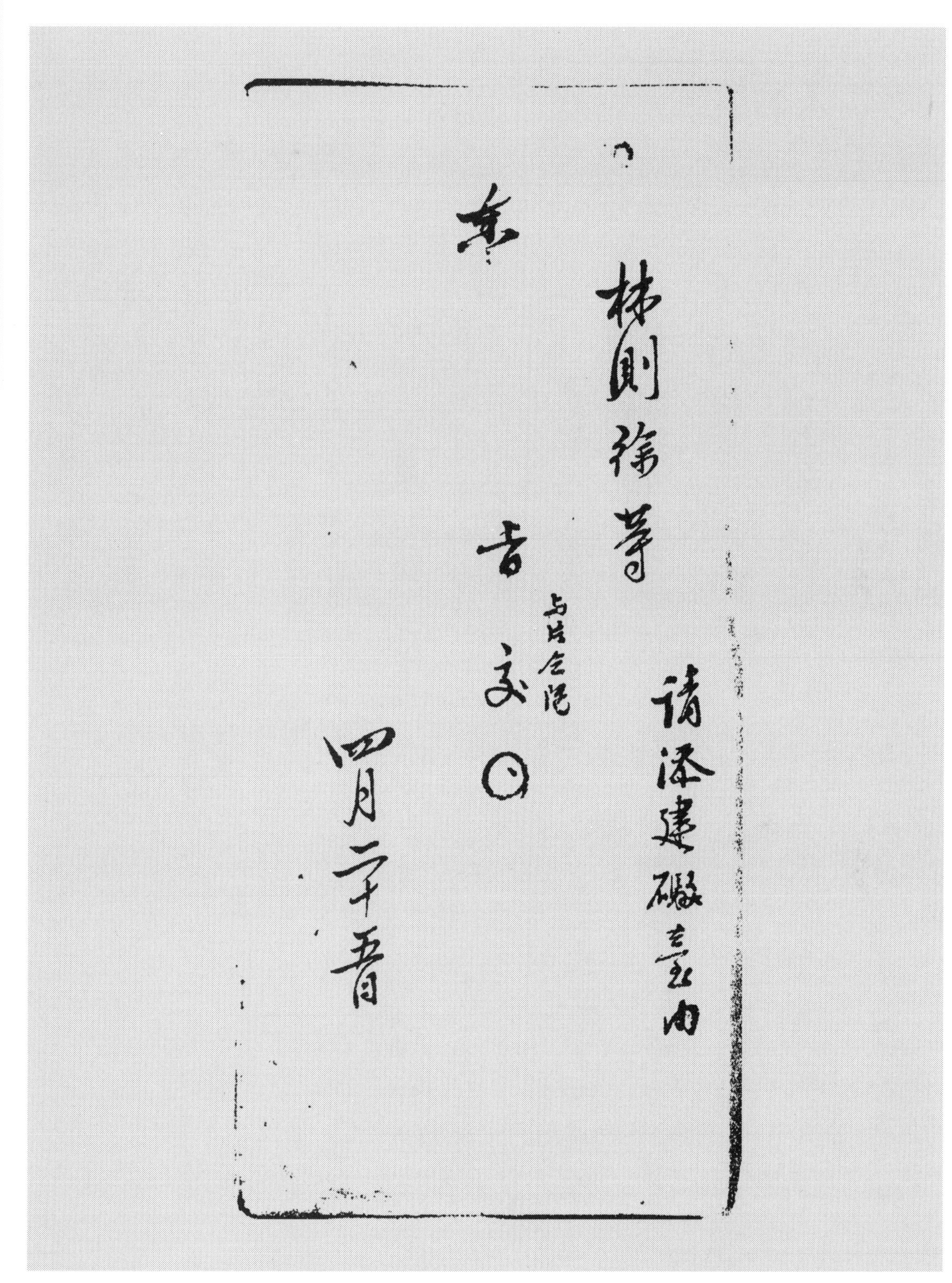

奏

林則徐等

請添建礮臺由

吉字

兩廣總督林則徐等奏摺　籌議添建尖沙嘴官涌礮臺

二三

兩廣總督林則徐等奏摺　籌議添建尖沙嘴官涌礮臺

道光二十年三月二十六日

兩廣總督臣林則徐跪
廣東巡撫臣怡良
奏爲籌議添建礮臺兩座以資控制而重海防恭
摺奏祈
聖鑒事竊照廣東水師大鵬營所轄洋面延袤四
百餘里爲夷船經由寄泊之區其尖沙嘴一帶東
北背負岡陵西則有急水門雞踏門東則有鯉
魚門佛堂門西更有大嶼巨島又包其西南四面環
山藏風聚氣波恬浪靜水勢寬深嘆夷船冀
久欲倚爲巢穴而就粵省海道而論則凡來赴
惠潮北往閩浙之船均不能不由該處經過若一中
途梗阻則由惠匯程上年因嘆咭唎禁艘不[illegible]
則抗違禁令經臣等與前督臣鄧廷楨調集官

硃　硃

兵在尖沙嘴迤北之官涌等處山梁扎營安礮，分為五路，痛加剿擊，該夷兵船二隻、貨船數十隻始皆連夜遁去，但恐兵撤之後仍復聯檣竄泊，勢居負嵎，必須扼要設防，方足以資控制。隨飭候補知府余保純、署大鵬營參將賴恩爵、新安縣知縣梁星源會同周歷履勘，旋據該員等會稟稱：尖沙嘴山麓有石腳一段，其形方長，直對夷船向來聚泊之所；又官涌偏有一山，前有石址一段，天生磐固，正對夷船由洋來路。若兩處各建礮臺一座，聲勢既相聯絡，而控制亦極得宜等語。當經飭令將兩臺高寬丈尺及閘基地平並建造牆垛、礮洞、兵房、神廟、望樓

兼同勘踏一切工料價值覈實確估據該員等
呈送圖說清摺臣等逐一覈算並委員詳細
查凡有可撙節之處復經酌量覈減計尖沙嘴
礮臺估需工料銀一萬七千捌百五十一兩零官
涌礮臺估需工料銀一萬四千四十六兩零實
係省之又省必不能少竊思此項工程係屬防夷
要務斷不可緩第
國家經費有常例不敢請動
部項臣等當與藩臬運司公同籌畫查有前山
營生息一項係由洋商捐銀發交當商生息
前於嘉慶十四年奏明作為添設前山營兵餉
之用按年覈實支銷已歷三十餘年之久因而

存有積存盈餘截至道光十九年五月底報部
冊開實存銀五萬三千八百餘兩除大鵬營現議
更改營制案內所需添造快船建立衙署及製
備新兵器械另指請奏此款動支外覈其成數尚
足以敷動撥前項礮臺工料之資合無仰懇
聖恩俯念礮臺工費為防夷所需而指款息銀與應
項有間
准於商捐前山營生息一項銀兩動支兩座礮臺經
費無須循照舊章將動用銀兩總數於冊內開
除造報免造工料細冊報銷感荷
鴻慈倍無既極至此項工程因夷務喫緊之際先已趕
料興工趕緊建築務於夏令南風盛發以前

一律全完以資悍衛計兩臺應安大礮五十餘
門亦已於腹地各營酌其緩急情形先行運撥
濟用一面籌款購補期於普律森嚴以仰副
聖主綏靖海疆之至意所有籌議添建礮臺緣由
據藩臬運司會詳前來臣等謹會同廣東水
師提督臣關天培合詞恭摺具
奏伏乞
皇上聖鑒訓示謹
奏
道光二十年四月二十五日奉
硃批欽此

三月二十六日

58.

請一體發放靖遠礮臺協濟兵丁口糧銀兩

○旨：該部知道。

林則徐等片

再粵東虎門海口先後建築礮臺八座，上年春
間因創造排鍊，又添設靖遠礮臺一座，安設大礮
守位，酌撥守臺兵丁九十名，以資防護。所有撥
鑄各礮暨築臺一切經費共銀八千三百餘兩，經
前督臣鄧廷楨會同臣怡良另款籌備，並於[illegible]案
應支各項外，實備銀一百七十餘兩，兩面補[illegible][illegible][illegible]
諭旨允行在案。茲准水師提臣關天培咨開：援[illegible]撥標中軍
奏將[illegible][illegible][illegible]轄各臺虎門各礮每年行奏准舊章，與
年春秋二次演習礮準，每礮一尊裝藥下子瞄準
燃火，需兵四名或五名。今防兵額臨操不敷派用，調撥
協標兵丁協濟，每屆春秋二次，每次操演十日，協濟

兩廣總督林則徐等奏片　請一體發放靖遠礮臺協濟兵丁口糧銀兩

道光二十年三月二十六日

兵所需口糧，即係照各兵每名日給銀四分，通年支
銷。今請設靖遠新台安礮六十位，屆期撥派當
兵二百四十名，查在台額兵九十名，不敷一礮四兵之數，
酌撥各標添兵一百五十名赴台協濟，即於本標汛兵
內照數選定，勤加訓練。上年秋操，業經揀赴同
操演。惟此項協濟兵一百五十名，每名每日應給口糧
銀四分，計每年春秋二操共需口糧銀一百六十
兩，前議經費內糧未議及，係屬遺漏，實請查照
各舊章一律發給，俾免向隅，其情詞懇切，可否照
詳前來。臣等伏查虎門所設威遠、鎮遠、橫檔、大
虎、永安、鞏固、沙角、大角其各礮台應需協濟兵
丁口糧，均經前督臣鄧廷楨、前撫臣祁𡎴於十六年間會摺

兩廣總督林則徐等奏片 請一體發放靖遠礮臺協濟兵丁口糧銀兩

道光二十年三月二十六日

查照有案今新添靖遠臺情事相同自宜一體

理相應仰懇

天恩俯准將協濟靖遠礮臺兵丁一百五十名於撥濟大礮

附臺兵日給口糧銀四分春秋兩次每次撥給十日

口糧銀六十兩每年需銀一百二十兩其銀亦易籌

即於原定寬備經費項內撥款次發給俟四柱報銷

總以歸一律而免偏枯是否有當謹

會同水師提督臣關天培附片具

奏伏乞

聖鑒訓示謹

奏 道光二十年三月二十六日

硃批 知道

三月二十六日

58

兩廣總督林則徐等奏摺 **察看廣東水師情形大鵬營籌設副將請動項添船建衙製械**

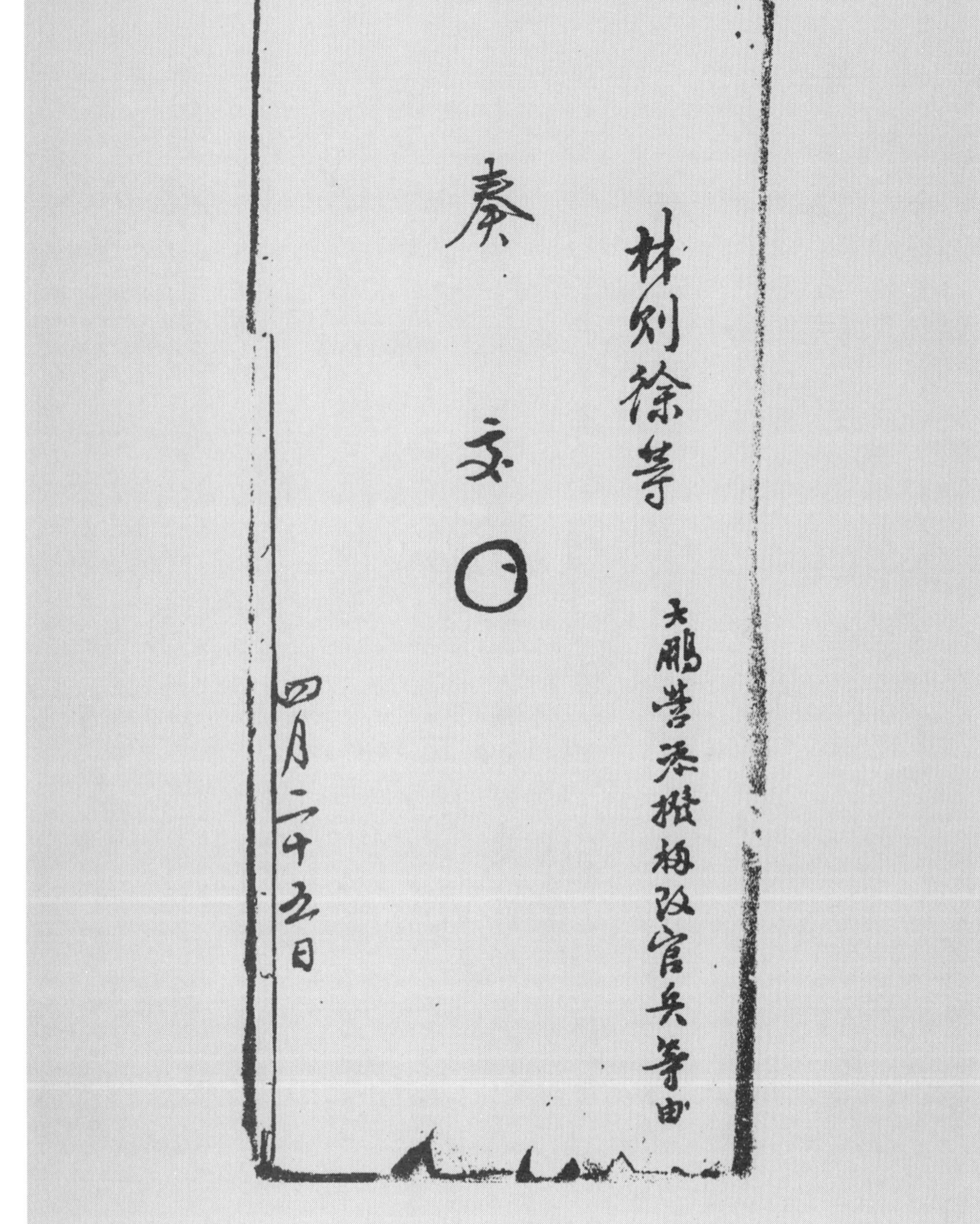
林則徐等

奏 交

大鵬營添撥協設官兵等由

四月二十五日

兩廣總督臣林則徐跪
廣東巡撫臣怡良
奏為察看廣東水師情形大鵬營現居緊要籌議改設副
將並請撥款改設兵船隻等項以資守禦而重海防
恭摺奏祈
聖鑒事竊照廣東虎門海口為中路扼要之區于嘉慶十五
年設立水師提督駐劄其地西則香山東則大鵬
形成兩翼查香山協向駐副將管轄兩營設弁
兵一千七百零九員名兵力較厚大鵬原止一營額設參
將一員管轄洋面四百餘里其中有孤懸之大嶼山廣
袤一百六十餘里是以道光十年已將大鵬分為兩營
而所設弁兵只九百九十八員名較之香山營制已有
輕重且所轄尖沙嘴洋面正近年更為夷船聚泊

之區須要山高水深風浪恬靜處可倚為負
嵎之固上年調集兵船痛加剿擊始行全數退出
恐兵艘之所仍復聯檣而來作為巢穴當又
相度形勢查于尖沙嘴及官涌兩處添建礮台
二座現在工程將竣容俟另摺詳晰
奏報在案臣等伏查尖沙嘴官涌兩處既經建設
礮臺必須調兵防守但大鵬左營額設參將一
員守備一員千總二員把總三員外委五員額
外外委二員步守兵四百九十七名右營額設
守備一員千總一員把總三員外委五員額外外
委二員步守兵四百八十五名除分班出洋外
為不足以敷巡守擬該營將會議請添[illegible]

與水師提督臣關天培再四籌商應將大鵬改營
為協撥駐副將大員統率營卒與香山協互
撥相犄角制方為得力但應兵餉半需支
應
國家經費有常未敢遽議增添惟有就通省各營
設法抽撥並于水師各缺酌量改設以歸簡易
飭據司道核議會詳併咨准陸路提督臣郭
繼昌核覆前來臣等查外海水師副將共有四
缺內除香山協應與大鵬分防毋庸更改
外其龍門一協地處邊陲與越南夷地毗連崖
州一協係烟瘴之區且外臨大海內控黎人均為
邊疆要地未便議裁惟澄海一協雖與閩省接

壤石上接南澳下聯潮州有水陸兩鎮爲鄰書
原易資聲援左將陸路協副將改爲大鵬協副
將移駐大鵬所轄撫要之九龍山地方居中調度
其陸路協之都司改爲大鵬協副將中軍都司
兼管本營弁兵駐劄大鵬所城併于大鵬左營
添設把總二員外委二員額外二員共裁守兵
連新添外委額外名糧共二百九十一名大鵬右
營添設千總一員把總一員外委二員額外二
員共裁守兵連新添外委額外名糧共二百
零九名以把總一員兵七十五名專防右營官涌礮
臺以把總一員駐防九龍礮台將原駐九龍礮
台之千總一員移防右營尖沙嘴礮台併節次新

設額外外委一員兵丁一百二十名又以外委一員
兵丁十五名防守南佳斜栢今應設回與尖沙
嘴對峙之左營紅香爐汛又大鵬額設大小米艇
六隻撈繒船三隻分撥配巡不敷派遣應請添大
中米艇四隻左右營各半以千總一員把總一員
外委二員兵丁二百零四名配駕又請快船二
隻以額外二員兵丁五十六名配駕並將外委一
員額外一員兵丁十二名隨防九龍[illegible]
將善遣所遺兵弁船隻修水師各營補撥之
請左陽江鎮右營抽撥千總一員海門營抽
撥把總一員外委一員龍門協左營抽撥外
委一員龍門協右營抽撥外委一員陽江鎮

右營抽撥大米艇一隻，海安營抽撥大米艇一隻，減
門協左營抽撥中米艇一隻，海門營抽撥中米
艇一隻，又左號門協右營抽撥撈繒船一隻，歸
入海安營配得所需配船弁兵舵工口糧隨
船撥支，給至議擬抽兵丁五百名，水陸勻撥，水
師應抽兵丁二百五十名，取其外海內河防堵，足
資左左需人，暫擬于額設步守兵內抽撥來名
額缺，先從左水師提標協營酌量抽撥步
兵三十七名，守兵九十四名，酌裁馬兵設補步
兵一十名，連撥外委本身步糧三名，共得步兵
五十名，守兵九十四名，尚需添補步兵二十五名，
守兵八十一名，在水師各營馬糧裁匀營撥

馬糧三十三名改爲守兵步糧，較有等分將
步糧一百六十四名改爲守兵，酌均分爲歸還各營
兵額，同馬兵所改步兵四十名通年節省馬乾
糧料等項，許將撥補增添步守兵丁一百零六
名之需，經費亦周。此外仍需把總二員、外委一
員、步兵連外委本身名糧七十五名、守兵一百
七十五名。至于督標五營及水師提標二
營、陸路提標五營，酌抽外委一員，其原食馬糧
一分，毋庸隨撥，併于陸路各營勻撥步兵七十五名、
守兵一百七十五名，共兵二百五十名，均歸大鵬一營額
外外委，仍食本身步糧，其大鵬步兵裁撥
添設額外外委四員，仍支本身名糧，以資差遣

至澄海地方應將澄海協改為澄海營即將大鵬
參將移駐作為澄海營參將澄海原有守備二
員分為左右二營左營守備駐劄蓬州所城右
營守備駐劄樟林所城將來便移改將大鵬左營
守備改為澄海左營中軍守備駐劄新城經
費兩營稽查其澄海左營守備改為左營左
軍分防守備仍駐蓬州右營仍循其舊以資
防守所有現改大鵬協副將都司及澄海營參
將左營中軍守備左營左軍分防守備俱照舊
定為外海水師題補之缺其水師各營抽撥兵丁
所需糈餉公費紅白等項以及一切軍裝器械
俱由各營撥出隨營毋須另添澄海協改為

駐參將守備各員設副將都司衙署可以撥歸
新設大鵬所城改設都司亦有守備原署可住其
防守職官無兵即住職官均毋須另建衙署
惟大鵬添設大快船二隻無舊船可抽撥應
另行製造計每隻需用製造工料銀四百三十
二兩二錢共銀八百六十四兩歲需添兵口糧俸
餉以及修費等項約須銀一千四百餘兩又九龍地
方設駐副將紅香爐添設汛防隨各建衙署兵房
以及大鵬新兵應製號衣器械等項所需經費
均須預籌查有前山營生息一項係由洋
商捐出本銀十萬兩發交當商生息以作添
設前山營兵餉之用除每年支用外截出道光

十九年五月底止實存銀五萬三千八百[illegible][illegible][illegible]
[illegible]餘兩除另摺
奏請動支添建尖沙嘴官涌兩礮臺工料共銀三
萬一千九百餘兩外所有此次添造快船及建造
衙署製備新兵雜衣器械等項用費均請于
此項息銀內動支毋庸請動
帑項以此改調添設因地制宜似于海疆控制大有
裨益如蒙
俞允所有添造快船建造衙署兵房製備新添弁
兵丁軍械等項以及等即飭令地方文武會同確估
辦理其改設副將等官應行鑄換關防並一切
營制糧撥細數及未盡事宜俟容另咨部

核辦再查此等生息本銀係由洋商捐出与正雜
錢糧不同每年收支實存數目按季查核
今請動此項息銀以作添造快船衙署兼製軍
械經費應俟動用後將支用數目于冊內開送
核查免備造工料細冊咨銷合併陳明謹
會同廣東水師提督臣關天培陸路提督臣
郭繼昌合詞恭摺具
奏伏乞
皇上聖鑒訓示謹
奏
道光二十年三月二十六日
硃批該部議奏欽此
三月二十六日
59.

二三 兩廣總督林則徐等奏摺 遵旨籌議曾望顏所陳封關禁海事

道光二十年三月二十六日

兩廣總督林則徐等奏摺 **遵旨籌議曾望顏所陳封關禁海事**

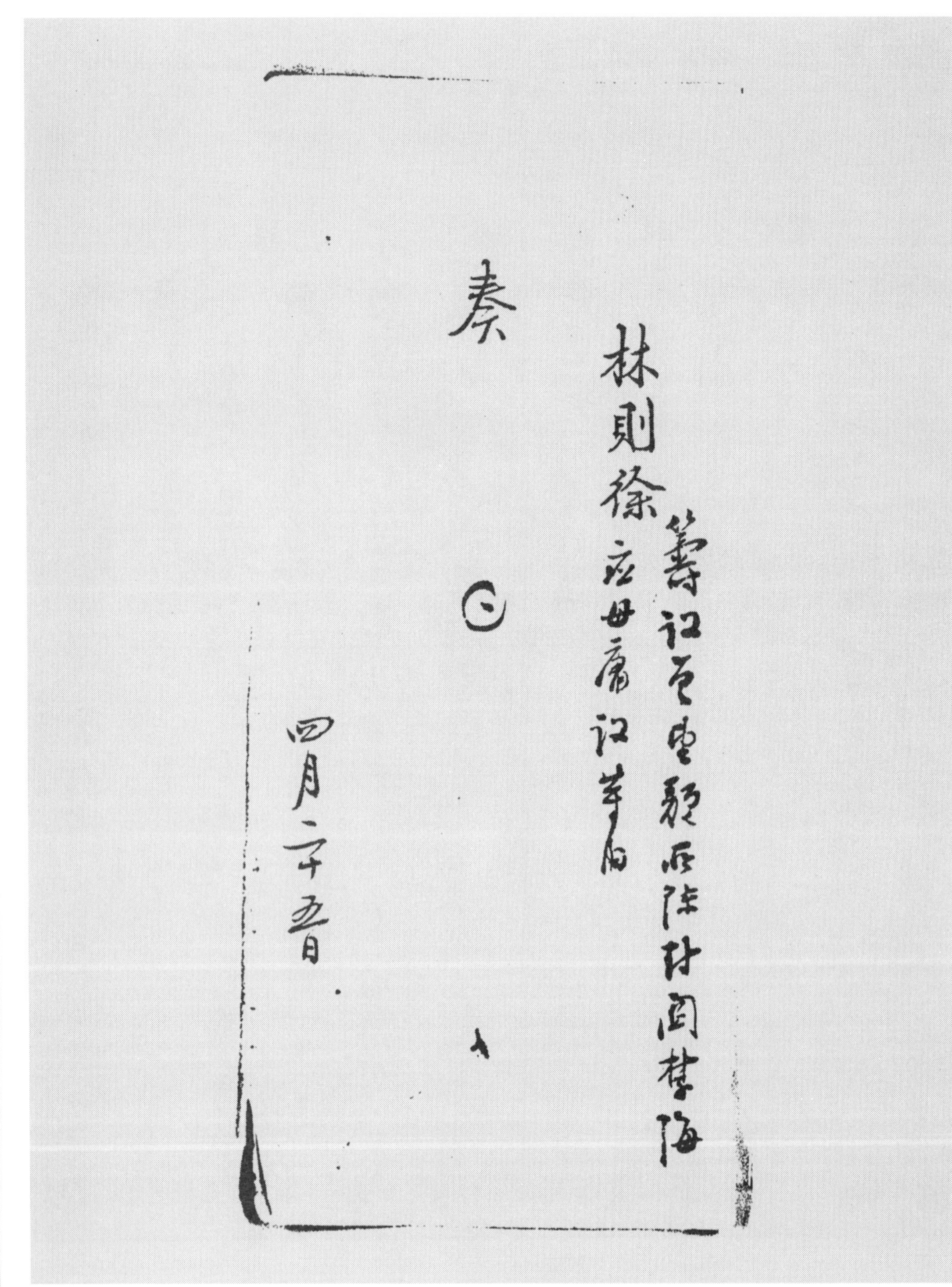

奏

林則徐 籌議曾望顏所陳封關禁海

應毋庸議欽此

四月二十五日

兩廣總督林則徐等奏摺 遵旨籌議曾望顏所陳封關禁海事
道光二十年三月二十六日

臣林則徐臣怡良臣關天培臣鄧廷楨臣豫堃跪
奏為遵
旨悉心籌議恭摺覆
奏仰祈
聖鑒事竊臣等承准軍機大臣字寄道光十九年十二
月十一日奉
上諭本日據曾望顏奏請封關禁海設法
勦洗以清澳門一摺又另片奏澳夷互市貨船亦請
定以限制等語著林則徐等悉心妥議具奏原摺
片著鈔給閱看將此諭令林則徐怡良關天培鄧
廷楨並傳諭豫堃知之欽此臣林則徐臣怡良謹將
所奏原摺細加閱看並傳知臣豫堃一體欽遵因

關各國夷人事勢祇宜慎密周詳未便遽事宣宣
揚復經函詢日閱天培以郭律為于查閱等伍之
便之者由商於七詢但會同謹將密籌管見
情形為我
皇上敬陳之查原奏以制夷要策首在封關夷議何
國夷船概不准其互市而禁絕茶葉大黃自以
制伏其命封關之後海禁宜嚴必飭舟師將海
岸嚴捕除絕又其大小船隻概不准其出海復募
善泅之人使駕其船乘風縱放而以舟師從之縱
燒夷船即將貨物全數給賞該夷未有不畏懼
求哀者密其果然誠心悔罪再行奏請
天恩准其互市仍將大黃茶葉毋許多賣以為

箝制之法所論甚切所籌亦甚周臣等查粵省二百
年來准令諸夷互市原係
推恩外服以昭示懷柔並非內地賴其食用之資更非
關権利其抽分之稅況自上冬斷絕嘆夷貿易
以來仰蒙
諭旨屢以稅餉何足計論大哉
謨訓中外同欽臣等奉承更可遵循辦理從絕夷
所用其臆顧即將各外國在粵貿易一律停止亦無不
難惟是細察情形有必須從長計較者竊以封
閉禁海之策一以絕諸夷之生計一以杜鴉片之
來源雖若確有把握然專斷一國貿易與概斷
各國貿易揆理度勢迥不相同且鴉片出產

之地皆在英咭唎國所轄地方從前尚何禁寔由原
不以英夷販烟來粵即別國夷船亦多以此為
利而自上年繳清躉船烟土以後禁絶
奏奉
恩旨概免治罪即未便追究若此後別國貨船莫
不遵具切結層層查驗若無夾帶鴉片仍准
進口開艙惟英咭唎貨船聚泊尖沙嘴不遵法
度是以將其驅逐不准通商今若忽立新章將
現未犯法之各國夷船與英咭唎一國同拒絶是抗
違者擯之恭順者亦擯之未免不分良莠事出無
名設諸夷詰問何辜臣等碍難擬議且查英咭唎
與外國最稱悍桀諸夷中惟咪唎㗳及佛蘭

西者足與之抗衡，然亦忌且恃之。其他若荷蘭、
大小呂宋、嗹國、瑞國、單鷹、雙鷹、咪唎堅等國，到
粵貿易者，多仰英夷鼻息。自英夷貿易斷後，
他國頗皆欣欣向榮，蓋逐利者喜彼絀而此贏，懷
怨者謂此榮而彼辱。此中操縱之法，似可以夷治夷，
使其相間相睽，以彼此之離心，各輸悅而內向。若
概與之絕，則缺望之餘，轉易聯成一氣。諸國私
左袒者，云彼則懼而協以謀我，故離間也。我
天朝之馭諸夷國，犯其此惡，亦罰不及眾，似宜
示以大公。且封關云者，為截鴉片
也。若鴉片果因封關而斷，亦何
惜而不為。惟是大海茫茫，四通八達

違鴉片斷與不斷轉不在乎關之封與不封即如上冬業
已不准暎夷貿易而臣等今夏春查訪外洋信息知其
將貨物載回夷埠轉將烟土換至粵洋並聞奸夷口出狂
言謂關以內法度雖嚴關以外汪洋無際通商則受管
束而不能違禁不通商則不會來而正好賣烟此種貪狡
之心實堪令人髮指是以臣等近日更不得不于外海倍加
嚴拏有一日而船烟並獲數起者可見暎夷貨去烟來之
轉非虛揑不然以外洋風浪之惡而暎船仍不肯盡行
開去果何所圖若如原奏所云大小民船概不准其出海
則不能緣廣東民人以海面為生者尤倍于陸地故有
漁七耕三之說又有三山六海之謠若概不准出洋其
勢即不可以終日至謂捕魚者止許在附近海內此說

雖亦近情然既許出洋則遠近幾難自定又孰能於洋
面而阻之即使責令水師查禁而晝伏夜動東穿西
逃亦莫可如何之事臣林則徐上年刊立章程責令口
岸澳甲編列船號責以互船互保又令于風帆兩面及
船身兩旁悉用大字書寫姓名以及里居牌保惟船
數至于無算至今尚未編刻完竣又通行沿海縣營
如有夷船竄至該轄無論內洋外洋均將附近各船
暫禁出口必俟夷船遠遁始許口内開船照平時出
入漁舟遞一驗查只許帶一日之糧不得多攜食物若
銀兩洋錢尤不許隨帶出口庶免接濟購買之弊
至大黄茶葉二物固屬外夷要需惟臣等歷查向
來大黄出口多者不過一千擔緣每人所用無幾隨

身皆可收藏且尚非必不可無之物不值為之厲禁
惟茶葉歷年所銷自三十餘萬担至五十餘萬担
不等現在議立公所酌中定制不許多帶逾額多
運即為籌制之方然第一要義尤在沿海各口查拏
偷漏若中路封關操之過蹙而東西各路得以偷販
出洋則正稅徒虧而漏卮依然莫塞是以制馭之道
惟貴乎允不偏始不至轉生他弊若謂他國買回之
後難保不轉賣嘆夷此即內地行鋪互售尚難家
至目見而況其在域外乎要知嘆夷平日廣收厚積
本有長袖善舞之名其分賣他夷獨牟餘利乃該
夷之慣技今斷絕貿易之後即使從他夷轉售一
二亦已忍垢蒙恥多喫虧譬如大賈殷商一旦僅

開于彼寄人籬下已覺難堪惟操縱有方備防無
懈則原奏所謂該夷尚畏懼而求我者將于是乎在
矣至于備船練鄉勇募善泅之人等事則臣等自
上年至今皆經籌商辦理惟待相機而動即如山泉
水上年冬已派弁守之始則夷船以布帆兜接雨水幾
于不能救渴繼而覓諸山麓隨處汲取不窮則已
守不勝守似毋庸設攔之馭夷宜剛柔互用不必視
之太重亦未便視之太輕與其涇渭不分轉致無所忌
憚曷若薰蕕有別俾皆就我範圍而且用諸國以併
拒嘆夷則有如踣鹿若因嘆夷而並絕諸國則不啻
毆魚此際機宜不敢不慎況所杜絕者惟在鴉片即
原奏亦云凡有夾帶鴉片夷船無論何國不准通商

則不帶鴉片者仍皆准予通商亦已明甚彼各國
夷人原難保其始終不帶若果查出夷帶應即
治以新例不但絕其經商如其等之自不在峻拒之
列也又另片請將澳門西洋貿易定以限制查上年
臣林則徐先已會同前督臣鄧廷楨暨臣豫堃節
次商議及之嗣經核定章程諭令澳門同知轉飭西洋夷目
遵照即如茶葉一項每歲連箱准給五十萬斤仍以三年
通融併計以示酌中之道其他分條列款該夷均已遵
行本年正月澳內容留英夷即暫停西洋貿易迨
其將英夷驅出仍即准令開艙亦與原奏請設章程不
謀而合至所請責令澳夷代英夷保結一節現既不准英
夷貿易自可毋庸置議臣等彼此商酌意見相同謹會詞恭

兩廣總督林則徐等奏摺　遵旨籌議曾望顏所陳封關禁海事
道光二十年三月二十六日

摺覆
奏伏乞
皇上聖鑒訓示再此摺係臣林則徐主稿內有密陳夷情
之處謹請毋庸發鈔合併聲明謹
奏
道光二十年四月二十五日奉
硃批欽此

三月廿六日
60

兩廣總督林則徐等奏片

請將粵省拏獲烟犯船貨產業准予給賞

林則徐等片

再粵東鴉片之多寔什百於他省自上年查辦
至今除收繳夷躉二萬餘箱外其起獲內地民
人興販囤藏者亦不下五十餘萬兩皆經陸續繳
化銷於盡滌前汙察看各府州廳凡查
耳目昭著之地大都漸就肅清而鄉曲村莊山
重水複往往恃其僻遠藏貯細土舊時既不少
窩存間有轉於寄頓或深房密室守以婦女
而莫能窺或祠廟山林埋以坑窖而外莫由識甚至
裝為棺柩假作墳塋詭祕萬端出人意表間有
訪聞破獲者全藉眼線密為伺察於其藏匿處
所探知真確乃得搜起否則若眼線不先探查

拏獲則奸民有所藉口轉慫釀成事端故從前
烟禁鬆時患在得規窩庇迨禁嚴而情偽疊
出又患在詐名恃重贓顧畏難蓋趨避者衆人
之常情而因循者官場之積習以為拏獲不多
不過責以疎懈若以辦理不善以恐坐以愆尤而且
雇蹤先須給貲獲案又須重賞之不重則作線
之人不來即來者亦必不確其能為緝確之眼
線必與烟犯素相親密之人所以不避怨嫌引
官指拏者無非圖利耳激於義憤固是其人
挾仇邀功亦不多見惟利重則衆人爭趨雖欲
察者亦不得顧此粤東風氣一時難以轉移而不
得不乘機以導之者也官予以利即為官用若

則是私護私皆其慣技未有不精為私用者矣為
私用則私愈不得破而官愈不得知故臣必
須不惜重賞而後能用此輩也近日內外無論
其未必樂於捐貲以欲捐而無可捐之貲亦安
得而賞之若營汛武弁則潔己者已難其人
更何從語以出貲雇線之事雖臣等訪報獲案
犯疊經捐銀給賞而究屬無常外此則籌款
勸捐事涉窒礙倘因乏貲購線以致若輩轉助
收私則更惡流弊所關匪細查上年軍機處
議准浙江撫臣烏爾恭額
奏定禁烟章程內稱關口守口兵弁能將商漁船隻
所帶煙箱烟土拿獲者將船及貨一半賞給首

獲之人，餘貨歸賞同查之人，為海船僅帶烟土，
無論舟人行戶，能將藏匿處所指明首告，以將
船貨給予舉發之人等語。是海船夾帶鴉片，
首報之人亦得邀賞，而同地之窩販似亦可
以例推。且新例窩設烟館與販之本犯與知情租
房之業主船戶，其房屋船隻皆應一律入官，

是破案之時產業已為官物。然若必俟由官召
變，始以價銀充賞，則延緩需時，竊恐有名無實，
仍不足以示勸懲。擬即承領估變，例應令同委
員勘造估冊，上下衙門層層駁估，從須報部覈
定方能作準，往往累月經年十不變一，而空房
封鎖，已為鄉鄰作踐，逃而潛蹤，不安得有人承

受有所憚於賠累，甘受遲延，受多故。歷來入官未變之產業，案牘纍纍，皆其明驗也。竊思信賞必罰，法既不可枉，亦不可失。與其俟變無期，何若即將充賞？且如米穀出洋被獲，本有船貨給賞之條，而卡隘緝拏私鹽，亦有車畜並賞之例。今鴉片之害，較之私運米鹽，奚啻霄壤，則拏獲之賞，似亦不可獨嗇。應請嗣後拏獲販賣鴉片之案，於審明定讞後，除烟土烟具悉數繳官燬化外，所有該犯船貨產業，概准分別給賞，至論在洋在岸，一體照行。倘有栽烟誣賴，希圖冒賞，亦必確審實情，照新例不分首從，按法嚴辦。庶查拏首報之人，有所圖而不敢隱庇。

兩廣總督林則徐等奏片　請將粵省拏獲烟犯船貨産業准予給賞
道光二十年三月二十六日

亦有所憚而不敢誣妄西國販為奸之輩若
烟雖察破案而難於杜絕根株似有裨益如蒙
俞允所有粵省已獲各案臣等均知飭屬遵辦並
諮覓具造冊咨部以備案牘是否有當謹合詞
附片具
奏伏乞

聖鑒訓示謹
奏
道光二十年四月二十五日奉
硃批軍機大臣議奏欽此

三月二十六

60 附

兩廣總督林則徐等奏片 **藩司熊常錞因病請准開缺調理員缺即請簡放**

旨
隨 另

林則徐等片

再廣東藩司熊常錞前因偶患風寒，調治漸
痊，惟語言未能達意，當據該司稟請給假兩月，
經臣等前奏奉
諭旨：林則徐等奏藩司患病請假一摺，熊常錞著賞
假兩箇月，欽此。與該司熊常錞查照（欽遵）
天恩，極思趕緊調治，惟現已兩月屢渝，臣等接見數
次，察其行動雖可支持，而語言所稽實難在該
司平日遇事奮勉，不敢續請展假，惟粵東藩司
政務殷繁，又值海洋緊要之際，究恐精神未能
貫注，未便令其力疾從公，相應仰懇
聖恩，准令開去調理，查該司現年五十三歲，精力素健

兩廣總督林則徐等奏片　藩司熊常錞因病請准開缺調理員缺即請簡放　道光二十年三月二十六日

又難調治，復屢次痛懇，迭籲另行叩求

恩施。所有廣東藩司員缺，可否先請即

賜簡放，以重職守。臣等謹合詞附片據實具

奏，伏乞

聖鑒。謹

奏。

道光二十年四月二十五日奉

硃批　欽此

兩廣總督

兩廣總督林則徐奏片 **委令廣州府知府珠爾杭阿賫繳欽差大臣關防**

〇知

林則徐片

再臣蒙

恩調任兩廣總督即經

奏請恭繳

欽差大臣關防嗣奉

上諭欽差大臣關防著該督暫行封貯俟有該省大員

進京之便帶繳毋庸另行委員賫送等因欽此適有

廣州府知府珠爾杭阿因

大計卓異于本年二月二十二日自廣東省城起身進

京引

見查該府珠爾杭阿細心謹慎堪以委令賫繳臣當將

欽差大臣關防一顆敬謹封固粘貼印花繕咨面交珠

兩廣總督林則徐奏片 委令廣州府知府珠爾杭阿賫繳欽差大臣關防 道光二十年三月二十六日

交珠爾杭阿賫赴軍機處恭代呈繳理合附片奏

聞伏乞

聖鑒謹

奏

道光二十年四月二十五日奉

硃批知道了欽此

兩廣總督

兩廣總督林則徐等奏片 緝獲洋盜趙歡洪等情形

臣林則徐
臣怡良 跪奏

奏再查望額撥月請飭查拏勤捕海盜案内切要之務
查粵東盜風素熾雖經迭奉飭懲現當嚴禁
鴉片之時凡无穎莠民失一日之利此為衣食計者一旦謀
生路絕恐必鋌而走險致蹈萑苻是以臣等詳飭
各属文武須將緝盜与拏烟並重除專委督標水
師營參將特斌選帶弁兵駕船十隻周歷各處内
洋會同各該營縣巡船訪查圍拏外所有外海各營汛
責成值巡舟師將某日自某洋巡至某洋情形逐一
报明另飭州縣探拿核对並抽出數處委員密查以杜
虛捏情巡之弊比来頻獲疊劫重犯將積年未破
之案發覺頗多均經飭司審办茲復據署廣海寨

游擊布萬和會稔二月十一日帶領舟師巡抵鷹澤
面見有游奕伺劫之蔴辣船一隻即令把總高葉
榮記秀曹殿英等同往盤問該匪船瞥見兵船即
轉戧駛逃當飭舟兵與黑風冬巡船協力追趕至担
桿山洋面始行追及該游擊喝令兵丁李進等過船
被匪持械拒捕李進首先用刀格傷一匪當即拏獲
盜犯趙歡洪黃連勝黃亞蔣黃直長林亞得周亞登
鄧亞墩黃亞愛吳亞汶陳亞忠區亞轉高經相譚亞
廣黃多世吳亞藉朱士馨十六名並救出被匪綑禁艙
底之事主袁云經水手袁云湊二人時有盜匪凫水上
岸逃走經把總蕭演洪外委方安邦跟蹤追獲林
亞篙林昭得林亞沅陳亞壬四名方安邦旋又追獲

林渴得一名計全船盜匪首夥現獲二十一名救出被擄
事主二名起獲子母礮一門劈山礮四門鳥槍三桿大小
礮子五百零二箇火藥十八斤藤牌五面挑刀三把
鐵扎嘴五枝竹蘆三頂並鐵砂碎鐵等物及疊
刦各事主衣服原賍解交新寧縣轉解來省　臣
林則徐即先親提訊問據趙歡洪供認起意糾夥出
洋行刦商允現獲之黄連勝及未獲之陳亞馨何
亞華何亞剛鍾昌上糾得現獲之黄亞得等共夥
二十五名内朱士馨陳亞壬二名係逼脅服役黄連
勝出草艇一隻何亞華出礮械等件本年三月初三
同駕草艇至香山縣之江灣洋面見有現獲事主袁
亞經等駕蔴辣船載蠔殼至彼當即過船將

該事主等佃傅刦得番銀五十八兩衣服三件見蔴
辣船寬大隨即鑿沉草艇將礮械搬過麻辣船並
將袁云任袁云湊二人関禁艙底駕駛開行初五日
駛至新會縣門頭洋面行刦豬船一隻拒傷不知姓名
事主陸人搜獲番銀七十圓錢十五包生豬十三隻
變賣分用初六日又至陽江縣之海陵洋面刦得蔴
辣船上番銀一百圓錢四千文白米十一包初八日又至
陽江之犁頭嘴洋面刦得紅頭船上番銀六十圓布被
二牀色襪二個並草蓆等物十日在廣洲洋面正欲
圖刦即被官兵追趕拏獲等情供認不諱質之夥
盜黄連勝等及事主袁云任等供俱相符查該盜
犯趙歡洪等膽敢糾夥攜帶礮械出洋擄刦奪

船旬日之間即已上盜四次若非即時拏獲則奪
一民船即添一盜船不日遂成大幫為海洋巨患亦
將全船首夥二十五人獲到二十一人救出擄禁事主
二名並全獲礮械拏解前來除發司再行嚴審
有無另犯別案分別按擬解勘一面飭拏逸夥
陳亞馨等務獲併究外所有緝獲洋盜緣由謹
合詞附片奏
聞伏乞
聖鑒謹
奏
道光二十年四月二十五日奉
硃批好仍當一力訪緝不可稍怠欽此

上諭 著即勒令休致林則徐所參精力就衰參將張錫九

道光二十年三月二十七日內閣奉
上諭林則徐奏校閱省標營伍及因公在省各官兵
一摺兩廣督標左營叅將張錫九年逾六旬步箭
只中一矢精力就衰著即勒令休致其所襲輕車
都尉世職著兵部照例辦理欽此

兩廣總督林則徐題本　題參廣東分巡惠潮嘉道王貽桂等員疎防竊案限滿贓犯未獲

道光二十年三月二十七日

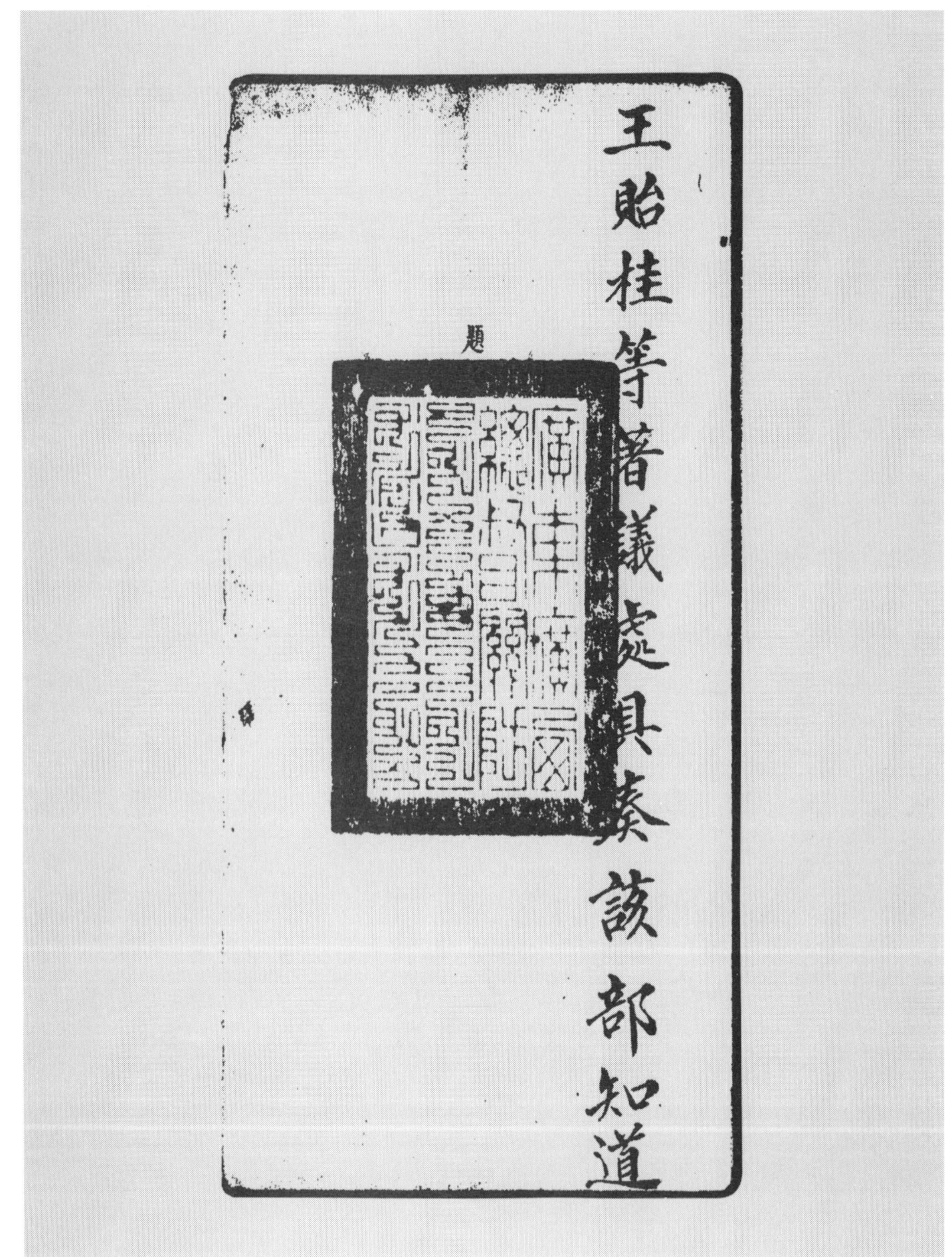

兩廣總督林則徐題本　**題參廣東分巡惠潮嘉道王貽桂等員疎防竊案限滿贓犯未獲**

兵部尚書兼都察院右都御史總督廣東廣西等處地方軍務兼理糧餉臣林則徐謹

題為報請勘緝事據署理廣東按察使司印務兩廣鹽運使陳嘉樹詳稱案據署澄海縣知縣張齡申詳道光拾玖年捌月初拾日據縣屬監生陳杏滄呈稱伊與弟婦陳楊氏向在縣屬岱美鄉同屋居住道光拾玖年捌月初捌日夜叁更時候伊家被賊扒牆下院撬開屋門進內行竊伊與陳楊氏醒覺起身各開房門走出喊捕被賊臨時行强持械嚇禁不許聲張伊與陳楊氏畏懼躲避各賊分投進房打開箱櫃搜刼銀錢衣飾契紙等物而逸時經鄰佑陳其會聽聞赶出幫同追捕不及該處畸零向未設立地保理

合報請勘緝併將聲明被刦贓物容俟查明開
單補繳等情到縣據此當即選差勒緝贓賊一
面會營前詣該處勘得監生陳哲濬住屋壹所
前後叁進左係監生陳哲濬臥房右係陳楊氏
臥房該屋周圍築立土牆查驗土牆及屋門均
有扒動撬損形跡箱櫃均已打開餘無損壞亦
無賊遺油捻器械左鄰監生陳其會右係空地
該處距南沙汛約陸里附近並無設立墩鋪防
兵勘畢繪圖附卷訊據監生陳哲濬陳楊氏鄰
人陳其會各供均與衆詞無異併飭據事主陳
哲濬查開失單呈繳前來隨傳鋪戶眼同事主
按照失單逐一確估共值紋銀壹千貳百零叁

兩廣總督林則徐題本 題參廣東分巡惠潮嘉道王貽桂等員疎防竊案限滿贓犯未獲

道光二十年三月二十七日

兩叁錢陸分叁釐叁毫列冊同勘圖附卷除移
行勒緝贓賊務獲究解外理合通詳等情當奉
批司飭緝查參等因又奉牌行據營員報同前
由各到司俱經移行勒緝查參去後茲疎防限
滿贓賊未獲准惠潮嘉道併據潮州府開列文
員疎防統轄兼專各職名到司准據此該署理
廣東按察使司印務兩廣鹽運使陳嘉樹查看
得澄海縣監生陳哲濬家於道光拾玖年捌月
初捌日夜被賊行竊臨時行強搶刦銀物一案
先據該縣會營勘訊通詳併據營員呈報均奉
批檄行司勒緝查參等因移行遵照去後茲疎
防限滿贓賊未獲准惠潮嘉道併據潮州府開

列文員疏防各職名前來除移行勒緝贓賊務
獲究解外所有疏防文職統轄係廣東分巡惠
潮嘉道王貽桂兼轄不同城係前任潮州府知
府續經陞補高廉道易中孚署潮州府同知事
試用通判王集專管係署澄海縣事長寧縣知
縣張齡澄海縣樟林鎮司巡檢孟洙相應開報
伏候
題參再照本案贓影確鑿應俟獲犯審供爲定失
事處所據勘係在鄉間距南沙汛約陸里附近
並無設立撥鋪防兵又前任潮州府知府易中
孚因陞補高廉道於道光拾玖年拾壹月初壹
日卸事所遺潮州府事務即日行委准陞嘉應

州知州韓鳳修署理係在疎防限内又易中孚
業已陞補卸事不復回任應請照例議結又本
案自道光拾玖年捌月初捌日夜失事起計至
是年拾貳月初柒日肆個月疎防限滿今該縣
於貳拾年貳月拾伍日始行開列職名具詳到
府扣除遞文程途壹日計遲延兩個月零柒日
所有開報本身應議遲延壹月以上職名亦係
署澄海縣事長寧縣知縣張齡相應開報附參
至該府於貳月拾捌日出文貳拾玖日到司署
按察司即於叁月初貳日轉詳扣除轉文程途
各日期府司均無遲逾合併聲明等由又先奉
護理閩粵南澳鎮總兵官印務福建銅山營參

將陳國榮開報武員疎防統轄兼專協防各職
名到臣該臣看得廣東澄海縣屬監生陳哲濬
家於道光拾玖年捌月初捌日夜被賊行竊臨
時行强挖封銀物一案先經據報批行勒緝查
參去後茲疎防限滿贓賊未獲據署按察使陳
嘉樹開列文員疎防各職名詳請
題參又先據護理閩粤南澳鎮總兵官印務福建
銅山營參將陳國榮開報武員疎防各職名前
來除嚴飭移行勒緝贓賊務獲究解外所有疎
防文職統轄係廣東分巡惠潮嘉道王貽桂兼
轄不同城係前任潮州府知府續經陞補高廉
道易中孚署潮州府同知事試用通判王集專

管係署澄海縣事長寧縣知縣張齡澄海縣橝
林鎮司巡檢孟洙武職統轄係前代辦廣東澄
海協副將事署該協左營守備該協右營右哨
千總李英隆兼轄係前代辦澄海協右營守備
事該營右哨底司把總陳忠專汛係澄海協右
營右哨頭司把總周安協防係澄海協右營左
哨外委千總陳兆熊相應
題參聽候部議再照本案賊夥確數應俟獲犯審
供爲定失事處所據勘係在鄉間距南沙汛約
陸里附近並無設立墩鋪防兵又文職任卸日
期已於司詳内聲敘其武職統轄前代辦澄海
協副將李英隆因原代辦副將事署該協中軍

兩廣總督林則徐題本　題參廣東分巡惠潮嘉道王貽桂等員疎防竊案限滿贓犯未獲

道光二十年三月二十七日

都司該協右營守備曾應元於道光拾玖年玖
月拾壹日奉撤管帶火船回營李英陞即日卸
代辦又兼轄前代辦澄海協右營守備陳忠因
改委署該協右營左哨千總事該協左營左哨
頭司把總陳名山於拾玖年玖月拾柒日到代
辦陳忠即日卸代辦嗣陳名山因署澄海協右
營守備事海門營右哨千總李懋元於拾玖年
拾壹月貳拾伍日奉撤漁户水勇船隻回營陳
名山即日卸代辦均在疎防限内又本案自道
光拾玖年捌月初捌日夜失事起計至是年拾
貳月初柒日肆個月疎防限滿今該縣於貳拾
年貳月拾伍日始行開列職名具詳到府扣除

遞文程途壹日計遲延兩個月零柒日所有開
報本身應議遲延壹月以上職名亦係署澄海
縣事長寧縣知縣張齡相應附參統聽部議至
該府於貳月拾捌日出文貳拾玖日到司該署
司即於叁月初貳日轉詳扣除轉文程途各日
期府司均無遲逾又武職統轄兼轄均係越級
代辦之員實因一時乏人通融辦理與例稍有
未符合併陳明臣謹具
題伏乞
皇上聖鑒敕部議覆施行謹
題請
旨

二三 兩廣總督林則徐題本 題參廣東分巡惠潮嘉道王貽桂等員疏防竊案限滿贓犯未獲

道光二十年三月二十七日

道光二十年三月二十七日

兵部尚書兼都察院右都御史總督廣東廣西等處地方軍務兼理糧餉臣林則徐

兵部尚書兼都察院右都御史總督廣東廣西等處地方軍務兼理糧餉臣林則徐謹

題為報請勘緝事該臣看得廣東澄海縣屬監生陳哲濬家於道光拾玖年捌月初捌日夜被賊行竊臨時行强挖刼銀物一案先經據報批行勒緝查參茲疏防限滿贓賊未獲據署按察使陳嘉樹開列文員疏防各職名詳請

題參又先據護理閩粵南澳鎮總兵官印務福建銅山營參將陳國榮開報武員疏防各職名前來所有疏防文職統轄係廣東分巡惠潮嘉道王貽桂兼轄不同城係前任潮州府知府積經

陞補高廉道易中孚署潮州府同知事試用通判王集專管係署澄海縣事長寧縣知縣張齡澄海縣樟林鎮司巡檢玉洙武職統轄係前代辦廣東澄海協副將事署該協左營守備該協右營右哨千總李英隆兼轄係前代辦澄海協右營守備事該營右哨貳司把總陳忠專汛係澄海協右營右哨頭司把總周安協防係澄海協右營左哨外委千總陳兆熊相應

題參聽候部議臣謹

題請

旨

兩廣總督林則徐題本　**題參廣東督糧道王篤等員疎防行舟劫案限滿贓犯未獲**

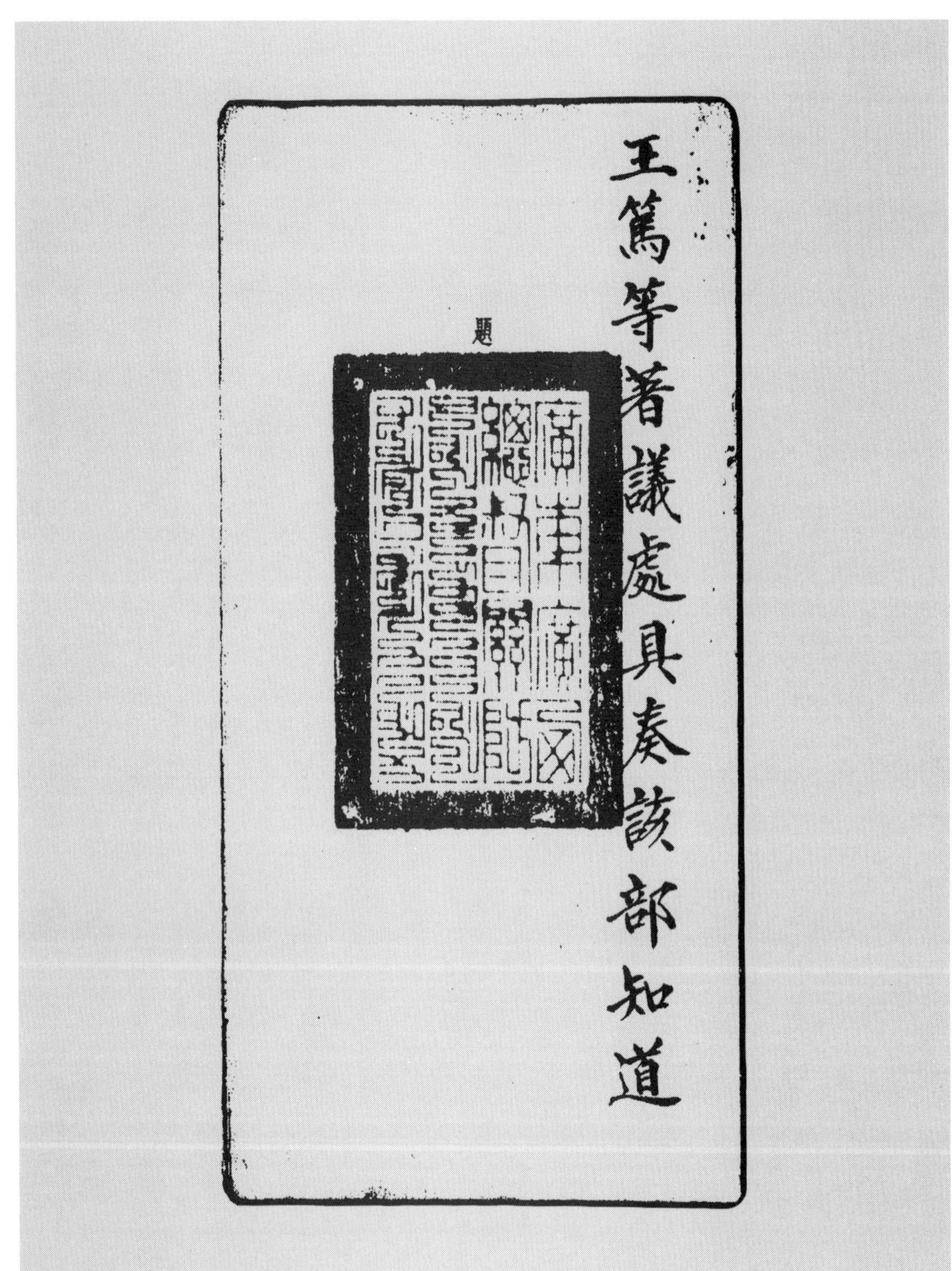
王篤等著議處具奏該部知道

題

二三

兩廣總督林則徐題本　題參廣東督糧道王篤等員疎防行舟劫案限滿贓犯未獲
道光二十年三月二十七日

兵部尚書兼都察院右都御史總督廣東廣西等處地方軍務兼理糧餉臣林則徐謹
題爲報明被刦事據署理廣東按察使司印務兩
廣鹽運使陳嘉樹詳稱案據南海縣知縣劉師
陸申詳道光拾玖年柒月貳拾捌日據縣屬渡
夫崔亞居稟稱蟻開擺沙頭橫基往佛山餉渡
拾玖年柒月貳拾伍日在佛山攬載客貨回埠
傍晚駛至縣屬沙腰河面灣泊是夜貳更時候
被賊多人駕艇攏近持械過船撞破倉門進倉
行刦蟻與水手赶出喊捕被賊持械嚇禁不許
聲張搜刦銀兩衣物回艇駛逸喊追不及該處
向無埠保理合開列失單稟乞勘驗緝究等情
連黏失單一紙到縣據此當卽選差勒緝贓賊

一面移會營員親詣該處傳集事主人等勘得
崔亞居被劫處所係在縣屬沙腰河面東通佛
山西連仙菅兩岸沙坦四無居民查驗渡船倉
門有破損痕跡餘無損壞亦無賊遺器械距沙
腰汛陸里附近並無設立墩鋪防兵勘畢繪圖
訊據事主崔亞居水手朱亞容勞亞有唐亞聚
溫事潰各供均與稟詞無異隨傳鋪戶眼同事
主按照失單逐一確估共值紋銀貳百陸拾肆
兩柒錢伍分列冊同勘圖附卷除移行勒緝贓
賊務獲究解外理合通詳等情當奉批司飭緝
查參等因又奉牌行據營員報同前由各到司
俱經移行勒緝查參去後茲疏防限滿贓賊未

獲准督糧道轉據廣州府開列文員疎防統轄
兼轄各職名到司准此該署理廣東按察使司
印務兩廣鹽運使陳嘉樹查看得南海縣渡夫
崔亞居渡船於道光拾玖年柒月貳拾伍日夜
在該縣屬土名沙腰河面被賊行刦銀兩衣物
一案先據該縣會營勘訊通詳併據營員呈報
均奉批飭行司勒緝查參等因移行遵照去後
茲疎防限滿贓賊未獲准督糧道轉據廣州府
開列文員疎防各職名前來除移行勒緝贓賊
務獲究解外所有疎防文職統轄係廣東督糧
道兼分巡廣州府王篤兼轄同城係廣州府知
府珠爾杭阿不同城係署廣州府佛山同知事

佛岡同知劉開域專管係南海縣知縣劉師陸
南海縣黃鼎司巡檢趙應壬相應開報伏候
題參再照本案賊夥確數應俟獲犯審供爲定失
事處所據勘係在鄉間距沙腰汛陸里附近並
無設立墩鋪防兵又本案自道光拾玖年柒月
貳拾伍日夜失事起計至是年拾壹月貳拾肆
日肆個月疎防限滿今該縣於拾貳月貳拾貳
日開列職名具詳到府該府於貳拾年正月拾
玖日詳道計遲延均未及壹月例無處分職名
應請免開至督糧道於貳拾貳日移司按察司
即於貳拾伍日轉詳扣除轉文日期道司均無
遲逾合併聲明等由又先准廣東水師提督臣

關天培開報武員疎防統轄兼專協防遊巡各
職名到臣該臣看得廣東南海縣渡夫崔亞居
渡船於道光拾玖年柒月貳拾伍日夜在該縣
屬土名沙腰河面被賊行刦銀兩衣物一案先
經據報批行勒緝查叅去後茲疎防限滿贓賊
未獲據署按察使陳嘉樹開列文員疎防各職
名詳請
題叅又先准廣東水師提督臣關天培開報武員
疎防各職名前來除嚴飭移行勒緝贓賊務獲
究解外所有疎防文職統轄係廣東督糧道兼
分巡廣州府王篤兼轄同城係廣州府知府珠
爾杭阿不同城係署廣州府佛山同知事佛岡

同知劉開域專管係南海縣知縣劉師陸南海
縣黃鼎司巡檢趙應壬武職統轄係前署廣東
順德協副將事肇慶水師營參將張斌兼轄併
遊巡均係護理順德協右營都司事新會營左
營右哨千總續經
題請陞補順德協右營守備陶雄亮專汛係順德
協右營左哨蕆司把總葉章成協防係前代理
順德協右營左哨蕆司外委把總事該協左營
記委徐貴陞相應
題參聽候部議再照本案賊影確數應俟獲犯審
供爲定失事處所履勘係在鄉間距沙腰汛陸
里附近並無設立墩鋪防兵又武職統轄前署

順德協副將張斌因本任副將楊登俊於道光
拾玖年玖月拾壹日回任張斌即日卸署又協
防前代理順德協右營左哨貳司外委把總徐
貴陞因本任外委陳振陞於道光拾玖年玖月
初伍日回汛徐貴陞即日卸代理嗣陳振陞即
日奉派防夷離汛所遺外委汛務就日復委記
委徐貴陞代理又遊巡護理順德協右營都司
陶雄亮因遊巡期滿於道光拾玖年玖月底離
巡均在疎防限內又本案自道光拾玖年柒月
貳拾伍日夜失事起計至是年拾壹月貳拾肆
日肆個月疎防限滿今該縣於拾貳月貳拾貳
日開列職名具詳到府該府於貳拾年正月拾

玖日詳道計遲延均未及壹月例無處分職名
應請免開至督糧道於貳拾貳日移司該司即
於貳拾伍日轉詳扣除轉文日期道司均無遲
逾合併陳明臣謹具
題伏乞
皇上聖鑒敕部議覆施行謹
題請
旨

兩廣總督林則徐題本 題參廣東督糧道王篤等員疎防行舟劫案限滿贓犯未獲 道光二十年三月二十七日

道光[illegible]廣西等處地方軍務兼理糧餉臣林則徐

兵部尚書兼都察院右都御史總督廣東廣西等處地方軍務兼理糧餉臣林則徐謹
題爲報明被劫事該臣看得廣東南海縣渡夫崔
亞居渡船於道光拾玖年柒月貳拾伍日夜在
該縣屬土名沙腰河面被賊行劫銀兩衣物一
案先經據報批行勒緝查參茲疎防限滿贓賊
未獲據署按察使陳嘉樹開列文員疎防各職
名詳請
題參又先准廣東水師提督臣關天培開報武員
疎防各職名前來所有疎防文職統轄係廣東
督糧道兼分巡廣州府王篤兼轄同城係廣州
府知府珠爾杭阿不同城係署廣州府佛山同

知事佛岡同知劉開域專管係南海縣知縣劉
師陸南海縣黃鼎司巡檢趙應壬武職統轄係
前署廣東順德協副將事肇慶水師營參將張
斌兼轄併遊巡均係護理順德協右營都司事
新會營左營右哨千總續經
題請陞補順德協右營守備陶雄亮專汛係順德
協右營左哨頭司把總葉章成協防係前代理
順德協右營左哨頭司外委把總事該協左營
記委徐貴陞相應
題參聽候部議臣謹
題請
旨

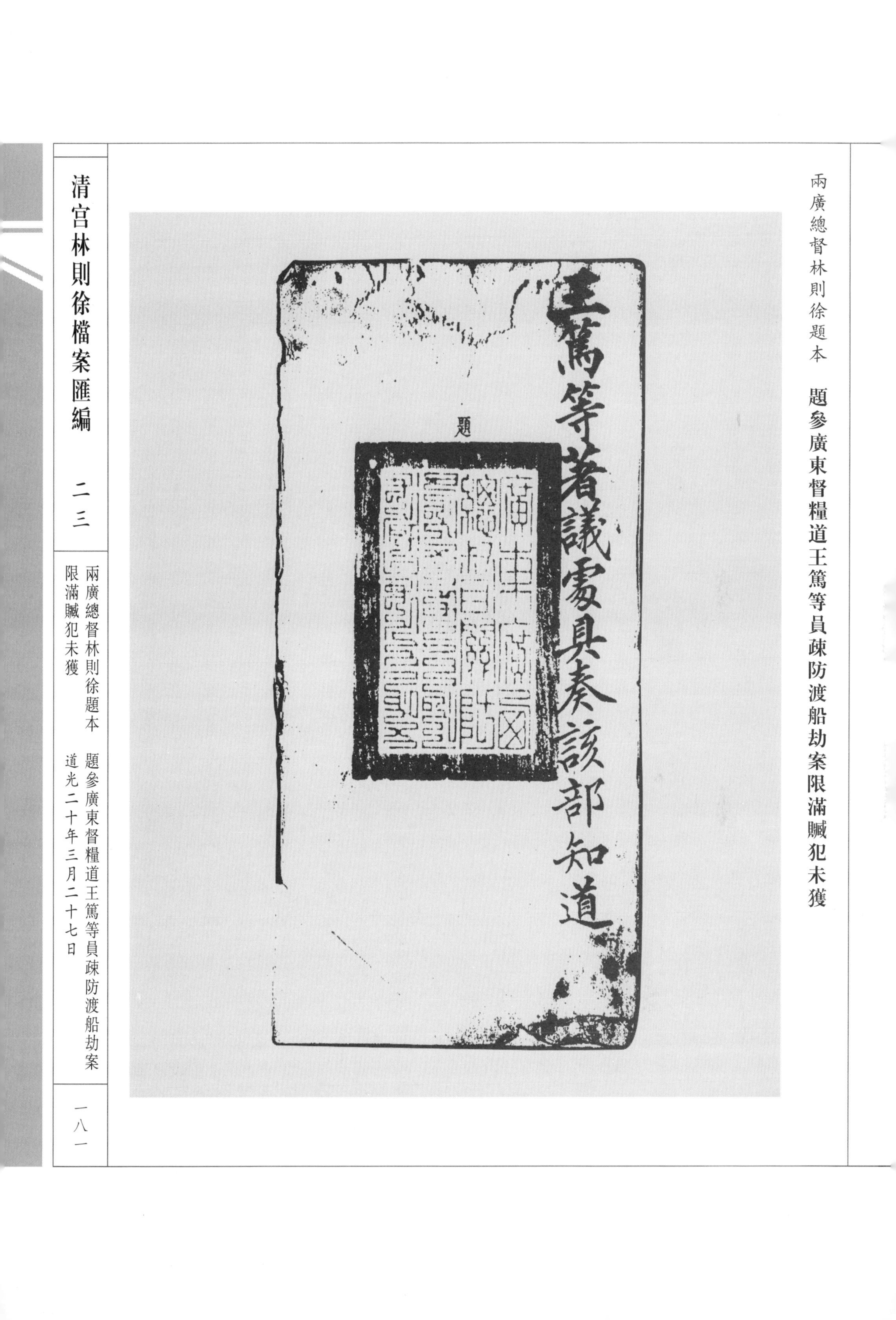

兩廣總督林則徐題本

題參廣東督糧道王篤等員疎防渡船劫案限滿贓犯未獲

王篤等著議處具奏該部知道

題

二三 兩廣總督林則徐題本 題參廣東督糧道王篤等員疎防渡船劫案限滿贓犯未獲

道光二十年三月二十七日

兵部尚書兼都察院右都御史總督廣東廣西等處地方軍務兼理糧餉臣林則徐謹
題爲報乞勘緝事據署理廣東按察使司印務兩
廣鹽運使陳嘉樹詳稱案據香山縣知縣三福
申詳道光拾玖年捌月貳拾陸日據縣屬渡夫
蔣宏超呈稱蟻與張恩惠合夥領照在縣屬石
岐開擺渡船往南屏鄉載送客貨度日併雇舵
水林亞四林亞嵩蕭亞四在船幫駕道光拾玖
年捌月拾肆日早有義德南興等店寄附銀信
併有客人容玉書簡彩等各帶銀錢衣物搭渡
回家是日由南屏開行辰牌時候駛至縣屬燈
籠河面被賊多人駕艇攏近徒手過船揑稱查
私乘機進倉搶去單開銀錢衣物回艇駛逸

同舵水林亞四等追赶不及該處並無埠保無
憑向投客人容玉書等均已回家蟻値患病不
能赴報茲已病愈理合報乞勘緝等情併粘失
單一紙到縣據此當即選差勒緝贓賊一面移
會營員親詣該處傳集事主人等勘得蔣宏超
渡船被搶處所係在縣屬燈籠河面該處東通
大海西達南野角南至燈籠山北至白排石查
驗船篷倉板並無損壞亦無賊遺器械該處距
磨刀砲臺汛拾伍里附近並無設立墩鋪防兵
勘畢繪圖訊據渡夫蔣宏超張恩惠舵水林亞
四林亞嵩蕭亞四各供均與稟詞無異隨傳鋪
户眼同事主按照失單逐一確估義德店寄附

番銀肆兩折實紋銀叁兩柒錢陸分南興店寄
附番銀叁兩伍錢柒分折實紋銀叁兩叁錢伍
分陸釐祥勝店寄附番銀陸兩玖錢捌分折實
紋銀陸兩伍錢陸分壹釐合興店寄附番銀壹
拾捌兩貳錢折實紋銀壹拾柒兩壹錢零捌釐
贊合店寄附番銀叁兩肆錢捌分折實紋銀叁
兩貳錢柒分壹釐宜昌店寄附番銀壹拾伍兩
貳錢肆分折實紋銀壹拾肆兩叁錢貳分陸釐
順合店寄附番銀壹拾伍兩折實紋銀壹拾肆
兩壹錢恒興店寄附番銀壹拾貳兩折實紋銀
壹拾壹兩貳錢捌分成錄店寄附番銀叁拾兩
折實紋銀貳拾捌兩貳錢恒和店寄附番銀貳

兩壹錢陸分折實紋銀貳兩零叁分裕盛店寄
附番銀柒錢貳分折實紋銀陸錢柒分柒釐源
昌店寄附番銀壹兩肆錢肆分折實紋銀壹兩
叁錢伍分肆釐寶聚店寄附番銀壹拾捌兩伍
錢肆分折實紋銀壹拾柒兩肆錢貳分捌釐合
益店寄附番銀貳兩折實紋銀壹兩捌錢捌分
奕聚店寄附番銀柒錢貳分折實紋銀陸錢柒
分柒釐泰盛店寄附番銀柒錢貳分折實紋銀
陸錢柒分柒釐悅合店寄附番銀壹拾陸兩零
柒分折實紋銀壹拾伍兩壹錢零陸釐元昌店
寄附番銀叁兩捌錢捌分折實紋銀叁兩陸錢
肆分柒釐敦源店寄附番銀柒錢貳分折實紋

銀陸錢柒分柒釐祺合店寄附番銀貳兩捌錢
捌分折實紋銀貳兩柒錢零柒釐合興店寄附
番銀壹兩肆錢貳分折實紋銀壹兩叁錢叁分
叁釐合盛園寄附番銀壹兩肆錢肆分折實紋
銀壹兩叁錢伍分肆釐泰亨店寄附番銀肆兩
叁錢貳分折實紋銀肆兩零陸分壹釐廷熙店
寄附番銀伍錢折實紋銀肆錢柒分澤施店寄
附番銀柒錢貳分折實紋銀陸錢柒分柒釐敬
全店寄附番銀叁兩貳錢肆分折實紋銀叁兩
零肆分陸釐張號店寄附番銀叁兩捌錢肆分
折實紋銀叁兩陸錢壹分客人容玉書衣物估
値紋銀貳兩伍錢伍分客人簡彩番銀叁兩折

實紋銀貳兩捌錢貳分客人宏號銅錢衣被估
值紋銀壹兩柒錢客人信號銀錢衣物估值紋
銀壹拾兩零肆錢渡夫蔣宏超等銀錢衣物估
值紋銀壹拾叁兩玖錢捌分肆釐舵水林亞四
等衣被估值紋銀叁兩叁錢玖分通共估值紋
銀壹百玖拾捌兩貳錢壹分柒釐分別列冊同
勘圖附卷除移行勒緝贓賊務獲究解外理合
通詳等情當奉批司飭緝查參等因又奉牌行
據營員報同前由各到司俱經移行勒緝查參
去後茲疏防限滿贓賊未獲准督糧道轉據廣
州府開列文員疏防統轄兼轄各職名到司准
此該署理廣東按察使司印務兩廣鹽運使陳

嘉樹查看得香山縣渡夫蔣宏超渡船於道光
拾玖年捌月拾肆日在該縣屬燈籠河面被搶
銀錢衣物計贓逾貫一案先據該縣會營勘訊
通詳併據營員呈報均奉批檄行司勒緝查叅
等因移行遵照去後茲疏防限滿贓賊未獲准
督糧道轉據廣州府開列文員疏防各職名前
來除移行勒緝贓賊務獲究解外所有疏防文
職統轄係廣東督糧道兼分巡廣州府王篤兼
轄不同城係廣州府知府珠爾杭阿署廣州府
海防同知事准補臨高縣知縣蔣立昂專管係
香山縣知縣三福署香山縣縣丞事候補府經
歷積經咨署廣州府經歷彭邦晦相應開報伏

候
題參再照本案賊夥確數應俟獲犯審供爲定失
事處所據勘係在燈籠河面距磨刀砲臺汛拾
伍里附近並無設立墩鋪防兵又本案自道光
拾玖年捌月拾肆日失事起計至是年拾貳月
拾叁日肆個月疏防限滿今該縣於貳拾年正
月拾貳日開列職名具詳拾肆日到府該府於
貳月初玖日詳道計遲延均未及壹月例無處
分職名應請免開至督糧道於貳月拾貳日移
司署按察司卽於拾伍日轉詳並無遲逾合併
聲明等由又先准廣東水師提督臣關天培開
報武員疏防統轄兼轄協防遊巡隨巡各職名

到臣該臣看得廣東香山縣渡夫蔣宏起渡船
於道光拾玖年捌月拾肆日在該縣屬燈籠河
面被搶銀錢衣物計贓逾貫一案先經據報批
行勒緝查參去後茲疏防限滿贓賊未獲據署
按察使陳嘉樹開列文員疏防各職名詳請
題參又先准廣東水師提督臣關天培開報武員
疏防各職名前來除嚴飭移行勒緝贓賊務獲
究解外所有疏防文職統轄係廣東督糧道兼
分巡廣州府王篤兼轄不同城係廣州府知府
珠爾杭阿署廣州府海防同知事准補臨高縣
知縣蔣立昂專管係香山縣知縣三福署香山
縣縣丞事候補府經歷續經咨署廣州府經歷

彭邦晦武職統轄係代辦廣東香山協副將事
署該協左營都司平海營中軍守備蔡平江兼
轄係署香山協左營都司事平海營中軍守備
蔡平江專汛併代理游巡均係前任香山協左
營左哨貳司把總續經辭退陳天保協防係前
兼顧香山協左營右哨外委千總事該營左哨
貳司把總續經辭退陳天保隨巡係香山協左
營右哨貳司外委把總曾捷光相應
題參聽候部議々再照本案賊夥確數應俟獲犯審
供爲定失事處所據勘係在燈籠河面距磨刀
砲臺汛拾伍里附近並無設立墩鋪防兵又武
職專汛前任香山協左營左哨貳司把總陳天

保因患病辭退於道光拾玖年拾月貳拾玖日
離營所遺把總汛務即日行委該協左營右哨
貳司外委把總曾捷光兼顧嗣曾捷光因新拔
把總羅基於拾玖年拾壹月初拾日到營曾捷
光即日卸兼顧迨羅基於拾壹月拾捌日奉派
赴省領餉失足落水淹斃所遺把總汛務即日
行委該協左營存城外委把總鄭應江兼顧又
協防前兼顧香山協左營右哨外委千總陳天
保因改委該協左營存城外委把總鄭應江於
道光拾玖年拾月貳拾玖日到兼顧陳天保即
日卸兼顧又代理遊巡前任香山協左營左哨
貳司把總陳天保因改委該協左營存城外委

把總鄭應江於道光拾玖年捌月貳拾柒日接
代巡陳天保即日離代巡嗣鄭應江因季巡期
滿於拾玖年拾月初壹日離巡又隨巡香山協
左營右哨貳司外委把總曾捷光因改委該協
左營左哨貳司外委把總續經拔補大鵬營左
營右哨貳司把總李龍章於道光拾玖年捌月
拾柒日接巡曾捷光即日離巡嗣李龍章因改
委該協左營存城外委把總鄭應江於拾玖年
捌月貳拾柒日接巡李龍章即日離巡迨鄭應
江因季巡期滿於拾玖年拾月初壹日離巡均
在疎防限內又本案自道光拾玖年捌月拾肆
日失事起計至是年拾貳月拾叁日肆個月疎

防限滿今該縣於貳拾年正月拾貳日開列職
名具詳拾肆日到府該府於貳月初玖日詳道
計遲延均未及壹月例無處分職名應請免開
至督糧道於貳月拾貳日移司該署司即於拾
伍日轉詳並無遲逾又武職統轄係越級代辦
之員實因一時乏人通融辦理與例稍有未符
合併陳明臣謹具
題伏乞
皇上聖鑒敕部議覆施行謹
題請
旨

道光

等處地方軍務兼理糧餉臣林則徐

兵部尚書兼都察院右副都御史總督廣東廣西等處地方軍務兼理糧餉臣林則徐謹

題爲報乞勘緝事。該臣看得廣東香山縣渡夫蔣宏起渡船於道光拾玖年捌月拾肆日在該縣屬燈籠河面被搶銀錢衣物，計贓逾貫一案，先經據報批行勒緝，查參兹疏防限滿贓賊未獲，據署按察使陳嘉樹開列文員疏防各職名詳

請

題參。又先准廣東水師提督臣關天培開報武員疏防各職名前來，所有疏防文職統轄係廣東督糧道兼分巡廣州府王篤，兼轄不同城係廣州府知府珠爾杭阿，署廣州府海防同知事准補臨高縣知縣蔣立昂，專管係香山縣知縣三

福署香山縣縣丞事候補府經歷積經容署廣
州府經歷彭邦晦武職統轄係代辦廣東香山
協副將事署該協左營都司平海營中軍守備
蔡平江兼轄係署香山協左營都司事平海營
中軍守備蔡平江專汛併代理遊巡均係前任
香山協左營左哨貳司把總積經辭退陳天保
協防係前兼顧香山協左營右哨外委千總事
該營左哨貳司把總積經辭退陳天保隨巡係
香山協左營右哨貳司外委把總曾捷光相應
題參聽候部議臣謹
題請
旨

兩廣總督林則徐題本

題報粵省各屬道光十九年份拏獲私鹽船隻變價銀兩

該部察核具奏

題

兩廣總督林則徐題本　題報粵省各屬道光十九年份拏獲私鹽船隻變價銀兩

道光二十年三月二十七日

兵部尚書兼都察院右都御史總督廣東廣西等處地方軍務兼理糧餉臣林則徐謹

題為造報私鹽船隻變價銀兩事據署兩廣鹽運

使王篤詳稱竊照粵省私鹽船隻變價銀兩定

例於次年開印後兩月具題其有未能報到之

案彙入下年具題遵照在案茲道光拾玖年分

各屬拏獲私鹽船隻共變價銀伍拾玖兩壹錢

例分解貯運庫俟彙入道光貳拾年秋季冊內

報部候撥充餉所有拏獲私鹽船隻變價銀兩

理合開列事由細數造冊詳候核

題等由到臣該臣看得粵省私鹽船隻變價銀兩

定例於次年開印後兩月具題茲據署兩廣鹽

運使王篤將道光拾玖年分各屬拏獲私鹽船

隻變價銀伍拾玖兩查敍刪分解貯運庫彙入
道光貳拾年秋季冊内報部候撥充餉所有拏
獲私鹽船隻變價銀兩開列事由細數造冊詳
題前來臣覆核無異除冊送部查核外臣謹具
題伏乞
皇上聖鑒敕部查核施行謹
題請
旨

二三

兩廣總督林則徐題本　題報粵省各屬道光十九年份拏獲私鹽船隻變價銀兩

道光二十年三月二十七日

道光貳拾年叁月貳拾柒日兵部尚書兼都察院右都御史總督廣東廣西等處地方軍務兼理糧餉臣林則徐

兵部尚書兼都察院右都御史總督廣東廣西等處地方軍務兼理糧餉臣林則徐謹

題為造報私鹽船隻變價銀兩事。該臣看得粵省私鹽船隻變價銀兩，定例於開印後兩月具題。茲據署兩廣鹽運使王篤將道光拾玖年分各屬拏獲私鹽船隻變價銀伍拾玖兩壹錢捌分，解貯運庫，彙入道光貳拾年秋季冊內報部，俟撥充餉。所有拏獲私鹽船隻變價銀兩開列事由細數，造冊詳

題前來。臣覆核無異，除冊送部查核外，謹

題請

旨

上諭　著周天爵林則徐等查察邪教僞書來源予以嚴懲

軍機大臣　字寄

湖廣總督周　兩廣總督林　湖南巡撫裕

廣西巡撫梁　道光二十年三月二十八日奉

上諭有人奏湖南廣西兩省有傳習邪教斷絶葷腥煉丹運氣其傳授之書則有性命圭旨刻本暨妄註大學愚民被誘執迷不悟者不少湖南之寶慶常德廣西之平樂柳州傳習尤衆地方官雖出示嚴禁每因其别無逆蹟總未深究根由恐傳染日深易致滋蔓等語著周天爵林則徐裕泰梁章鉅各飭所屬認真查察究明僞書妖語造自何人起意者立予嚴懲悔過者寬其既往以除邪慝而正人心原摺著鈔給閲看將此各諭令知之欽此遵

旨寄信前來

上諭　著林則徐確查合浦縣境内販運烟土栽種罌粟之事

軍機大臣　字寄
兩廣總督林　道光二十年四月初二日奉
上諭御史賈臻奏海船販運煙土潛入小口地方官查拏不力一摺據奏廣東廉州府屬合浦縣龍頭沙地方外面濱海内地界連高州府屬及廣西欝林州屬海船專載煙土停泊該處發售後另用漁船各執鳥槍包送上岸該縣城外之週盛長泰英利各字號皆積慣囤販之家有府書徐老官及該縣門丁周六為之包庇又該縣湖廉洞地方栽種罌粟縣丞王萬春曾經屢勘送縣該縣韓鳳翔並未查禁反將稟稿延擱不發意存消弭等語奸商販運煙土該書吏門丁膽敢勾通包庇實屬不法

至地方栽種罌粟既經該縣丞查勘送縣何以該
縣延擱不發現當查拏鴉片喫緊之時不可不嚴
行懲辦著林則徐確切查明據實具奏毋許稍有
瞻徇姑容將此諭令知之欽此遵
旨寄信前來

上諭

著伊里布妥議具奏林則徐籌議變通漕務三條

軍機大臣　字寄

協辦大學士兩江總督伊　道光二十年四月

初八日奉

上諭前據金應麟奏請將漕運事宜量為變通當降

旨交林則徐等妥議茲據該督籌議漕務四條開

單呈覽除直隸水利一條已飭琦善查議外其餘

三條著伊里布履任後體察情形妥議具奏又裕

謙片稱江蘇情形以整頓營伍嚴防海口為要務

著伊里布嚴飭將弁勤加訓練其各海口亦應隨

時稽查有備無患原單片著鈔給閱看將此諭令

知之欽此遵

旨寄信前來

查林則徐原奏

上諭　著准林則徐等請以張錫蕃陞補佛岡同知

道光二十年四月十二日内閣奉
上諭林則徐等奏遴員請升要缺同知一摺著照所
請廣東佛岡同知准其以張錫蕃升補照例送部
引見該部知道欽此

兩廣總督林則徐等奏摺　審明南海縣潘義德等誘拐幼孩凌虐致死案分別定擬

奏

林則徐等摺　審擬潘義德誘拐幼孩凌虐致死案由

四月十二日

二三 兩廣總督林則徐等奏摺 審明南海縣潘義德等誘拐幼孩凌虐致死案分別定擬

道光二十年四月十二日

兩廣總督臣林則徐
廣東巡撫臣怡良　跪
奏為訊明誘拐幼孩任意凌虐致令受病身死之匪犯審
明分別定擬恭摺具
奏仰祈
聖鑒事竊據南海縣知縣劉師陸稟報訪聞西關外凌
星地方有匪徒潘義德誘拐幼孩逼令學識摘竊
并將幼孩周亞豪傷斃丟棄情事當即會營
查拏救出周亞豪之兄周亞輝拉扱周亞三兩赴縣
驗飭匪黨拏獲兵役緝獲匪犯潘義德朴信原二名並獲
出被拐幼孩黃亞祥等六名及核送李蔡氏之陸亞
四等十四名據報周亞豪受病沉重醫治不效身故
詳請飭驗所填格結犯潘義德等訊供通稟批飭審

解前撫諭知情托審擬由府解經署臬司陳嘉樹
奏審解勘前來，臣等督同臬司親提研訊，緣殺
之潘義德籍隸南海，向識機房同業人譚信隨
於道光十七年間在新城外西關出資租賃房
屋自織綢絹緞帶生理，潘凌收有徒亞要年十二歲
為徒，並雇織均係幼孩，父兄自行將其交師
約定，該潘義德每日派令幼孩每人織成絲帶一丈
十九年十二月二十日潘義德僱及織綢絹絲帶信受
為手藝利，雖逼責未便，平減每人按送學藝同人
少，不能多織，起意另拐幼孩交其教織綢絹藝
多藝利，隨向素好現弟之林信原未獲之陳達
勝告知，商令代為覓拐，訂定拐獲幼孩一名

兩廣總督林則徐等奏摺　審明南海縣潘義德等誘拐幼孩凌虐致死案分別定擬

道光二十年四月十二日

許從書銀二兩圖林從原專貪利並久是月二十六日
及二十八日林從原在外拐得幼孩董亞祥馮亞采
二人又二十年正月初八日及十二月日陸續拐得幼
孩周亞有羅亞南黃亞勝陳亞妹四人又是月
二十日林從原復拐得孩周亞彩一人均經先後帶
交潘義德處由潘義德陸續付許從錄兩分
別照數付給訖拐各幼孩或因迷失路徑或在
街頑耍林從原等均係乘機哄誘並無將於及用
藥迷拐情事潘義德隨將拐得幼孩董亞祥等
七人關閉屋內逼令學技逼學藝之陳亞雨等
依樣學識並無人生不學如不善學識立即打死董亞
祥等六人畏懼均不敢違惟周亞彩練習

因病且性情倔強，不肯學織，經潘義德時常訓責。月初四日，潘義德因周亞豪仍不學織工作，將周亞豪衣衫剝去，揪起褲腳，用藤條連打周亞豪左右脊背、腿肚十餘下，周亞豪喊罵，潘義德復用香火燒傷其額門並腮、左腳面、右腳踝各一處。初十日，潘義德嫌以周亞豪在織旁偷睡，用手攜織工剪刀戳傷周亞豪右眼睛成眇。詎周亞豪受苦難堪，不思飲食，日漸黃瘦，遂成枯槁病症。十三日，潘義德見其神色枯萎，恐死在店內受累，即於是夜乘各學徒人等睡熟，避其各人，自將周亞豪抱至匯靈廟前僻處丟棄。次早經黃亞路過瞥見，當向周亞添詢知伊兄周亞祥住址，報經周亞

兩廣總督林則徐等奏摺　審明南海縣潘義德等誘拐幼孩凌虐致死案分別定擬
道光二十年四月十二日

辦前赴查看，向伊詰問，杜經周亞添乞食餘分
醫調治，周亞添受病既重，醫治不效，延至本月
日身故。後經該縣驗明，委係因病身死，並非因傷斃
命，將犯拘提審擬，潘義德供認前情不
諱。查潘義德等誘拐尚無用藥迷拐，亦無另有別罪，
拐幼孩及情願隨行，比照于究擬，不論多寡，遵循
定例載：誘拐子女，不分已賣未賣，但誘取者，被
誘之人若不知情，為首者擬絞監候，為從杖一百流
三千里，被誘之人不坐。今將潘義德起意誘
偕林得富誘拐幼孩七人，逼令摘折柴草，因周
亞添懶惰，迭次責打燒傷，並將其眼睛戳瞎，以致
周亞添受苦難堪，不進飲食，以漸黃瘦受病

身死者固無專條死於傷損再另拐人因而殺
人擬斬監候律不符至例但誘拐者例擬情
義也今依誘拐子女不分已賣未賣但誘取者
被誘之人若不知情為首擬絞監候例擬絞監
候該犯潘義德膽敢於附近省垣地方起意
買拐幼孩至九人之多關閉屋內逼令學識將
周亞豪迭次麥灯燒傷戳眇其目漸致不能飲
食受病身死核其任意凌虐情形殊屬殘忍
較之買拐轉賣者其下若其情尤重將
來秋審亦應入於情實惟恐東欄奸錯帶鋪售
較廣因而略拐幼孩逼識圖利近已漸相效尤

兩廣總督林則徐等奏摺 審明南海縣潘義德等誘拐幼孩凌虐致死案分別定擬 道光二十年四月十二日

二年等故將違例出案甫經總辦今潘義德尚
敢懸不畏法未便稽誅應請
旨即行正法以為略拐凌虐者戒林結原所略誘拐
合依為從杖一百流三千里例杖一百流三千里
該犯雖不知潘義德將何亞豪湯球丟棄情
事而何亞豪之被潘義德隨織凌虐由該
犯略誘致斃且被拐幼孩已至三名之多情節
較重若僅為從擬以滿流殊覺情浮該林結
原應請旨發往新疆給披甲人為奴以示懲儆
左面刺外遣清漢文二字被誘之幼孩董亞祥
等及被送習藝之陸亞西黃始異分別給親

兩廣總督林則徐等奏摺　審明南海縣潘義德等誘拐幼孩凌虐致死案分別定擬　道光二十年四月十二日

屬錯因該犯出訊無可憑犯累移寔屬拐匪所
其無保鄰均毋庸議逸犯勝達勝飭緝獲日另
詳潘為拐屬區同林該店內受潘義德銀兩分別
贓變首追充公屍棺飭屬領埋其寄拐犯係
由該縣訪聞查拏獲究辦文武失察處分請
免職名均請免開除備錄全案供招咨部外
臣等獲犯審明定擬緣由臣等謹合詞恭摺
具
奏伏乞
皇上聖鑒敕部核覆施行謹
奏道光二十年四月十二日奉
硃批刑部速議具奏欽此

兩廣總督林則徐奏摺

京察湖北大汛潰隄奉諭照舊供職謝恩

奏

林則徐

謝

京察供職恩

五月十一日

兩廣總督林則徐奏摺　京察湖北大汛潰隄奉諭照舊供職謝恩
道光二十年四月十三日

兩廣總督臣林則徐跪
奏為恭謝
天恩事竊臣准吏部咨本屆
京察欽奉
諭旨著照舊供職欽此臣當即恭設香案望
闕叩頭謝
恩訖伏念臣渥蒙
聖主鴻慈疊畀邊圻重任思竭誠而圖報則頂踵
乃是捐糜愧盡職之未能則夙夜難名兢惕茲
值三年考績典蒙激揚獎以有為材
恩留聯其下忱循省衷懷彌深又准部咨湖北隄工
案內臣有應得處分奉

旨著降四級留任欽此伏念隄防失宜皆應降黜
雖前項隄工臣於道光十七年在湖廣總督任
內捐廉請項修築幸保安瀾即豫籌生息以為
防汛經費亦係為次年之備在當年並未經用惟
十九年大汛潰決臣在任時未能先為豫防實深
惶悚仰荷
聖慈不加嚴譴僅予降留尤為感惕之至臣現在供
任兩廣順有經過
批諭勉益加勉不特隄防為當務之急其他皆須認
真辦理務使海疆綏敉以副
生成所有微臣感激下忱謹繕摺叩謝
天恩伏乞

兩廣總督林則徐奏摺　京察湖北大汛潰隄奉諭照舊供職謝恩
道光二十年四月十三日

皇上聖鑒謹

奏

道光廿年五月十六日奉

硃批諸事勉力朕有厚望於卿也欽此

四月十三日

兩廣總督林則徐奏片　**奉接硃批並恩賞福壽字謝恩**

○林則徐片

再臣正在繕摺間適差弁齎摺回

粵荷蒙頒

恩賚福壽字摺內欽奉

硃批覽卿福壽日增永爲國家宣力也欽

此臣跪讀之下感激涕零自顧何人

乃蒙

聖主幬覆

恩澤

垂慈至此服膺泥首悚懼弗克仰承伏思

生命自

兩廣總督林則徐奏片　奉接硃批並恩賞福壽字謝恩
道光二十年四月十三日

天此身本不敢為臣有且思報
恩無此身更不敢為臣所有感悚下忱
謹附片叩謝
天恩伏祈
聖鑒謹
奏

道光二十年五月十一日奉
硃批知道了欽此

兩廣總督
四月十三日

兩廣總督林則徐奏摺 請以陳連陞陞署三江協副將
道光二十年四月十三日

兩廣總督林則徐奏摺 **請以陳連陞陞署三江協副將**

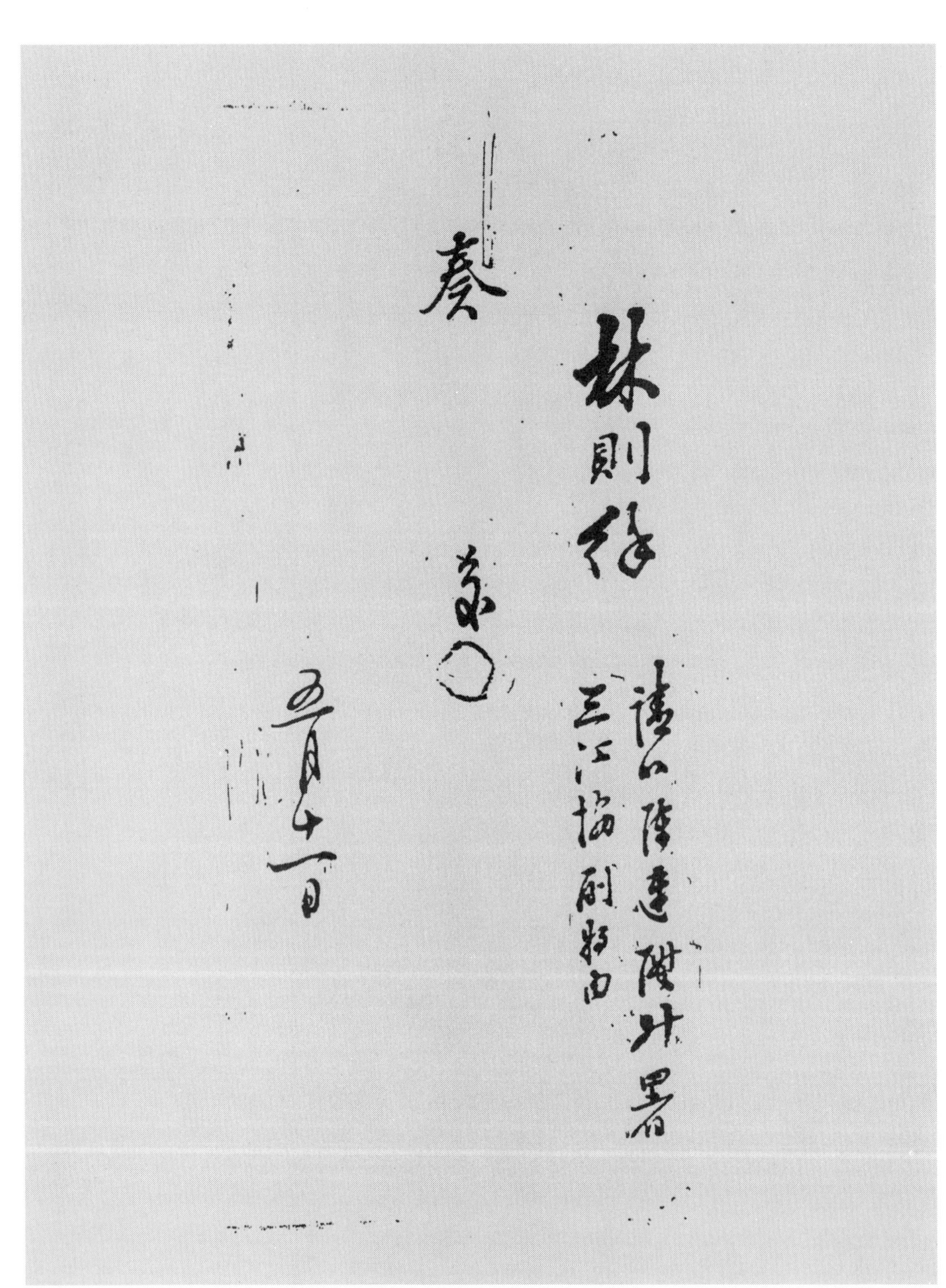

奏

林則徐

請以陳連陞升署三江協副將由

五月十一日

兩廣總督林則徐奏摺　請以陳連陞陞署三江協副將
道光二十年四月十三日

兩廣總督臣林則徐跪

奏為三江協副將員缺緊要，恭懇

天恩俯准調署，以重操練事。竊照廣東三江協副將福

智患病回旗調理，遺缺係陸路題補之缺。接准兵部咨，

輪用揀發，廣東省現無揀發人員，行令照例於現任

應升應補人員內揀選題補等因。臣查三江協副將

坐落連州及連山、陽山一廳一縣地方，管轄大排小沖，為

東粵猺獞要缺，拊循彈壓，在在關係匪輕，須膽

識幹練、熟悉猺情之員，方足以資控馭。茲會同陸路

提督臣郭繼昌在於通省陸路參將內詳加揀選，查

有升署增城營參將陳連陞，年六十三歲，湖北鶴峯

州人，由行伍歷陞廣西左江鎮都司，調赴廣東，連拙剿

兩廣總督林則徐奏摺　請以陳連陞陞署三江協副將

道光二十年四月十三日

補獲匪出力陞補連陽營遊擊並蒙

賞換花翎因堵燬英夷案內經前督臣鄧廷楨

奏准以該員陳連陞陞署於護道等內仍給咨送

部引

見奉

旨陳連陞准其陞署廣東鎮撫標參將著仍在外之試

欽此因該員於道光十八年九月初八日到任扣至本年期滿應請

內出力經臣會摺保

奏奉

旨以副將陞用茲查該員出身戎行諳悉勤治

補授外先曾出師湖南湖北川陝甘肅著有戰功

迄今雖已六十三歲而精力尚健若以之陞署三江協

副將，伊於該省程途疆域形勢民情語習現又署理斯缺，深
理，亦臻安協，且係本
省以副將揀用之員，以之升補三江協副將，實堪勝任，惟該
員陞署參將尚未實授，先爲查例，稍有未符，謹循
本省相需之例，專摺
奏懇
聖恩俯念邊疆緊要，准以陳連陞陞署三江協副將，洵於
營伍操練操防均有裨益，如蒙
俞允，該員引
見之處，應俟三年甘六限滿再行給咨赴部引見，請
遣派署兵之員係照例題補之缺，信所需諮附奏
外，臣謹會同廣東撫臣怡良合詞恭摺具陳

兩廣總督林則徐奏摺　請以陳連陞陞署三江協副將
道光二十年四月十三日

路提督臣郭繼昌恭摺具
奏伏乞
皇上聖鑒敕部查覈施行謹
奏
道光二十年四月十三日奉
硃批兵部議奏欽此
四月十三日

兩廣總督林則徐等奏摺

請准洋商呈請捐繳三年茶葉行用銀兩藉供防英經費

奏

林則徐等

請將附支經費由洋商捐繳由

○

五月十日

兩廣總督林則徐等奏摺　請准洋商呈請捐繳三年茶葉行用銀兩藉供防英經費　道光二十年四月十三日

臣林則徐臣怡良臣豫堃跪

奏為粵省查辦夷務防堵英夷需費繁重現

據洋商呈請將茶葉一項向定行用照舊陸續捐

繳三年藉供經費恭摺奏懇

天恩准令捐輸備用仰祈

聖鑒事竊自上年正月間臣林則徐銜

命至粵與調任督臣鄧廷楨暨臣怡良商辦海口事

件年餘以來所有控制外洋查拿內奸一切機宜

悉蒙

聖謨指授俾臣等稟承有自感荷難名迨斷絕英咭

唎貿易尤賴

乾斷嚴明足使夷情震懾雖該夷尚復強頑延喘

飄泊外洋詭計誘售鴉烟喝而臣等遵奉
諭旨既
允其以逸待勞之議更
示以虛防叵測之心守陸設瑕皆自隨機應變英
夷所待僅到兵船之信祇於吐嚨嘩喻兩船而
外復來嚟嚮嗹兵船一隻其夷官名為囒咩嗒哩
雖據引水探報該船有大礮四十餘門夷兵三
百餘名而在外洋窺探毫無動靜自
係探聞我師布置嚴密之故惟防堵固有把握
而守禦並無定期每日水陸官兵不能遽撤即各
要口船兵費皆必豫籌且自上年查辦至今所
費本已不少雖則該夷人所躉船烟土業經

兩廣總督林則徐等奏摺　請准洋商呈請捐繳三年茶葉行用銀兩藉供防英經費
道光二十年四月十三日

呈繳而英國領事義律非常嚇地潛逃出省經
臣等督同水師提督陸路設卡自省河至虎
門俾有出處之要並派該員等緝驗臨留
先誠而所繳之二萬二百八十三箱分載兵船
五千七隻計收夷躉船煙土即需剝船五千
隻收載船無堆貯之處統令廟宇民房
園籬外牆搭蓋高棚以昭嚴密並派文武員弁
兵等晝夜輪守以防偷漏自二月底至四月初
甫經收畢至查夷船裝運起卸之事旋奉
諭旨即於粵省銷燬當又開砌石池竟溝安牆樹柵設
廠燬化浹月始經燬盡其間一切費用力加撙節
在事文武莫不共見共聞一廠以義律等語在澳

却貨不准因而阻攔該國貨船進口並又令
奸夷出為匪逆七月間遂出澳門斷其接濟
凡各處要隘口岸不得派防兵詎彼夷膽
敢鳴炮公然抗敵我軍於九龍山穿鼻洋疊
次轟擊大受懲創復於尖沙嘴偕攻六次傷斃漢
夷多數自此該國貨船麇赴尖沙嘴一帶外洋
不敢妄動所需用度尚無虞靡雖
國家經費有常何敢援引瀆請而年餘支應該
此捐即墊其有待於歸補者已覺累多且現
奉
旨不准通商而該夷仍逗遛現時則所以制其反側
絕其窺伺者更不可不加意圖維即如派撥一
項洋面師船所用必須三四千斤以上而製造

兩廣總督林則徐等奏摺　請准洋商呈請捐繳三年茶葉行用銀兩藉供防英經費

道光二十年四月十三日

又極精巧者，以之抵禦夷礮，亦可得力。若礮臺
所安之礮，竟須七八千斤至萬斤以上，方能及遠。
經臣等節次籌款，頗有眉目，容俟詳晰彙
陳。其水師戰船之料，例價向來本有一定，現
其倍加堅實，亦須斟酌變通，應否詳議於海
防。然臣等均不敢不悉心區畫，而籌措經費實
爲當務要。適有大小官員養廉，因
奏明攤捐連城軍需及前次防夷等案外銷之
款，每年已扣三成，計至道光二十六年始能扣
清歸款。此時未便再有加攤。茲據洋商伍紹榮、
盧繼光、潘紹光、梁承禧、謝有仁、潘文濤、馬佐良、
潘文海、吳天垣、易元昌等呈稱：商等服賈海隅，安

生業仰荷
皇仁優渥捐輸素由上年夷人呈繳鴉片烟土盤運
銷燬其船腳等項所費已多職因嘆夷桀驁
不馴驅逐防範需用更復不少伏思商等
與夷人交易貨物向照估價每兩各得行用
三分以資辦公今通行公議將茶葉一項應得
行用即自具呈之日為始捐繳三年按卯
解繳關庫儲候撥用等情前來臣等察其
情詞懇切洵為踴躍急公相應仰懇
天恩俯准捐繳以遂其捐助之忱如蒙
俞允俟該商等捐繳年限屆滿再行覈明總數
奏懇

兩廣總督林則徐等奏摺 請准洋商呈請捐繳三年茶葉行用銀兩藉供防英經費 道光二十年四月十三日

恩施量加獎勵所有查禁鴉片案內收繳烟價
而經費即於此款撥節動支其有不敷
仍由臣等酌量籌捐該商再此項捐繳
即為洋商捐外款而係以一切用費款
為繁雜瑣屑並懇
天恩免其造冊報部仍由外款實支銷合併
陳明臣等謹合詞恭摺具
奏伏乞
皇上聖鑒訓示謹
奏
道光二十年五月十一日奉
硃批 欽此

兩廣總督林則徐等奏摺　請准洋商呈請捐繳三年茶葉行用銀兩藉供防英經費

道光二十年四月十三日

四月十三日

65.

兩廣總督林則徐等奏片 請以李銘調署化州知州

再○ 臣林則徐跪
臣怡良
奏，再現署化州知州事試用知州羅嘉會先
經題補信宜縣知縣，應即飭令先赴署
事，以專責成。所遺化州知州篆務，查有
開建縣知縣李銘謹飭勤明，堪以調署。
據藩臬兩司會詳前來，除檄飭遵照外，
臣等謹合詞附片具
奏，伏乞
聖鑒。謹
奏。
道光二十年五月十一日奉

兩廣總督林則徐等奏片　請以李銘調署化州知州
道光二十年四月十三日

硃批覽欽此

兩廣總督
四月十三日

兩廣總督林則徐奏摺　**道光十九年份應修外海內河巡緝戰船請動項修造**

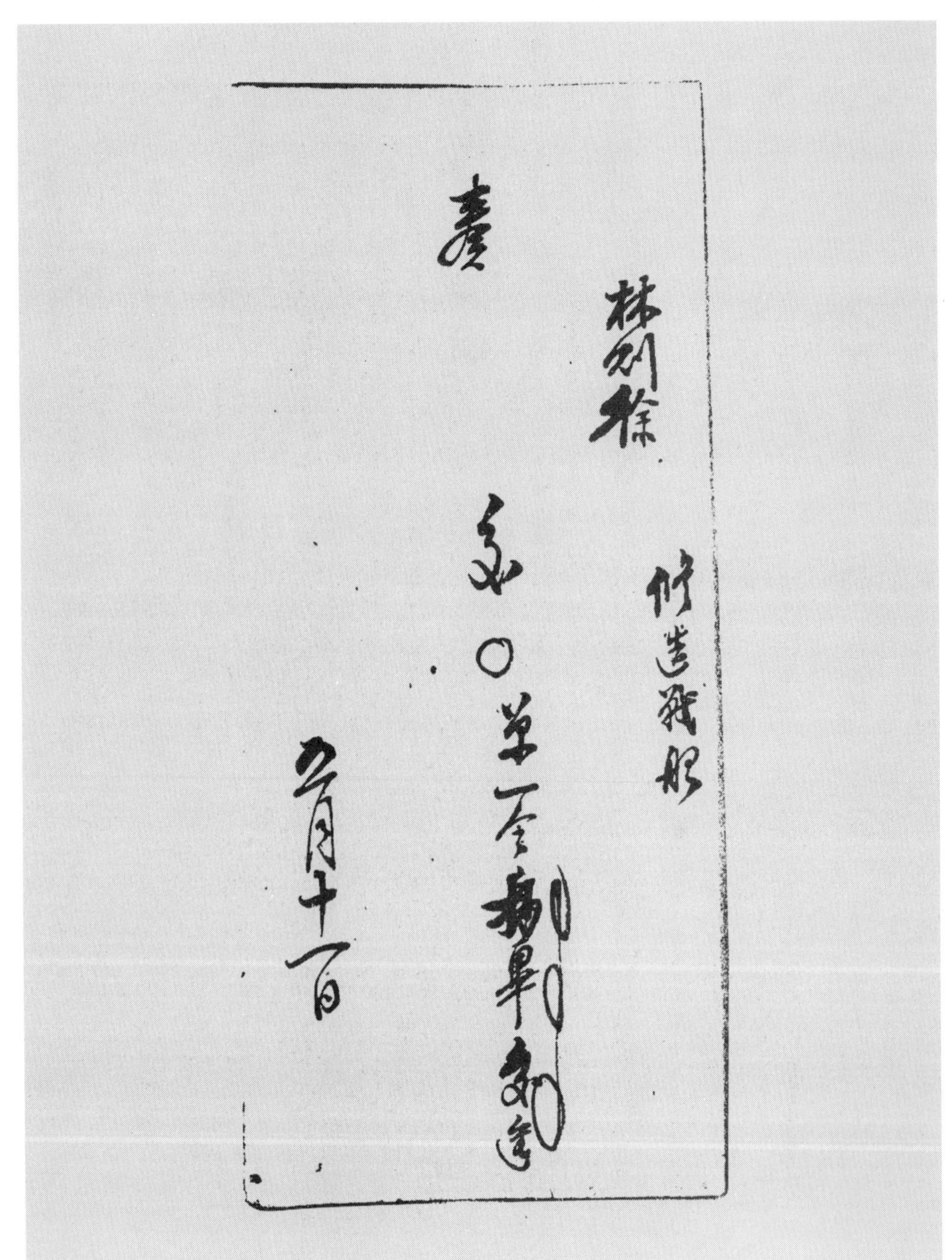

奏

林則徐

修造戰船

四月十三日

兩廣總督林則徐奏摺 道光十九年份應修外海內河巡緝戰船請動項修造 道光二十年四月十三日

兩廣總督臣林則徐跪

奏為修造外海內河巡緝戰船循例奏祈

聖鑒事竊照粵東各營外海內河戰船屆期應修

題（送勘）款銀數在五百兩以上者俱應奏辦又准部

定章程欽遵

上諭所需銀兩應令於司庫稅羨銀內動支辦理

又准部咨飭將修造各船舊料變價令承辦官逐

按成變價即於各船估銷工料銀內扣出

其變價銀數撥出餘下盡繳辦理等因遵查

道光十九年分屆應修造外海內河戰船

一百二十五隻內係外海大八槳船四隻外

計內河快槳船艚船巡船一百二十一隻內計內河

兩廣總督林則徐奏摺　道光十九年份應修外海內河巡緝戰船請動項修造　道光二十年四月十三日

快槳巡船二十六隻驗報船身尚屬舊好
停緝修造又海門營門字第一號大八槳
船一隻在洋遭風擊碎另案辦理外實應
大小修外海大八槳船三隻共需工料並津
貼銀四百五十五兩零除舊料變價銀四十兩
零湊用外實需工料銀二百四十兩零津
貼銀一百四十兩零大小修拆造內河
櫓槳急跳快巡船五十四隻共需工料銀三
千三百一十四兩零除舊料變價銀一百八十
四兩零湊用外實需工料銀一千一百五十九
兩零大小修拆造八號內河兩櫓漿水槳巡
船二十七隻共需工料銀六百九十兩零除舊

兩廣總督林則徐奏摺　道光十九年份應修外海內河巡緝戰船請動項修造　道光二十年四月十三日

料變價銀一百一十一兩零湊用外實需工料
銀四百九十七兩零共計船八十四隻除舊料
變價湊用外總計實需工料津貼銀二千
一十二兩零係各鎮營勘驗船身損壞過
甚及時修葺以資巡防實係刻不可緩之
工由署藩司查明逐款照修之道府造冊
詳請具
奏前來臣覆加查覈除將修需工料動支
下款并冊咨部外謹循例恭摺具
奏並繕清單敬呈
御覽伏乞
皇上聖鑒敕部覈覆施行謹

奏

道光二十年五月十一日奉

硃批工部議奏單併發欽此

四月十三日

66.

兩廣總督林則徐奏片

粵省代修閩省師船請仍循閩省大修例價報銷

林則徐片

再查道光十年冬間有福建平字八號師船遭
風損壞漂至廣東新安縣屬長洲洋面經巡洋營
員詢據首等該船目兵楊良等稱係由廈門護
運硝磺前赴臺灣在金門料羅洋面被風打壞
桅蓬漂流到粵當遣快船並僱漁船將該師
船拖進虎門海港復經前任東莞縣知縣傅
澧勘驗實係遭風損壞大桅折斷船柁損失船
底滲漏帆索俱無經前督臣飭令籌款整
修完竣駕駛回閩共墊用工料銀七百八十八兩
零除拆下舊料估變充值銀一十二兩零湊用
外實用工料銀七百七十七兩零造冊詳咨閩

兩廣總督林則徐奏片 粵省代修閩省師船請仍循閩省大修例價報銷 道光二十年四月十三日

省報銷將銀解粵歸款旋准閩省咨覆以該船在閩大修例價該銀四百五十七兩三錢五分二釐粵省墊修銀數逾於該船大修例價未便由閩報銷咨覆粵省自行辦理嗣臣經飭縣覈詳往返咨商迄未定案茲復據現任東莞縣知縣柏貴詳稱查前縣倪澧代修閩省遭風師船用過工料銀兩係照粵省米艇成規例價覈實修造並無浮冒至所用工料銀兩逾於該船大修例價實因閩粵兩省例價各有不同該船書日損壞過甚與屆限修理者間請照原數咨閩報銷以免賠累等情造具冊結詳請覈辦臣查閩粵兩省修造師船各係因地制宜例價因之互異今東莞

縣代修閩省平字八號船據詳係照粵省成規
例價覈實興修並無浮冒自係實情惟查粵省
前有代修閩省成字六號船因修費不敷經前
撫臣阮元
奏准照閩省大修價銀覈銷其不敷之銀由廠員捐
足完竣又粵省代修閩省成字五號船閩省亦
以修費近於例價咨粵刪減又經前督臣阮元援照
前次代修成字六號船案
奏請照閩省大修例價报銷不敷銀兩係令潮陽
縣接任分賠歸結在案
諭旨允准在案所有此次代修平字八號船事閱十年
未便復照縣詳因執粵省例價咨閩致再延宕

兩廣總督林則徐奏片 粵省代修閩省師船請仍循閩省大修例價報銷

道光二十年四月十三日

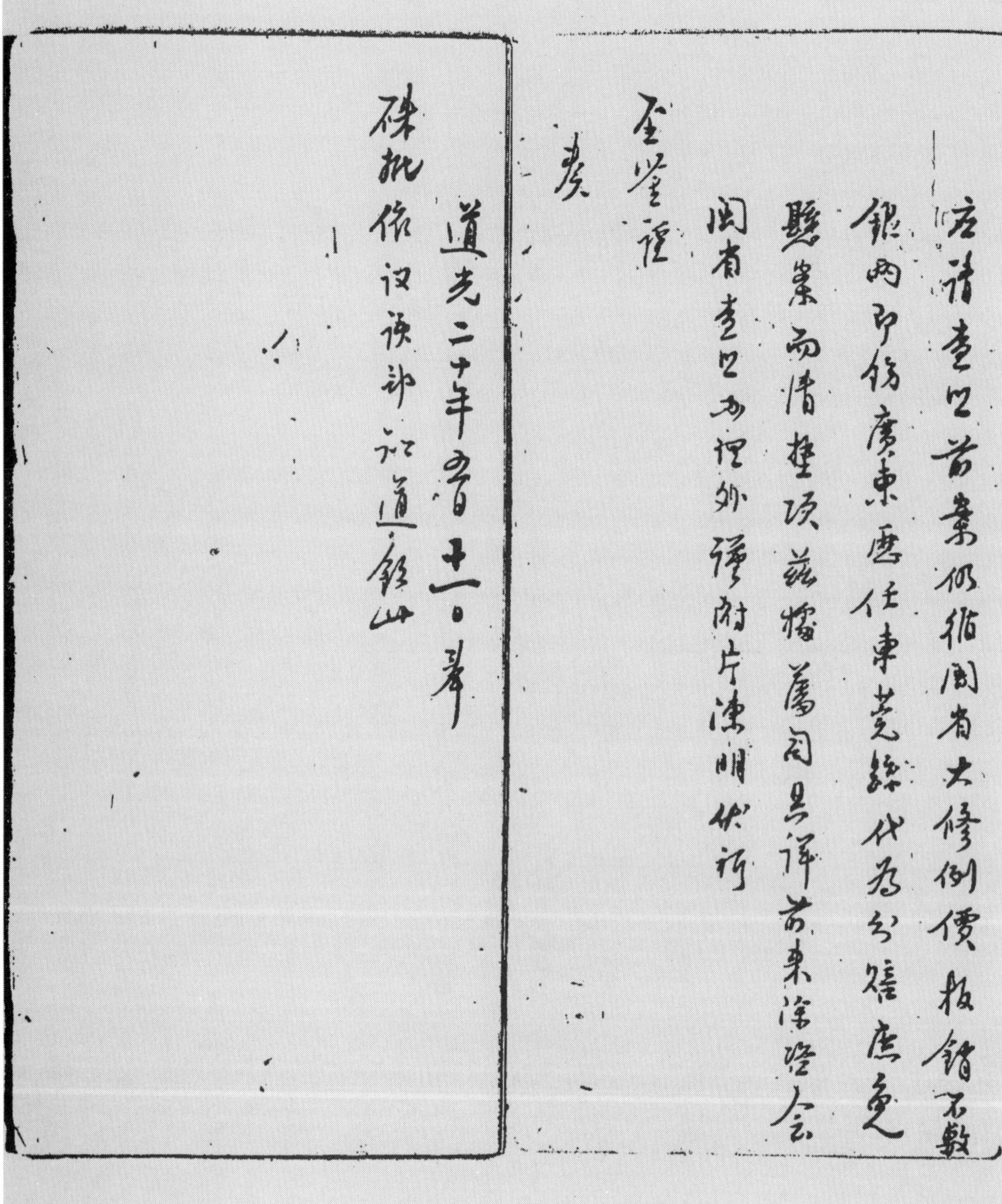

咨請查照前案仍循閩省大修例價報銷不敷銀兩即飭廣東歷任東莞縣代為分賠庶免懸案而清款項茲據藩司具詳前來除咨會閩省查照辦理外謹附片陳明伏祈

聖鑒謹

奏

道光二十年四月十三日奉

硃批依議該部知道欽此

上諭　著林則徐等嚴密稽查永遠禁絶鴉片

軍機大臣　字寄

兩廣總督林　廣東巡撫怡　水師提督關

陸路提督郭　傳諭粤海關監督豫堃　道光二十年四月二十五日奉

上諭林則徐等覆奏曾望顔條陳一摺覽奏均悉俱著照所議辦理夷情狡獪異常總不外牟利之一途惟在彼之伎倆百出不窮而在我之控制總宜堅定恭順者自未便與抗違者一同拒絶以致良莠不分現據該督等體察情形相機妥辦斷絶鴉片實為扼要首圖前此大經懲創該夷等萬不敢明目張膽運送入口而私販潛藏夾帶囤積種種弊竇在所難免該督等務當水陸交嚴趁此可乘之機永將來源杜絶至漢奸接濟淡水或代為包

硃

庇運送煙土亦（尤）應嚴密查辦毋稍疎懈每歲出口
大黄茶葉既據該督等奏稱三年通融併計示以
酌中之道仍當嚴查偷漏毋令有名無實將此諭
知林則徐怡良關天培郭繼昌並傳諭豫堃知之
欽此遵
旨寄信前來

上諭　著准林則徐等所奏於商捐生息銀内動支添建尖沙嘴官涌兩處礮臺

道光二十年四月二十五日内閣奉

上諭林則徐等奏籌議添建礮臺一摺廣東尖沙嘴一帶地方為夷船經由寄泊之區又係該省船隻東赴惠潮北往閩浙要道該督等相度情形請於尖沙嘴及官涌兩處各建礮臺一座聲勢既相聯絡控制亦極得宜著照所議趕緊建築以資防制其尖沙嘴礮臺估需工料銀一萬七千九百五十一兩零官涌礮臺估需工料銀一萬四千四十六兩零准其在於商捐前山營生息銀内動支給辦免其造冊報銷又另片奏新添靖遠礮臺兵丁一百五十名操演大礮及春秋兩次操演請照虎門所設各礮臺一體發給口糧每年共需銀一百二

十两即在原定宽备经费项内按次散给以示体
恤亦著照所议办理该部知道钦此

上諭 著准林則徐等所奏廣東藩司熊常錞開缺調理其缺著梁寶常補授

硃

道光二十年四月二十五日内閣奉

上諭林則徐等奏藩司患病懇請開缺等語熊常錞著准其開缺調理廣東布政使員缺著梁寶常補授陝西按察使員缺著李星沅補授欽此

上諭 著准林則徐等所奏廣東藩司熊常錞開缺調理其缺著梁寶常補授 道光二十年四月二十五日

兩廣總督林則徐奏摺 **遵旨保舉趙光璧趙承德堪勝廣東省陸路總兵之任**

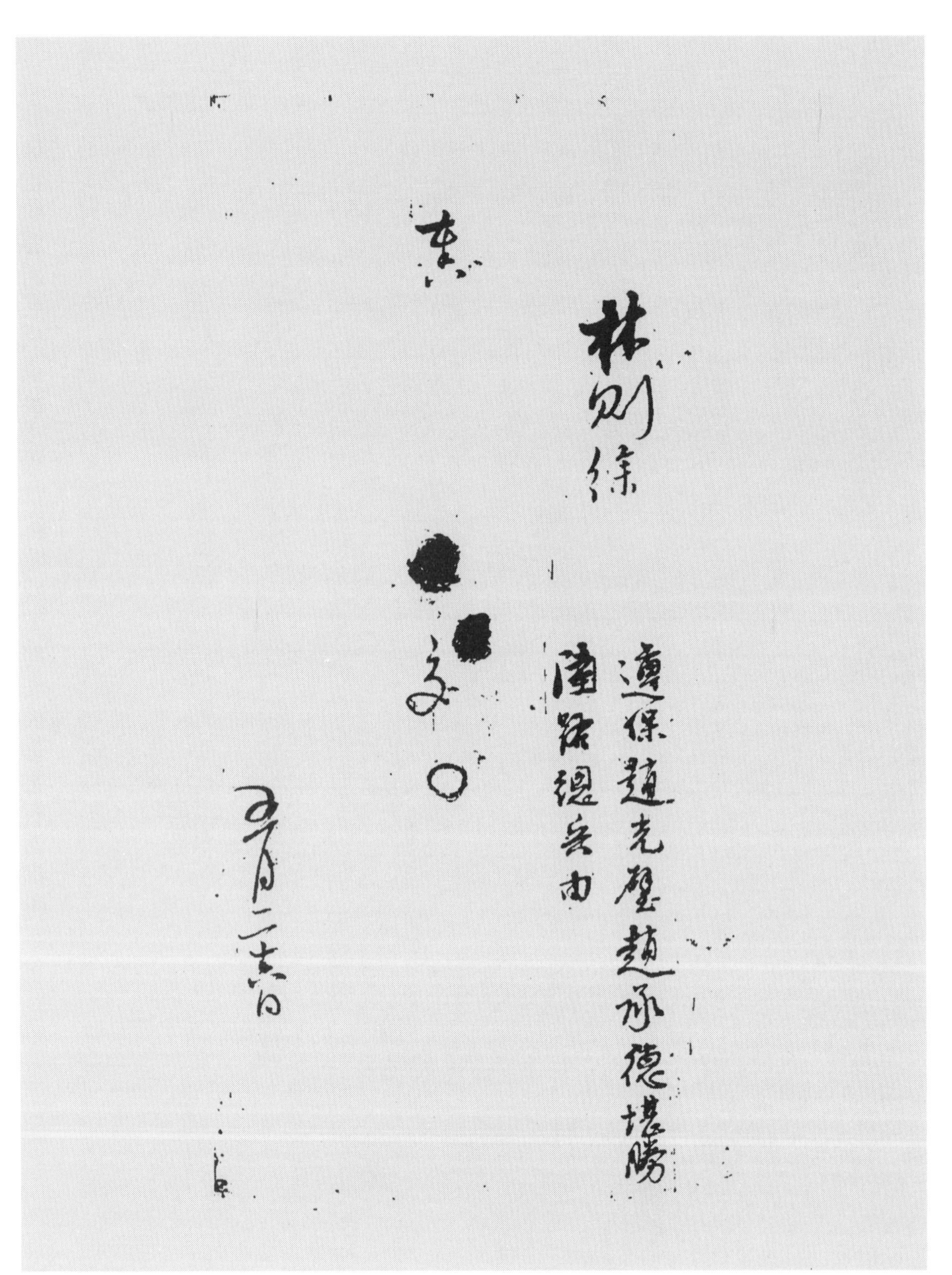
奏
林則徐
遵保趙光璧趙承德堪勝
陸路總兵由
五月二十六日

兩廣總督林則徐奏摺 遵旨保舉趙光璧趙承德堪勝廣東省陸路總兵之任

道光二十年四月二十五日

兩廣總督臣林則徐跪
奏爲遵
旨保舉廣東省堪勝陸路總兵之員恭摺奏祈
聖鑒事竊臣准兵部咨鈔奉
上諭現在記名應用陸路總兵人員將次用竣著各
該督撫于所屬副將內遴選曉暢營務堪勝總
兵者保奏毋送部引見候朕記名以備簡用欽此
因查總兵爲地方閫重寄臣于本年正月間省
兩廣總督之任于此廣陸路付將內須留心細
加察看並就輕率遴選所保者經附片
陳明容俟到任三月後再將堪保之員即行出
具考語按例會保

二三

兩廣總督林則徐奏摺　遵旨保舉趙光璧趙承德堪勝廣東省陸路總兵之任

道光二十年四月二十五日

奏奉

硃批依議欽此謹于廣東陸路副將內先行

留心選擇查有加總兵銜現兵南韶連鎮總兵

之右翼標中軍副將趙光璧年五十五歲安徽阜

陽縣人由武舉揀選千總洊升廣西提標中軍

參將道光十二年堵剿猺匪盤均華案內打

仗出力奉

旨賞加副將銜即行升用並

賞戴花翎十五年九月奉

旨趙光璧補授廣東惠州協副將調補兩廣督

標中軍副將十八年帶兵查拏東莞縣械鬬

擒獲兇犯多名經前督臣鄧廷楨據情咨部在案

賞加總兵銜該員守潔才優熟諳洋面現在西

韶連鎮操兵家務雖繁操防緝捕均甚得

宜洵屬堪膺閫寄又南雄協副將趙承德

年五十五歲正白旗漢軍由騎都尉補授

直隸都司推升安徽游擊先後署理潁

州營游擊一年期滿保送部引

見奉

旨以先用並賞戴花翎該員後于安徽撫標中軍

參將任內保列一等引

見十九年五月奉

旨趙承德補授廣東南雄協副將該員持躬

端謹訓練嚴明自上年調署廣州協副將以來緝

兩廣總督林則徐奏摺　遵旨保舉趙光璧趙承德堪勝廣東省陸路總兵之任

道光二十年四月二十五日

二三　兩廣總督林則徐奏摺　遵旨保舉趙光璧趙承德堪勝廣東省陸路總兵之任

道光二十年四月二十五日

績有方矣，勤不懈，堪勝陸路總兵之任。如蒙
旨將該二員先行保奏，俟奉到
硃批，再行諮送部引
見恭候
欽定。至廣西省副將七員，或奉革職，
見未用，或邊缺較遠，臣所擬另外尚仍未敢遽
行輕舉致瀆
天恩，容臣總核各員細加遴選，再具另摺奏
聞，總期舉當其才，以仰副
聖主慎簡元戎之至意。所有廣東省堪勝總兵正副
將二員先行保舉緣由，謹繕摺具
奏伏乞

兩廣總督林則徐奏摺　遵旨保舉趙光璧趙承德堪勝廣東省陸路總兵之任

道光二十年四月二十五日

皇上聖鑒訓示謹

奏

道光二十年五月二十六日奉

硃批俱著送部引見欽此

四月二十五日

兩廣總督林則徐奏片 **請俟張成龍到粵察看後再請與惠昌耀互調**

林則徐片。

再臣承准軍機大臣字寄奉
上諭該督另片奏浙江黃巖鎮總兵張成龍爲水師
出色之員如果不勝南澳總兵之任即行奏請與惠
昌耀對調等因欽此仰見
聖主廑念閩粵海疆務期得人之至意臣先因陞授
南澳總兵惠昌耀經調任督臣鄧廷楨
奏留香山副將本任正須帶兵防範澳門未能遽
赴南澳而閩省委護南澳鎮之參將陳國榮年
力聞已就衰當此要緊防洋似須擇人接替
是以不揣冒昧密舉所知上備
聖明採擇迨前摺拜發之後即准鄧廷楨由閩省來

兩廣總督林則徐奏片　請俟張成龍到粵察看後再請與惠昌燿互調
道光二十年四月二十五日

察以陳國泰才具威望均屬中平將其撤回
奏明察看另委查虎門協副將江繼芸接署南澳鎮
篆務該署鎮到任以後接篆督巡洋面事宜頗
有條理是南澳一缺已由閩省遴員改委似又
未便屢易其人而惠昌燿亦係粵省水師得力
之員若以之請調黃巖則在粵又覺少一熟手
查廣東水師總兵四缺除南澳鎮兼轄閩粵
兩洋最關扼要外瓊州一鎮孤懸海外亦屬
緊要之缺該鎮鮑起豹明幹精強在任四年
情形熟悉未便更易生手此外碣石陽江二鎮
情形稍次現任碣石鎮總兵黃貴從前劉平
巨洋等案於閩浙海洋往來最熟陽江

兩廣總督林則徐奏片 請俟張成龍到粵察看後再請與惠昌燿互調 道光二十年四月二十五日

本鎮何岳鍾年力正強人亦倜儻雖籍隸本
省而不迴避而距家究為太近量移似亦想[illegible]
准調張成龍來粵可否仰乞
聖裁於黃貴何岳鍾兩鎮臣中
簡定一員先與張成龍對調仍俟張成龍到粵
練熟情形之後容臣再加察看如果勝南澳鎮之
任再行
奏請與惠昌燿互調總期量才委任人地相
需以靖海防而紓
宸顧所有欽奉
諭旨酌請更調緣由謹再附片密復
奏伏乞

兩廣總督林則徐奏片 請俟張成龍到粵察看後再請與惠昌燿互調 道光二十年四月二十五日

聖鑒訓示謹

奏

道光二十年五月二十七日奉

硃批 欽此

兩廣總督 四月二十五日

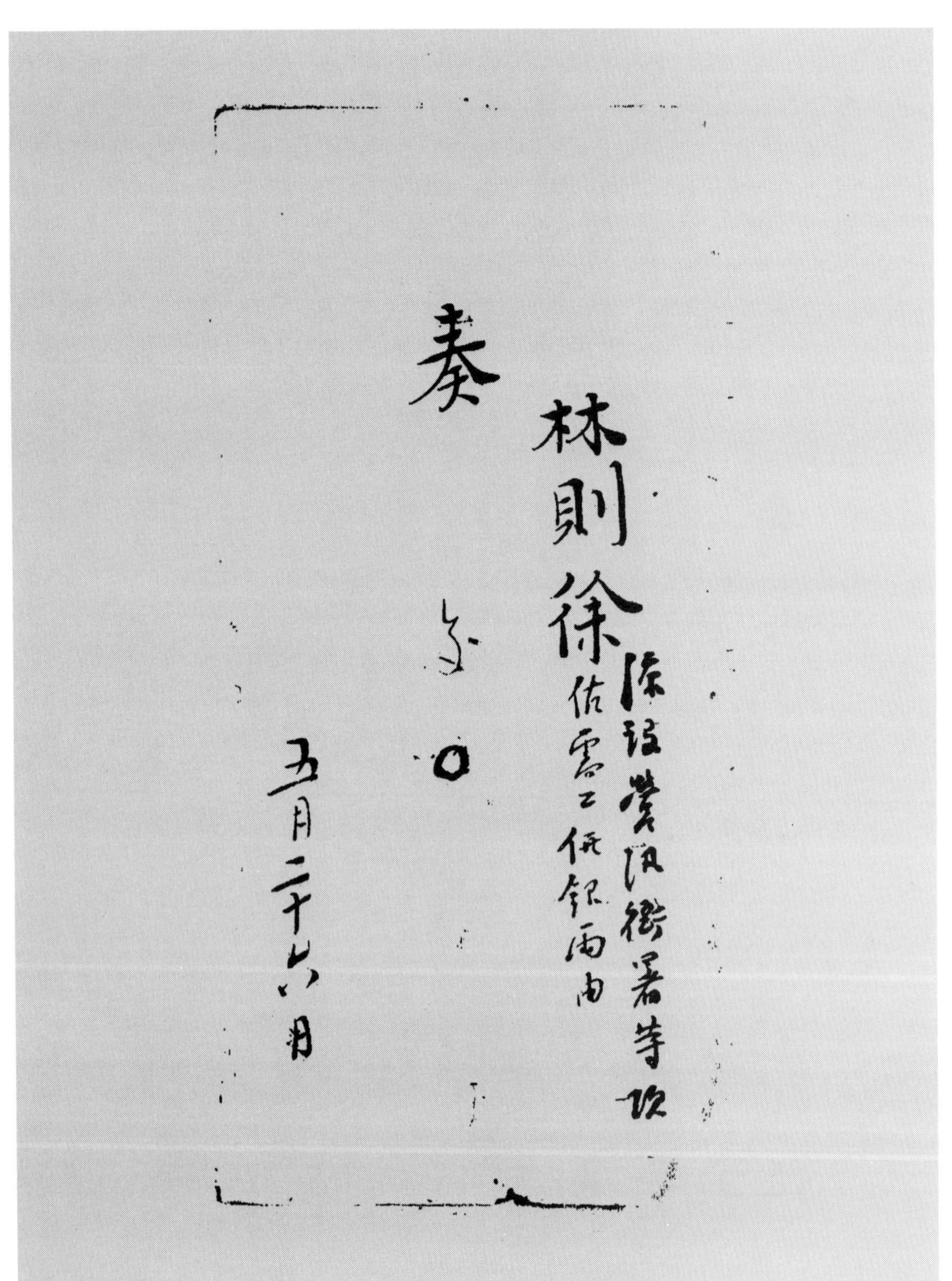

奏
林則徐
係請營汛衙署等項
估需工價銀兩由
五月二十六日

兩廣總督林則徐奏摺 請照案動項興建南韶連鎮衙署營房

兩廣總督林則徐奏摺　請照案動項興建南韶連鎮衙署營房
道光二十年四月二十五日

兩廣總督臣林則徐跪
奏為粵東移改增設營汛案內應建衙署兵房等
項照案動款建造恭摺奏祈
聖鑒事竊照道光十五年前督臣盧坤因廣東省各
屬水陸營汛今昔情形互異應須因地制宜
奏請分別移改增設以資緝捕如南雄州屬之始
興韶州府屬之翁源二县地界相連而始興縣
濱臨北江為商民船隻來往通津水道遙遠
陸路則山徑紛歧查緝最關緊要非移駐大員增撥
弁兵於該二县舊未設防各要隘添設卡汛不足
以資堵緝請將永靖營游擊改為南韶連
鎮左營游擊移駐始興县城統轄始興翁源

二縣汛地添設弁兵塘汛哨船分駐巡緝防堵
並將四會營都司改為永靖營都司永靖營守
備撥歸四會即由永靖營酌撥千把駐守又韶州
府屬之龍河水程三百餘里議在平石三瀧草橋
地方分駐弁兵巡防又連平州之上坪地方緊要以欽
州那練巡檢移駐該處作為上坪巡檢其州城千
總一員移駐惠化銀梅二圖適州之地作為分防千總
仍移惠來營靖海汛把總駐劄該州中村地方作
為中村汛專防又廉州營陸路營轄之冠頭嶺
礮臺與龍門協水師所轄之三汊汛兩相互易以
上改移增設事宜均蒙
敕部議覆准行所有二應行增建衙署等項係飭分別

勘估詳辦。嗣據連平州將新設上坪巡檢及
千把總分衙署兵房估需工料運腳銀兩造具
冊結詳請動項給領興建，業經前督臣鄧
廷楨具摺
奏明在於田房稅羨項內動支，併聲明同案移駐
各官兵應建衙署兵房等工，俟飭催估報
到日亦在於田房稅羨項內動支辦理，各在
案。茲據該興寧查明添建南韶連鎮左營游
擊衙署估需工料運腳銀五千七百八十二兩五
錢七分六釐，左營千總衙署估需工料運
腳銀三百一十四兩九錢九分七釐，左營把
總衙署估需工料運腳銀三百一十四兩九錢九分七釐

購買地基估需時價銀三百七十兩零四分一釐橫
山嶺冷水逕盤坑塘三塘汛營房併望樓牌坊煙
墩旗杆等項共估需工料運腳銀九百零七兩
八分五釐一毫營房三十間共估需工料運
腳銀二千五百五十七兩四分七釐造具冊結經
經該管州道覈明由署藩臬二司暨糧道
詳請動項給領興建前來臣查各屬添設員弁
兵丁分巡地方其衙署兵房為辦公棲止之所自應
動項建造今始興縣應建游擊千把總衙署
兵房等項估需銀數覈與例數尚無浮冒所有應
支銀兩應請照案在於田房稅羨項內動
支給領興建以資駐守而重巡防除飭造估冊另詳

兩廣總督林則徐奏摺 請照案動項興建南韶連鎮衙署營房
道光二十年四月二十五日

題報外臣謹會同廣東巡撫臣怡良恭摺具
奏伏乞
皇上聖鑒敕部查照施行謹
奏 道光二十年五月二十六日奉
硃批工部議奏欽此

四月二十五日

兩廣總督林則徐等奏摺　審辦新寧縣蜑民蕭亞遂在洋圖財謀殺一家三命案

林則徐等　審擬蕭亞遂謀殺一家三命案由

奏

交○

五月辛旨

兩廣總督林則徐等奏摺 審辦新寧縣蜑民蕭亞遂在洋圖財謀殺一家三命案

道光二十年四月二十五日

兩廣總督臣林則徐
廣東巡撫臣怡良跪

奏為蜑犯在洋圖財謀殺一家三命並犯審明

辦理恭摺具

奏仰祈

聖鑒事竊照新寧縣蜑民蕭亞遂在崖州洋面圖財

謀殺雇主梁就利及其母梁黃氏妻小黃氏一

家三命一案先據崖州會營獲犯勘驗訊供通

詳經臣等批行提省審辦旋據該州高凌漢將

犯審擬解經瓊州府知府沈滄審解到省臣等

以案情重大恐犯供尚有未實飭委署廣州府知

府余保純就補知州馮晉恩確審茲據該州等

審明定擬由署臬司陳余樹覆審招解前來臣

督同司道提犯親加研訊緣蕭亞
遂與已死梁就利均係新寧縣疍民素相認識
梁就利自置漁船一隻領給牌照出海捕魚其
母老黃氏妻小黃氏並年未成丁之子梁連勝
梁連好及幼子梁連壽幼女梁亞妹共七人
俱在船上居住僱蘇亞保梁亞連充當舵水道
光九年九月內梁就利漁船被風飄至崖州
即在該處洋面捕魚度日適蕭亞遂在別
船充當舵工被風打爛船隻亦飄至崖州與
梁就利會遇十月初十日梁就利因舵工蘇亞
保患病即僱蕭亞遂充當舵工言明每月工銀六
兩六錢彼此相稱並無主僕名分蕭亞遂隨與

梁就利駕船出海採捕多次稔知梁就利陸
續賣魚積存番銀四十餘圓向其挪借使用梁
就利不允並將蕭亞遂斥罵蕭亞遂圖財心切且
挾借銀被罵之憾因見船內蕭亞保病重臥床
胡亞連年輕人懦老黃氏年均屆老弱無所顧
忌起意將梁就利謀害十一月初十日原船泊崖
州屬東洲洋面三更時候蕭亞遂窺知梁就利
等均已睡熟潛將船舵撥轉駛入深洋以圖乘
便動手梁就利睡中驚覺出艙查問斥罵蕭
亞遂不語掌舵蕭亞遂知被窺破順取魚刀乘
勢砍傷梁就利右太陽推跌落洋淹斃老黃氏
與子黃氏聞聲出喊蕭亞遂用刀亂砍致傷老黃

氏左太陽左額顱左腮頰左手中指並小黄氏
項以偏左顖門左眼角連鼻旁左手背致傷倒艙
內梁連勝梁連好同水手胡亞連所聞赶出救
阻蕭亞遂復持刀向戳將一併殺死梁連勝
甘號哭求饒其時將近天明蕭亞遂恐有別
船撞遇即喝令不許聲張逼勒梁連勝梁
連好寫從合約書稱其父梁就利祖母老黄氏其
母小王氏三人係被賊殺傷與伊無干字樣交
付收執並將箱內銀錢任伊取去方肯饒命梁
連勝甘畏懼勉依梁連勝隨令梁連好寫立
給交收梁連勝甘與水手胡亞連即將老黄氏小
黄氏拖入艙內尋藥敷治梁連壽梁亞妹梁妹

兩廣總督林則徐等奏摺　審辦新寧縣疍民蕭亞遂在洋圖財謀殺一家三命案

道光二十年四月二十五日

仔俱因幼小畏懼沒喊。原雇舵工蕭亞保偶患病
沉重不能出救。蕭亞遂開箱搜取番銀四十二圓，
將兇刀丟棄下海，並撥去船板上血跡，駕船攏岸
逃走。蕭亞遂打撈黃就利屍身無獲，因老
黃氏背受傷身沉重，蕭亞遂將其推落淹斃。
胡亞連上岸覓業，未及越州家報，詎老黃、黃氏黃
民傷重醫治不效，於是月十七、九日先後身死。
蕭亞遂適於是月十六日逃至崖州屬三椏港地
方，經該州巡查兵役盤獲，並搜出合得及用剩
番銀三十二圓，於九日解經崖州知州高凌漢查
傳星連勝甘到案，提併該犯訊悉前情，會營
詣勘，飭何利打撈黃就利屍身無獲，經同老黃

氏小名氏屍傷填格録供通詳批行提省審
辦旋據該縣將犯審擬解經臣林則徐提審解
到省臣等以案情重大恐犯供有不實飭委廣
州府督糧道會審解勘前據該府等審明擬由司
解經臣等督同司道提犯覆鞫據蕭亞遂供
認前情不諱詳請奏咨該犯一人獨自起意圖
財殺害無辜等者刺情及同謀加功之人各照名
搶案與通飾查律載殺一家非死罪三人者凌
遲處死財產斷付死者之家又例載殺一家非
死罪三命以上凶犯依律凌遲處死凶犯之
子除同謀加功及有創傷情罪者仍照本律定
擬外其實未同謀加功者照被殺之家未至絕

例者照擬之子年在十六歲以上改發極邊足
四千里安置年在十五歲以下與照擬之妻
女俱改發附近充軍地方安置又圖財害命
得財而殺死人命者擬斬立決又殺一家三命
以上兇犯審明後依律定罪一面奏
聞一面恭請
王命先行正法各等語此案蕭亞遂受雇在梁就利
船內掌舵出海捕魚因見梁就利積存番銀向
借被駡輒起意圖財謀害乘夜潛搬船舵
敲板謀洋用刀砍傷梁就利推跌落洋溺斃
屍身年獲並砍傷梁就利之母老黃氏妻黃
氏先後身死係屬一家三命查該犯與梁就

秋審条主僕名分應同凡論，自應照律問擬。蕭
亞遂圖財害命，罪止斬決，不議外，今係殺一家
非死罪三人者，蕭亞遂應照律凌遲處死。該犯
情罪重大，未便稽誅，臣等於審明後即照例恭請
王命，飭委署按察使陳來檢、署督標中軍副將祺
壽，將該犯蕭亞遂綁赴市曹凌遲處死，仍將
首級解回犯事地方懸竿示眾，以昭炯戒。該犯借
移蕭亞安妻寶安家係本負之財產，是否屬
實，飭行原籍新寧縣查明辦理。屍子梁連勝、梁
連新、梁係仔被蕭亞遂推溺，又因落水獲受
傷之者黃氏母子救未即報。水手胡亞連訊係不知蕭
亞遂謀命，原僱船工蕭亞保因卧病不能出救

均毋庸議。提起贓銀，係屍子顧田交伊售賣銷
之銀，據供丟棄無蹤，毋庸查起。老黃氏等屍棺飭屬
領埋。梁鉞利屍身，飭令沿海文武一體嚴撈
務獲。本案謀命兇犯已於初參限內審詳，除
獲洋船由洋賊名存案請免開參。除錄供招咨部
外，所有審明辦理緣由，臣等謹會詞恭摺具
奏，伏乞
皇上聖鑒，敕部核覆施行。再，此案擬與部議定奏條款，
相應合併陳明。謹
奏。
道光二十年五月二十九日奉
硃批：刑部知道。欽此。
四月二十五日

兩廣總督林則徐等奏摺　**訪獲護送鴉片巡役及出洋販烟各犯審明分別懲辦**

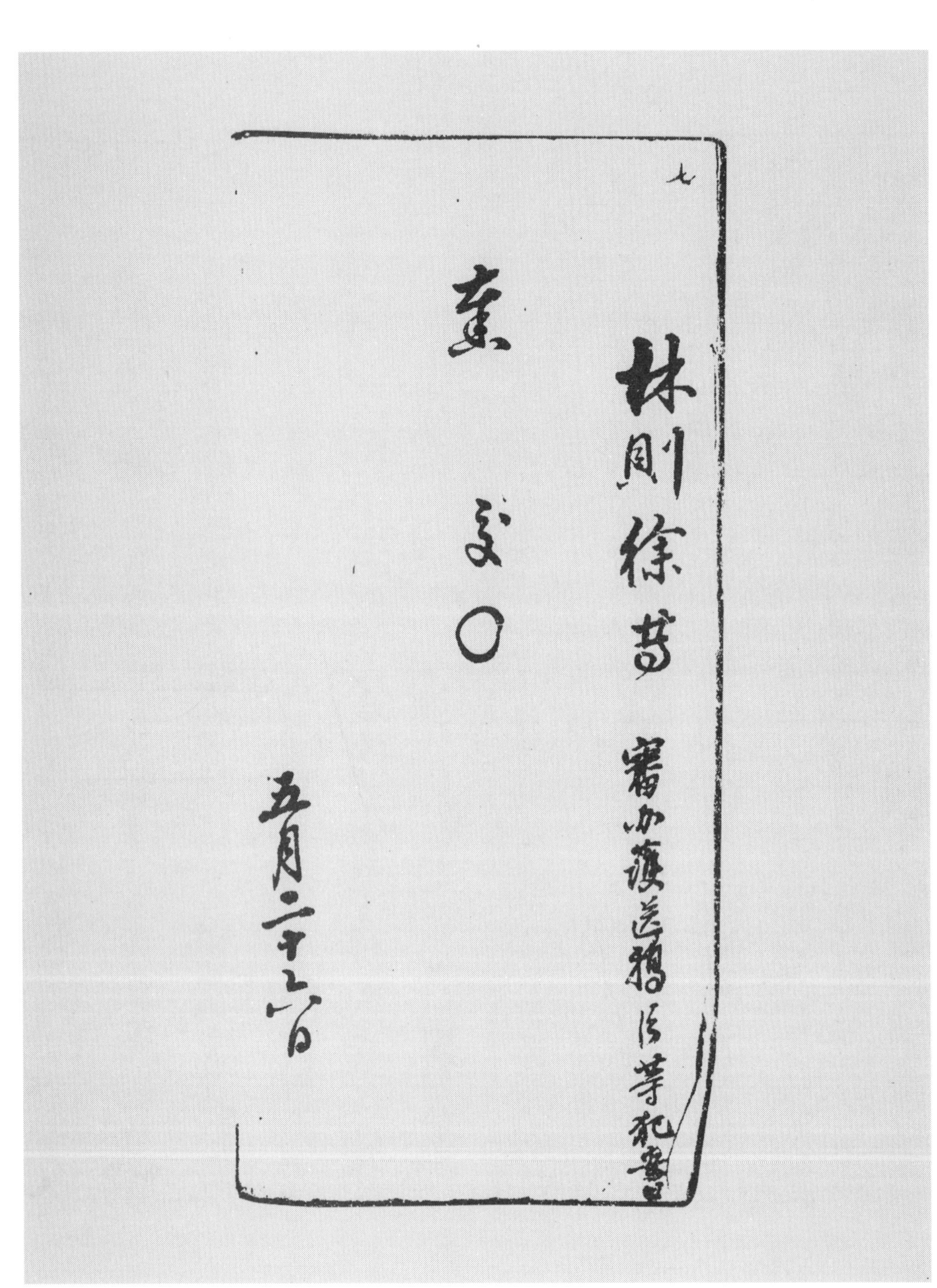
林則徐奏
審办護送鴉片等犯審

五月二十二日

兩廣總督林則徐等奏摺 訪獲護送鴉片巡役及出洋販烟各犯審明分別懲辦

道光二十年四月二十五日

兩廣總督臣林則徐
廣東巡撫臣怡良跪

奏爲訪獲護送鴉片之巡船人役究出出洋買烟
及囤躉販賣之首從各犯審明分別懲辦恭摺
奏祈
聖鑒事竊照杜絕鴉片必先重辦漢奸而杜絕漢
奸尤必首嚴包庇是以現頒新例以窰口通夷
買烟爲第一條即以海口受賄故縱爲第二條誠以沿
海奸民載烟入口大抵恃有包庇以致愍不畏
法是各海口巡緝之船名爲查拏烟匪實
難保不暗爲護送臣等疊飭沿海營縣務須
激發天良將來兵役無論外海舟師內河巡
船凡能查出弊竇自行究辦者其失察處分寬予限

巡例免致並准量予記功庶文武各員咸知愧
奮免蹈徇庇惡習旋據東莞縣知縣柏貴訪聞
該縣巡船內舵工尹施昧有串同巡役胡遐登受
匪徒梁亞蘇等賄賂護送鴉片並同圍攬他船
烟土致被搶傷巡船水手梁亞有落水身死情
事自行拿請查辦隨經臣等飭據該縣會同文
武委員先後拏獲首犯尹施昧梁亞蘇夥犯
犯尹亞孖尹亞元尹亞添尹灂川即照光尹達
李華生尹鏡蓉巡役胡遐水手梁亞落梁好
梁就梁二豬歡陳何陳女陳有陳發陳地陳始
尹滂尹喜莫灶劉裘李東李莫鄧金喜郭連
蘇莫及販烟積販之犯吳襄尹守鳳吳富之攄

亞桂、雇工李亞全、黎亞雙共三十三名，內圳邊一
犯起根于夜候役盤獲，將該犯同起獲匯西
桂李亞堂名下煙土五兩、銅鍋一口，尹守凡名
下煙管二枝一併拿解，飭據署者即經委員雍
寓尹守凡、鄒合二犯先後送審。因番禺盤獲故犯起
委員在廣州府知府余保純等審明詳解，由廣東按
察使陳嘉樹會同布政使熊常錞覆審遞提解前來，
臣等督同司道親提研鞫。緣尹稱脉籍隸東莞
縣，操舟為業。道光十九年七月內，受雇為該縣巡
船舵工，船內兵役水手人等發貨搭撐。是年十月間，
尹稱脉有素識現獲之番禺縣人梁亞蘇起意
出洋販賣煙土，稔知尹稱脉在船掌舵，藉其

護送進出，亦無查拏。是月初六日，邀同現獲之
尹亞行、尹亞元、梁深、尹滘川即黑牛尹達、辛奉雜
之尹聞水、仔林大、黃蕭亞富一共八人，夥出本銀一
百二十五圓，乘坐舊存蝦筍艇一隻，商僱
尹尹施睇報告胡遺由併港送至新安縣屬
銅鼓洋面，向梁亞蘇在上嘆夷吧喇船內買得烟
土四十五箱，仍僱此船護送而回，陸續將土賣
與尹亞星及不識姓名人，得番銀七百兩瓜分。
胡遺以此船係尹施睇及此役胡遺名下，得謝銀五十
圓。水手梁吉等俱各散去。向該役胡遺乎護
送烟土回埠之時，洋次遇見不識姓名匪艇
一隻，胡遺料其必有鴉片，上前追搶，該匪艇放

槍械拒捕，迨巡船水手梁亞有、許立船頭被傷落
水身死，匪艇亦即逃逸。此巡船舵工尹掄脒與
巡役胡遇年同受賄護送奸徒往去洋買土入
口，並胡遇國據稱伊叔水手被傷淹斃之情形也。
尹掄脒未在巡船掌舵之前，梁亞蘇于二月二
十七日起意邀同尹亞行共七人夥出本銀一百
圓，雇倩未獲之梁亞强為幫工，月給辛資四
圓，由僻港駕艇至新安縣屬尖沙嘴洋面，
用銀四百八十一兩，托夷船經紀郭亞錢向嘆
咭唎買土三十七箇，運回回國，分尹咸水仔
家中，陸續賣與現獲之張亞宏、袁及未獲
之尹亞錦、周亞賓並不識姓名人共得銀
五百七十兩。梁亞蘇事後約遇巡船既將梁

亞蘇等烟土護送入口，以尹施賦因見販烟利
厚，遂自起意出洋買販。尹咸水仔亦起意
自行挐本附搭同行。十月十四日，坐船駛
至尖沙嘴洋面，該二犯同上嘆夷吧喇嘛船內，
尹施賦用銀一百圓買土一十箇，尹咸水仔
用銀一百九十圓買土二十箇，運回沿途各即
賤賣與不識姓名人，得銀分用。此後胡道
明受謝銀一十圓，承手点之等及自是尹姓
族人咸知其易獲利，心尹咸水仔與族眾公議，
每賣土一箇，抽銀一錢，共抽得銀八兩三錢，繳
交伊咸水仔分居脆先現獲已革生員
尹鏡堂收充公祠祭費。此又究出梁亞蘇

尹施眛尹威私作尹施名目起意出洋販買
烟賣及公然設舖烟價之情形也其餘尹施
知情之實衷係獨自起意向梁亞蘇甘用銀
四圓買土三箇零星賣與未獲之王亞威
及不識姓名人得銀不記確數又尹亨凡係護
從未獲之周亞容共出番銀一千四兩向梁亞
蘇甘買土二箇零星轉賣並無用竹筒代
槍同在居置渡船上私行吸食烟膏二枚
獲又黎亞發係在周亞容渡船傭工知
情容隱又湛亞桂係因素識未獲之尹亞
熙獨自起意向梁亞蘇甘用番銀三千兩買土二箇
尚未轉賣湛亞桂得銀二兩代為收藏又
李亞養重係代雇王未獲之尹亞星尹亞石實

子用銀四十七兩向梁亞葆等買土三箇零點
責未完李亞金即被兵役連船併獲以上現犯
三十名逐加嚴鞫據各供認前情不諱詰無別
項不法及此外另有夥黨隱匿避就情事案無
遁飾查新例沿海奸徒勾通外夷潛買鴉片烟
土入口囤積發賣圖利一經審實首犯擬斬立
決恭請
王命先行正法仍傳首海口地方縣竿示眾為從同
謀及接引護送之犯均擬絞監候屬巡船及
官又海口兵丁受賄故縱無論旗民多寡擬絞
立決又買土煎熬售賣為首擬絞監候為從發
極邊烟瘴充軍若與販僅止一二次為數不及

五百兩為首者新疆給官兵為奴又尋常興販
烟土業內究出知情受寄之犯減首犯一等治
罪又收買鴉片烟土尚未售賣貽害者為首者
極邊烟瘴充軍又例載犯罪有兄弟俱擬正法
者存留一人養親仍照例奏聞請
旨定奪又律載枉法贓五十五兩杖一百流三千里
無祿人減一等又共犯罪以造意者為首隨從
者減一等又犯無引私鹽杖一百徒三年受雇
馱載者杖八十徒二年又名例載斷罪無正條
援引他律比附定擬又雇工人為家長隱匿勿
論又現獲之犯雖逃者為首經旁人指証有據
即依律先決從罪毋庸監候待質各等語此案

首犯尹施昧梁亞蕘名目起意糾夥合本出赴
外洋向通夷船僭買鴉片入口囤積販賣尹施
昧除受贓護送烟土擬罪不議外應與梁亞蕘
均照新例斬決梟示即於審明後恭請
王命飭委署按察使陳嘉樹署督標中軍副將祺齊
將尹施昧梁亞蕘二犯綁赴市曹先行正法仍
傳首海口地方懸竿示衆以昭烱戒胡遺藉充
巡役兩次得贓護送烟土實屬玩法除受贓計
贓及圍搶未成各輕罪不議外若僅照平人接
引護送之例罪止絞候尚覺輕縱應請援照海
口兵丁受賄故縱無論贓數多寡擬絞立決例
擬絞立決業已病故應毋庸議尹亞行尹亞之尹

潘川即尹達章尹遂係四犯听從梁亞穠出洋販賣鴉片均應照為從例擬絞監候秋後處決尹潘川即尹達川章名革去監生追照繳銷尹遂係據供父故有母陳氏現年七十八歲該犯僅止兄弟二人其弟尹施昧因起意出洋販烟現已同擬斬梟該犯並因听從梁亞穠出洋販烟同擬絞候係屬兄弟俱擬正法應行存留一人養親相應照例請

旨定奪快奕襄初次起意興販烟土待賣合依興販烟土僅止一二次為數不及五百兩為首發新疆給官兵為奴例發新疆給官兵為奴尹宇鳳初次听從周亞居買土熬膏吸食轉賣除吸食

枷罪不議外合依窑土並製售賣為從發極邊
足四千里充軍例發極邊足四千里充軍業已
病故之毋庸議水手梁亞梁好梁就梁二怯歡
姓陳陳女陳有陳右陳池陳始尹法尹喜莫姓
列貴李第李美袁速蔭美鄧合梁亞有二十一
犯雖未分受烟銀惟既聽從幫駕即屬為從均
應照為從減一等律應於尹施時斬罪上減一等
杖一百流三千里鄧合業已病故梁亞有先經被
傷溺斃均毋庸議惟莫襄梁亞等據供款者
丁單或鏞婦獨子惟係與販鴉片及聽從駕船
護送烟匪出洋問擬遣流應不准其留養已
革生員尹鏡芸蓉於胞弟尹咸水係販賣鴉片雖

無同謀合夥及分贓入己惟蔡維先事　禁約轄
抽賣烟銀兩現未查出鴉片吃緊之際未便稍
涉輕縱尹鏡蓉應請即於伊弟尹咸求係起意
出洋販烟斬罪上酌減一等擬以杖一百流三
千里湛亞桂仍受尹亞鈕銀兩受寄烟土查尹
亞鈕起意向梁亞蘇等販買鴉片尚未售賣將
來獲案應照收買鴉片烟土尚未售賣例擬軍
湛亞桂合依尋常興販烟土案內知情受寄之
犯減首犯一等治罪例應於尹亞鈕軍罪上減
一等杖一百徒三年李亞金為雇主尹亞全代
買烟土熬膏售賣例內並無作何治罪明文查
犯無引私鹽本犯罪應徒受雇馱載之犯律

應杖八十徒二年計減本犯二等尹亞金熬賣烟
膏將來拏獲罪應擬遣該犯李亞金應比照
私熬販賣之犯減本犯罪二等於尹亞金應得
遣罪上減二等擬以杖一百徒二年半以上軍
流徒犯俱到配折責安置溫亞桂所藏烟土與
李亞金代買熬膏檔供均係在逃之尹亞穌尹
亞金起意向梁亞蘇等收買業經梁亞穗等指
認有據將來拏獲尹亞穌等到案可無慮其狡
展應請先決從罪毋庸監候待質蔡亞穫僅
根雇主周亞容買土熬膏知情不首合依雇工
人爲家長隱者勿論律勿論起獲烟土等物銷
燬房屋船隻一律查封同所受賣烟銀兩照追入

官尹寧鳳分受烟價，胡遺因受贓銀已死，免追。

周亞容一犯據尹寧鳳供稱先經在家病故，是

否屬實，飭縣確切查明。逸犯嚴飭跴拏，獲日另

結。本案人犯係地方文武自行訪獲，例得免議。

販烟船隻係由僻港偷越出洋，守口員弁應

請邀免。兩案所有監斃絞犯胡遺一名，管獄官職

名係東莞縣典史方鎧；原監斃斬犯尹寧鳳

一名、原犯郭合一名，管獄官職名均係署番禺縣

典史相君才，相應開報附參。禁卒人等訊無凌

虐情弊，照例無庸議。獲犯職名飭縣查明另行詳

報。至巡緝船隻所用差役、舵水人等，現已嚴飭

隨時慎選，稽查，倘再有通人滋漏其中，察出立

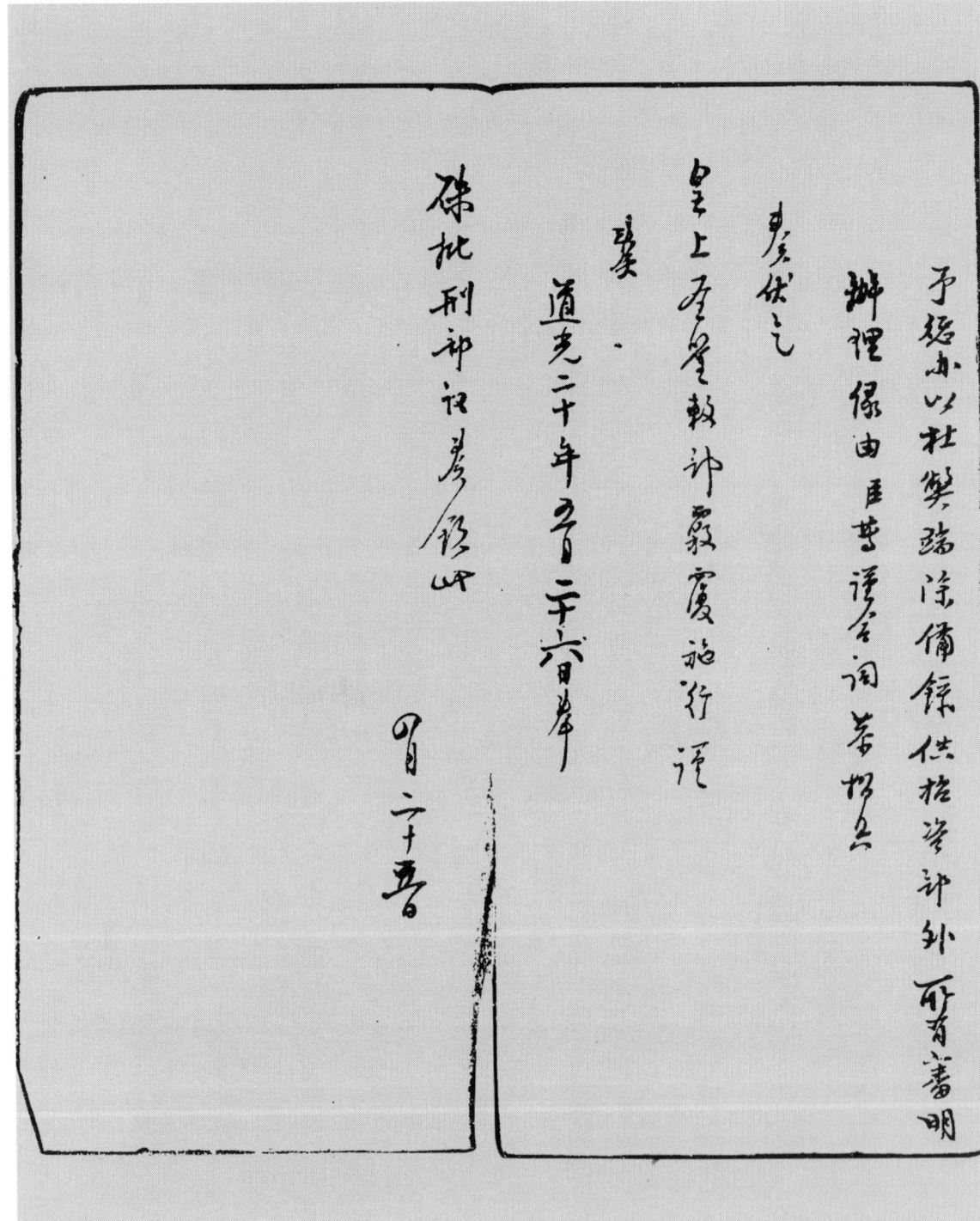

予懲亦以杜奸踪除備錄供招咨部外所有審明
辦理緣由臣等謹合詞恭摺具
奏伏乞
皇上聖鑒敕部覈覆施行謹
奏。
道光二十年五月二十六日奉
硃批刑部議奏欽此
四月二十五日

兩廣總督林則徐題本

題請黄慶澄補授廉州府白石場鹽大使

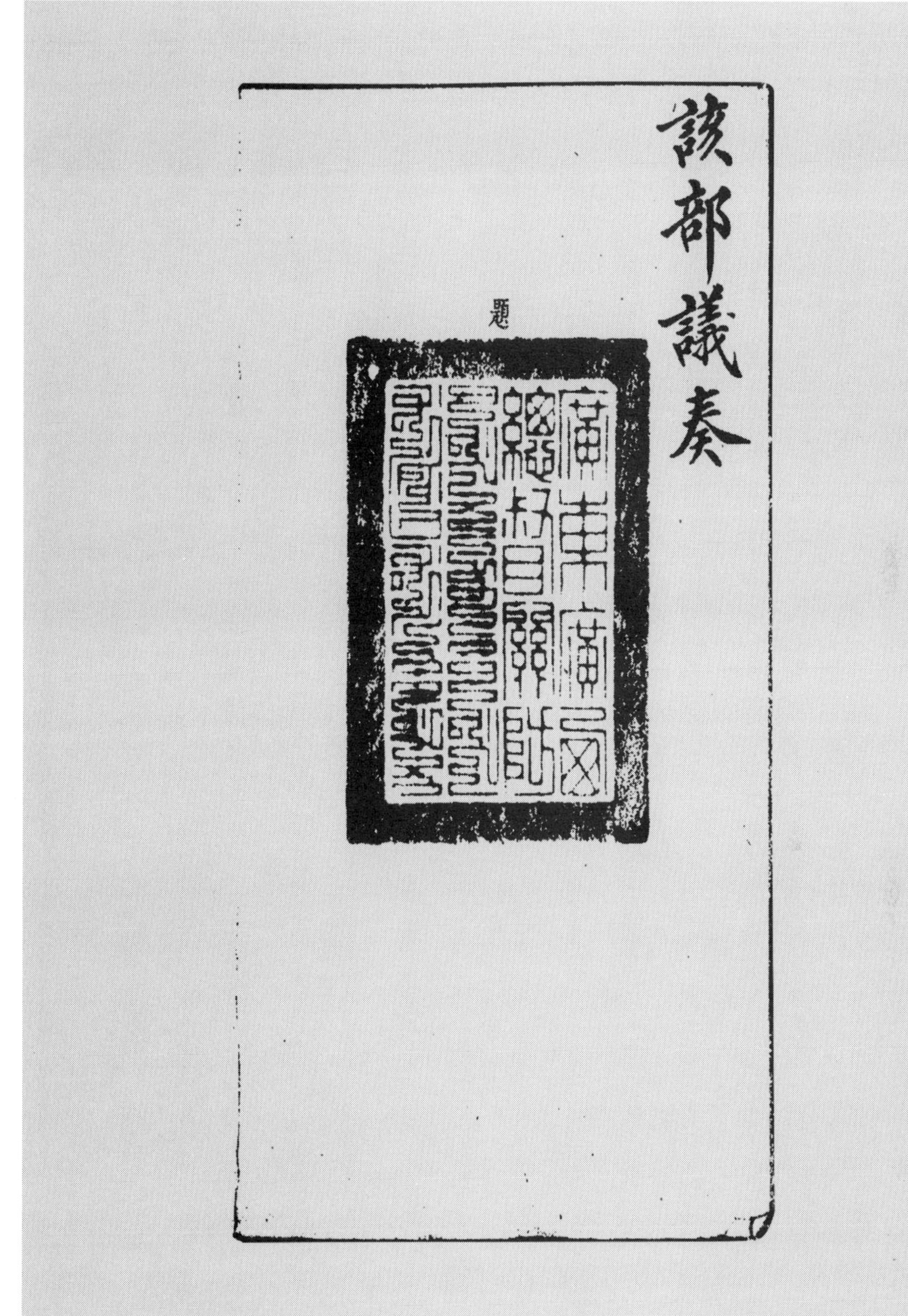

兩廣總督林則徐題本　題請黃慶澄補授廉州府白石場鹽大使
道光二十年五月初二日

兵部尚書兼都察院右都御史總督廣東廣西等處地方軍務兼理糧餉臣林則徐謹

題爲請補鹽場大使事據署兩廣鹽運使王篤會

同署廣東布政使喬用遷詳稱竊照廉州府白

石場大使陳裕垂業經詳請

題陞合浦縣知縣並聲明所遺白石場鹽大使缺

粵省現有應補人員容俟另詳請補在案茲會

查有拏獲鄰境盜犯奉行遇缺儘先補用之候

補鹽大使黃慶澄現年伍拾叁歲係浙江嘉興

府嘉善縣人由監生遵酌增常例捐鹽大使分

發兩廣道光玖年正月貳拾陸日到省代理東

界場大使事拾叁年叁月聞訃丁生母憂回籍

守制服滿起復因在粵拏獲鄰境盜犯由原籍

兩廣總督林則徐題本 題請黃慶澄補授廉州府白石場鹽大使
道光二十年五月初二日

給咨赴京引
見道光拾陸年玖月拾捌日奉
旨黃慶澄著遇缺儘先補用欽此拾柒年肆月貳拾
壹日回省委署淡水場卸事現在候委查該員
年力富強以之即補白石場大使洵屬人地相
宜理合會詳察核具
題准其補授再該員道光拾貳年代理東界場任
少收額鹽壹分以上記過此外並無降革停陞
等案合併聲明等由到臣該臣看得廣東廉州
府白石場大使陳裕垂經撫臣怡良會同臣
題陞合浦縣知縣聲明所遺白石場鹽大使缺粵
省現有應補人員容另選員請補在案茲據署

兩廣鹽運使王篤會同署廣東布政使喬用遷詳稱查有拏獲鄰境盜犯奉行遇缺儘先補用之候補鹽大使黃慶澄現年伍拾叁歲係浙江嘉興府嘉善縣人由監生遵酌增常例捐鹽大使分發兩廣道光玖年正月貳拾陸日到省代理東界場大使事拾叁年叁月聞訃丁生母憂回籍守制服滿起復因在粵拏獲鄰境盜犯由原籍給咨赴京引

見道光拾陸年玖月拾捌日奉

旨黃慶澄著遇缺儘先補用欽此拾柒年肆月貳拾壹日回省委署淡水場卸事現在候委查該員年力富強以之即補白石場大使洵屬人地相

宜詳請具
題准其補授等由前來臣查黃慶澄年力正強才
具明晰堪以補授白石場大使謹會同廣東巡
撫臣怡良恭疏具
題伏乞
皇上聖鑒敕部議覆施行謹會
題請
旨

二三 兩廣總督林則徐題本 題請黃慶澄補授廉州府白石場鹽大使

道光二十年五月初二日

兵部尚書兼都察院右都御史總督廣東廣西等處地方軍務兼理糧餉臣林則徐謹

題爲請補鹽場大使事該臣看得廣東廉州府白石場大使陳裕垂經撫臣怡良會同臣

題陞合浦縣知縣聲明所遺白石場鹽大使缺粵省現有應補人員容另選員請補在案茲據署兩廣鹽運使王篤會同署廣東布政使喬用遷詳稱查有拏獲鄰境盜犯奉行遇缺儘先補用之候補鹽大使黃慶澄現年伍拾叁歲係浙江嘉興府嘉善縣人由監生遵酌增常例捐鹽大使分發兩廣道光玖年正月貳拾陸日到省代理東界場大使事拾叁年叁月聞訃丁生母憂

回籍守制服滿起復因在粤孥獲鄰境盜犯由
原籍給咨赴京引
見道光拾陸年玖月拾捌日奉
旨黄慶澄著遇缺儘先補用欽此拾柒年肆月貳拾
壹日回省委署淡水場鹽事現在候委查該員
年力富强以之卽補白石場大使洵屬人地相
宜詳請具
題准其補授等由前來臣查黄慶澄年力正强才
具明晰堪以補授白石場大使謹會
題請
旨

兩廣總督林則徐題本 題報應運道光二十年滇銅及道光十年粵鹽各費互抵銀數

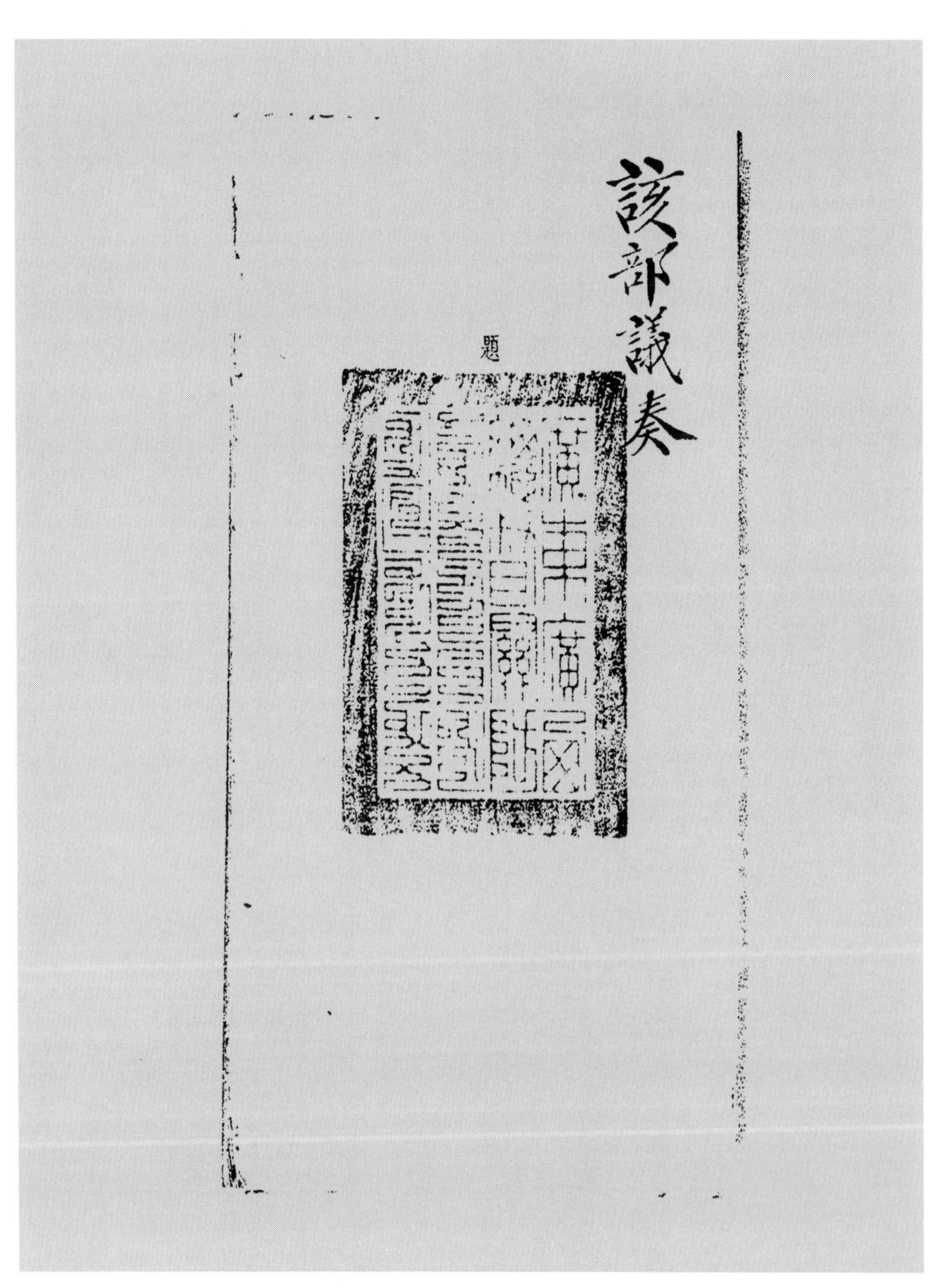

該部議奏

題

兩廣總督林則徐題本　題報應運道光二十年滇銅及道光十年粵鹽各費互抵銀數　道光二十年五月初二日

兵部尚書兼都察院右都御史總督廣東廣西等處地方軍務兼理糧餉臣林則徐謹
題爲遵
旨議奏事據署理廣東布政使司印務按察使喬用遷
會同署理兩廣鹽運使司印務督糧道王篤署
理廣東督糧道印務候補道洪錫豫詳稱奉兩
廣總督案驗嘉慶拾柒年貳月貳拾叁日准户
部咨廣西司案呈内閣抄出雲貴總督伯麟兩
廣總督松筠雲南巡撫孫玉庭廣東巡撫韓崶
等會奏滇粵兩省銅鹽互易章程酌量變通等
因一摺嘉慶拾陸年拾月拾貳日奉
硃批户部議奏欽此欽遵於本月拾伍日抄出到部伏
查廣東寶廣局鼓鑄錢文應需滇銅及雲南廣

南等屬行銷粵鹽定例兩省委員遞年輪辦今
據該督撫奏稱滇粵隔省委員水陸迭更程途
歧遠挽運往往遲延實於鼓鑄民食兩有貽誤
亟應籌畫變通請將廣東每年鼓鑄應需高低
滇銅由滇省按年委員運至剝隘地方交廣南
府設店收貯先期咨會粵省委員至剝隘接運
回粵不必俟運鹽之員到百色始行交替以免
守候至滇省廣南寶寧貳府縣應需粵鹽由粵
省按年委員運至百色交滇省廣南寶寧貳府
縣接收運銷俟鹽斤將到百色由百色同知具
報滇省併知會廣南寶寧貳府縣前往接收滇
省仍先期委員赴百色監收等語查銅鹽互易

向係滇粵兩省委員分年輪辦今改爲各辦各
運統由剝隘百色地方交收領兑地處適中官
無守候於經費無所加增而挽運均可迅速事
屬可行應如該督撫等所奏辦理其粵省應需
高銅拾萬柒千叁百斤零按照例成色全數在
於萬寶廠撥給其應需低銅陸萬貳千柒百陸
拾斤零按照柒成色於金釵廠撥給由滇省委
員赴廠兑領先將該貳廠銅斤各提取叁塊作
爲樣銅以貳塊存於滇省備查貳塊發交廣南
府收存比對貳塊咨送粵省發局交樣稱收如
有銅色不足分別賠補其須運萬寶金釵兩廠
銅斤自廠至省以至剝隘陸路脚價一併由滇

墊發報銷至粵省由剝隘領運滇銅赴粵交收
所需一切脚費以及官役養廉雜費等項應照
向辦章程辦理由粵造銷其應還滇省銅價除
抵兌鹽價水脚外下餘應找若干按數報部酌
撥咨滇查照之處亦應如所奏辦理至滇省墊
發陸路運脚除將滇省應還粵省鹽價水脚撥
抵外其不敷之銀據稱在於屯丁銀内撥還亦
應准其動撥報銷又滇省應需粵省正耗鹽壹
百肆拾貳萬陸千柒百陸斤既據該督撫等議
由粵省按年委員運至百色交廣南資寧貳府
縣接收運銷俟鹽斤將到百色由百色同知具
報滇省先期委員赴百色監收請定限壹月稱

交清楚如有鹽斤攙雜沙土反脭色不足責令
粵員賠補所有一切開支鹽價運腳等項由粵
省造冊報銷其應需鹽價蒲包水腳併官役養
廉盤費請照舊辦理之處均應如所奏辦理仍
令該督撫等將每年動用數目報部核銷再粵
省應委員辦運陸年分鹽斤赴滇易運拾壹年
分滇銅及滇省需用捌年分鹽斤與粵省需用
拾叁年分滇銅既據聲稱因節次委員患病事
故是以未經起程應即照現定章程辦理惟自
此次酌改章程以後該兩省應需銅鹽務須按
年解交清款毋得仍前遲壓致有遺誤如尚有
未盡事宜應令該督撫等隨時會商咨部辦理

等因嘉慶拾陸年拾壹月拾叁日奏本日奉

旨依議欽此相應移咨兩廣總督遵照可也等因又奉

前任兩廣總督阮元案驗嘉慶貳拾伍年柒月

貳拾貳日准戶部咨山東司案呈本部議覆兩

廣總督阮元奏粵省官運滇鹽請改交埠商試

辦一摺嘉慶貳拾伍年伍月初陸日奏本日奉

旨依議欽此相應抄錄原奏行文兩廣總督遵照可也

計單一紙內開查粵省官辦滇鹽運至百色地

方交卸近年每有運逾據該督奏稱實由難河

險阻委員素不熟悉以致挽運稽遲若交向辦

百色埠商帶運則事資熟手時日可以趲早民

食不致有誤該督係爲滇省鹽斤趲運過遲起

見應如所奏辦理並責令該商每年應運滇鹽
準鹽各清各款毋許稍有遲誤仍俟試辦伍年
即行咨部核辦其兼運滇鹽應需價脚等銀准
其照向例支銷司事巡丁工火亦准其將向給
委員廉工盤費改發毋庸另行籌款所有查驗
交收均責成百色同知妥爲經理此外倘有未
盡事宜亦應如所奏隨時咨部核辦所有臣等
議覆緣由理合恭摺具
奏等因又奉前任兩廣總督阮元案驗道光伍年
柒月貳拾叁日准户部咨開查嘉慶貳拾伍年
肆月内據兩廣總督奏稱粤省官辦滇鹽運至
百色地方交卸近年每有遲逾實因灘河險阻

委員素不熟悉以致挽運稽遲若交百色埠商
游順程帶運則事資熟手時日可以趲早民食
不致有誤請自本年爲始試辦伍年再行咨部
核辦等因經本部覆准在案今據該督咨稱百
色埠商游順程自嘉慶貳拾伍年辦運拾伍年
滇鹽起至道光肆年辦運拾玖年滇鹽止伍年
期滿年清年款並無遲誤應請仍令再辦拾年
自道光伍年辦運貳拾年分滇鹽起至道光拾
肆年應辦道光肆年分滇鹽止一切配運鹽斤
悉照前次所議章程辦理俟拾年無誤再令核
辦等語應如所咨辦理仍令該督嚴飭該商妥
速辦運毋稍貽誤可也等因均經移行遵照又

於一件詳請咨明代運滇鹽以專責成事案內
百色埠商游順程將埠務供與李樹德接辦議
明捌年爲期所有捌年期内滇鹽仍歸游順程
照案督辦供商李樹德代運係自道光柒年應
運嘉慶貳拾貳年分滇鹽起至道光拾肆年應
運道光肆年分滇鹽止即責成百色埠供商李
樹德照案代運滇鹽捌年扣足游順程再辦拾
年之限以符原案如有貽誤即惟李樹德是問
其一切辦運事宜仍照前次所議章程辦理等
由於道光柒年閏伍月内詳請咨明户部查照
又於一件再辦滇鹽期滿無誤詳請照案飭令
再辦咨明立案事案内查明百色埠供商李樹

德代辦埠務，刷年期滿，應運道光肆年滇鹽，亦
已辦竣。原商游順程詳准收埠自辦，惟查百色
埠先後接辦滇鹽拾伍年期滿，辦理均無遲誤，
自應仍令游順程接辦。自道光拾伍年應運伍
年分滇鹽起，至貳拾肆年應運拾肆年分滇鹽
止，拾年爲期，以資熟手。詢之游順程，亦情願照
案接辦拾年，不敢貽誤等由。於道光拾肆年拾
月内詳請咨明户部查照在案。該署理廣東布
政使司印務按察使喬用遷會同署理兩廣鹽
運使司印務督糧道王篤、署理廣東督糧道印
務候補道洪錫豫查看得粵東寶廣局鼓鑄錢
文，歲需滇省銅斤，與滇省民食歲需粵鹽，向係

滇粵兩省委員輪運嗣因彼此隔省委員水陸
迭更往往遲滯請將粵東省應需滇銅由滇省
按年委員運至剝隘地方交廣南府設店收貯
先期咨會粵省委員至剝隘接運回粵至滇省
應需粵鹽粵省按年委員運至百色由百色同
知具報滇省先期委員赴百色接收併查議辦
運章程會摺具
奏接准部覆均如所奏辦理嗣又接准滇省咨開
粵省需用滇省萬寶金釵貳廠滇銅自嘉慶拾
伍年分銅斤起卽令該貳廠員運抵剝隘交收
續因粵省官運滇鹽灘河險阻委員素不熟悉
以致挽運稽遲又奉

奏准改交百色埠商帶運試辦其應需價脚等銀
准其照向例支銷司事巡丁工火亦准其將向
給委員廉工盤費改撥等因俱經轉行遵照嗣
據百色埠商游順程將埠務供與李樹德接辦
議明捌年爲期所有捌年期内滇鹽係自道光
柒年應運嘉慶貳拾貳年分滇鹽起至道光拾
肆年應運道光肆年分滇鹽止即責成百色埠
供商李樹德代運嗣又代運期滿業經詳請咨
明仍令原商游順程接辦自道光拾伍年應運
伍年分滇鹽起至貳拾肆年應運拾肆年分滇
鹽止拾年爲期以資熟手各在案除滇省應需
道光玖年鹽斤及粵省應需道光拾玖年銅斤

價脚銀兩經詳奉
題准動撥外茲届粵東省應運道光拾年分鹽斤
赴百色及雲南省應運道光貳拾年分銅斤赴
剝隘據百色半商游順程稟請領銀開配帶運
滇鹽查滇省道光拾年分應買廣南寶寧貳府
縣正額鹽壹百壹拾萬斤計應加耗鹽貳拾萬
伍千叁百叁拾叁斤捌兩正耗共鹽壹百叁拾
萬伍千叁百叁拾叁斤捌兩每包壹百伍拾斤
該大包捌千柒百貳包叁拾叁斤捌兩每包價
銀叁錢陸分伍釐內扣還蒲包價銀壹分貳釐
自行備用外該鹽價銀叁千柒拾壹兩捌錢捌
分伍釐平頭銀貳拾伍兩壹錢陸釐買備蒲包

貳萬陸千伍百伍拾叁個每個價銀貳分肆釐
共銀陸百叁拾柒兩貳錢柒分貳釐在粵裝捆
小包鹽貳萬壹千玖百肆拾包每拾包給工價
銀壹分伍釐共銀叁拾貳兩玖錢壹分又自廣
東運至百色除耗鹽不給水腳外計正鹽柒千
叁百叁拾叁包伍拾斤每包給水腳銀肆錢捌
分陸釐共給水腳銀叁千伍百陸拾肆兩買針
稱壹杆價銀壹兩肆錢布旗價銀壹兩貳錢鹽
商司事工火盤費等項照向給委員廉工盤費
銀肆百伍拾兩改發又自廣東運至百色雇募
運丁以及在百色交鹽雇募稱手照向例酌給
[illegible]玖拾肆兩伍錢以上通共需銀柒千捌百柒

拾捌兩貳錢柒分叁釐均在粵省應還滇省銅
本銀內分別移撥支給俟辦竣回粵之日再行
據實核明如有不敷另行找給又滇省歷年委
員辦運鹽斤船至百色每多折耗不敷無從追
補俱准令委員船户自備本腳加買備耗稱頭
等項鹽斤運至百色除補船户滷耗外餘鹽交
埠發賣以歸本腳今埠商游順程帶運正鹽壹
百壹拾萬斤核計應准令自備本腳帶買耗鹽
肆萬捌千玖百伍拾斤稱頭鹽壹萬貳千叁百
柒拾貳斤拾貳兩捌錢船户帶買耗鹽陸萬伍
拾斤拾貳兩陸錢應請飭令埠商船户自備本
腳照買遵辦不得額外多買私帶至粵東省道

光貳拾年分應採買萬寶廠正銅壹拾萬壹千貳百貳拾柒斤每百斤給補色銅伍斤該補色銅伍千陸拾壹斤伍兩陸錢另每百斤外給餘銅壹斤該餘銅壹千壹拾貳斤肆兩叁錢貳分除補色餘銅毋庸給價外其正銅壹拾萬壹千貳百貳拾柒斤每百斤價銀壹拾壹兩共銀壹萬壹千壹百叁拾肆兩玖錢柒分又正餘補色共銅壹拾萬柒千叁百斤玖兩玖錢貳分自雲南省運至竹園村給運腳銀捌百伍拾捌兩肆錢伍釐自竹園村至剝隘給運腳銀貳千貳百壹拾捌兩壹錢壹分捌釐係廠員運交毋庸開支官役飯食盤費以上由滇省墊發報銷其自

剝隘運至百色給水脚銀捌拾伍兩捌錢肆分
又自百色運回粵東給水脚銀肆百肆兩柒錢
玖分貳釐又每銅壹百陸拾斤用篾簍木牌壹
對共給價銀壹拾叁兩肆錢貳分又粵東委官
壹員每日給飯食銀貳錢跟役陸名每名每日
給飯食銀叁分捌釐柒毫自粵東省起程之日
起至運銅回粵止酌給飯食銀壹百兩其有餘
不足辦竣核實報銷又官役脚費照程站計算
酌給銀伍拾叁兩柒分玖釐又採買全釵廠正
銅伍萬陸百壹拾叁斤每百斤加補色銅貳拾
叁斤該補色銅壹萬壹千陸百肆拾斤拾伍兩
捌錢肆分另每百斤外給餘銅壹斤該餘銅伍

百陸斤貳兩捌分除補色餘銅毋庸給價外其
正銅伍萬陸百壹拾叁斤每百斤價銀玖兩共
銀肆千伍百伍拾伍兩壹錢柒分又正餘補色
共銅陸萬貳千柒百陸拾斤壹兩玖錢貳分自
蒙自縣運至剝隘給運腳銀壹千叁百柒拾捌
兩肆錢陸分叁釐以上由滇省墊發報銷其自
剝隘運至百色給水腳銀伍拾兩貳錢捌釐又
自百色運回粵東給水腳銀貳百叁拾陸兩柒
錢陸分叁釐又每銅壹百陸拾斤用篚簍木牌
壹對共給價銀柒兩捌錢肆分又委官壹員半
支飯食銀兩已於辦運萬寶廠銅斤項下支銷
毋庸再給其廣東跟役叁名自粵東省起程之

日起至運銅回粵止酌給飯食銀叁拾兩其有
餘不足俟辦竣核實報銷又官役脚費照程站
計算酌給銀叁拾兩柒錢肆分柒釐以上通計
辦運萬寶金釵貳廠銅斤共需價脚等銀貳萬
壹千壹百伍拾柒兩捌錢壹分伍釐應請在於
徵存道光拾玖年地丁銀內扣留動支內應還
滇省銅本運脚銀貳萬壹百肆拾伍兩壹錢貳
分陸釐除將滇省鹽價薪包脚費飯食等銀柒
千捌百柒拾捌兩貳錢柒分叁釐抵兌外尚應
還滇省銅本運脚銀壹萬貳千貳百陸拾陸兩
捌錢伍分叁釐俟鹽銅各案辦竣報銷有無找
給另行核實聲明入季報撥咨滇查照其餘粵

東委員赴剝隘接運銅斤應需脚費匯筭飯食
共銀壹千壹拾貳兩陸錢捌分玖釐請俟滇省
咨會銅斤運抵剝隘支給委員接運之用除俟
該商配竣鹽斤取具起程日期另行詳咨辦理
外所有鹽銅銀款數目事宜相應詳請察核具
題等由到臣該臣看得粵東寶廣局鼓鑄錢文歲
需滇省銅斤與滇省民食歲需粵鹽向係兩省
委員輪運嗣因彼此隔省委員水陸迭更往往
遲滯經雲貴總督臣伯麟前任兩廣總督臣松
筠雲南巡撫臣孫玉庭前任廣東巡撫臣韓崶
往復咨商請將粵東省應需滇銅由滇省按年
委員運至剝隘地方交廣南府設店收貯先期

咨會粵省委員至剎隘接運回粵至滇省應需
粵鹽粵省按年委員運至百色由百色同知具
報滇省先期委員赴百色接收併查議辦運章
程會摺具
奏接准部覆均如所奏辦理嗣又接准滇省咨開
粵省需用滇省萬寶金釵兩廠滇銅自嘉慶拾
伍年分銅斤起即令該兩廠員運抵剎隘交收
續因粵省官辦滇鹽灘河險阻委員素不熟悉
以致延運稽遲又經前督臣阮元具摺
奏准改交百色埠商帶運試辦其應需價腳等銀
准其照向例支銷司事巡丁工火亦准其將向
給委員廉工盤費改撥等因俱經轉行遵照嗣

據百色埠商游順程將埠務供與李樹德接辦
議明例年爲期所有例年期内滇鹽係自道光
柒年應運嘉慶貳拾貳年分滇鹽起至道光拾
肆年應運道光肆年分滇鹽止即責成百色埠
供商李樹德代運嗣又代運期滿業經前督臣
盧坤咨明仍令原商游順程接辦自道光拾伍
年應運伍年分滇鹽起至貳拾肆年應運拾肆
年分滇鹽止拾年爲期以資熟手各在案茲據
署理廣東布政使喬用遷會同署理兩廣鹽運
使王篤署理廣東督糧道洪錫豫詳稱除滇省
應需道光玖年鹽斤及粵省應需道光拾玖年
銅斤價脚銀兩經詳奉

題准動撥外，茲屆粵東省應運道光拾年分鹽斤
赴百色及雲南省應運道光貳拾年分銅斤赴
剝隘僱百色埠商游順程禀請領銀開配帶運
滇鹽。查滇省道光拾年分應買廣南、寶寧貳府
縣正額鹽壹百壹拾萬斤，計應加耗鹽貳拾萬
伍千叁百叁拾叁斤捌兩，正耗共鹽壹百叁拾
萬伍千叁百叁拾叁斤捌兩，每包壹百伍拾斤，
該大包捌千柒百貳包叁拾叁斤捌兩，每包價
銀叁錢陸分伍釐，內扣還蒲包價銀壹分貳釐
自行備用外，該鹽價銀叁千柒拾壹兩捌錢捌
分伍釐，平頭銀貳拾伍兩壹錢陸釐，買備蒲包
貳萬陸千伍百伍拾叁個，每個價銀貳分肆釐

共銀陸百叁拾柒兩貳錢柒分貳釐在粵裝捆
小包鹽貳萬壹千玖百肆拾包每拾包給工價
銀壹分伍釐共銀叁拾貳兩玖錢壹分又自廣
東運至百色除耗鹽不給水脚外計正鹽柒千
叁百叁拾叁包伍拾斤每包給水脚銀肆錢捌
分陸釐共給水脚銀叁千伍百陸拾肆兩買針
稱壹杆價銀壹兩肆錢布旗價銀壹兩貳錢鹽
商司事工火盤費等項照向給委員廉工盤費
銀肆百伍拾兩改撥又自廣東運至百色雇募
運丁以及在百色交鹽雇募稱手照向例酌給
銀玖拾肆兩伍錢以上通共需銀柒千捌百柒
拾捌兩貳錢柒分叁釐均在粵省應還滇省銅

本案內分別移抵支給俟辦竣回粵之日再行據實核明如有不敷另行找給又滇省歷年委員辦運鹽斤船至百色每多折耗不敷無從追補俱准令委員船户自備本腳加買備耗稱頭等項鹽斤運至百色除補船户滷耗外餘鹽交埠發賣以歸本腳今埠商遊順程帶運正鹽壹百壹拾萬斤核計應准令自備本腳帶買耗鹽肆萬捌千玖百伍拾斤稱頭鹽壹萬貳千叁百柒拾貳斤拾貳兩捌錢船户帶買耗鹽陸萬伍拾斤拾貳兩陸錢應請飭令埠商船户自備本腳照買遵辦不得額外多買私帶至粵東省道光貳拾年分應採買萬寶廠正銅壹拾萬壹千

貳百貳拾柒斤每百斤給補色銅伍斤該補色銅伍千陸拾壹斤伍兩陸錢另每百斤外給餘銅壹斤該餘銅壹千壹拾貳斤肆兩叁錢貳分除補色餘銅毋庸給價外其正銅壹拾萬壹千貳百貳拾柒斤每百斤價銀壹拾壹兩共銀壹萬壹千壹百叁拾肆兩玖錢柒分又正餘補色共銅壹拾萬柒千叁百斤玖兩玖錢貳分自雲南省運至竹園村給運脚銀捌百伍拾捌兩肆錢伍釐自竹園村至剝隘給運脚銀貳千貳百壹拾捌兩壹錢壹分捌釐係廠員運交毋庸開支官役飯食盤費以上由滇省墊發報銷其自剝隘運至百色給水脚銀捌拾伍兩捌錢肆分

又自百色運回粵東給水脚銀肆百肆兩柒錢玖分貳釐又每銅壹百陸拾斤用筐簍木牌壹對共給價銀壹拾叁兩肆錢貳分又粵東委官壹員每日給飯食銀貳錢跟役陸名每名每日給飯食銀叁分捌釐柒毫自粵東省起程之日起至運銅回粵止酌給飯食銀壹百兩其有餘不足辦竣核實報銷又官役脚費照程站計算酌給銀伍拾叁兩柒分玖釐又採買金釵廠正銅伍萬陸百壹拾叁斤每百斤加補色銅貳拾叁斤該補色銅壹萬壹千陸百肆拾斤拾伍兩捌錢肆分另每百斤外給餘銅壹斤該餘銅伍百陸斤貳兩捌分除補色餘銅毋庸給價外其

正銅伍萬陸百壹拾叁斤每百斤價銀玖兩共
銀肆千伍百伍拾伍兩壹錢柒分又正餘補色
共銅陸萬貳千柒百陸拾斤壹兩玖錢貳分自
蒙自縣運至剝隘給運脚銀壹千叁百柒拾捌
兩肆錢陸分叁釐以上由滇省墊發報銷共自
剝隘運至百色給水脚銀伍拾兩貳錢捌釐又
自百色運回粵東給水脚銀貳百叁拾陸兩柒
錢陸分叁釐又每銅壹百陸拾斤用筐簍木牌
壹對共給價銀柒兩捌錢肆分又委官壹員半
支飯食銀兩已於辦運萬寶廠銅斤項下支銷
毋庸再給其廣東跟役叁名自粵東省起程之
日起至運銅回粵止酌給飯食銀叁拾兩其有

餘不足俟辦竣核實報銷又官役脚費照程站
計算酌給銀叁拾兩柒錢肆分柒釐以上通計
辦運萬寳金釵貳廠銅斤共需價脚等銀貳萬
壹千壹百伍拾柒兩捌錢壹分伍釐應請在於
徵存道光拾玖年地丁銀内扣留動支内應還
滇省銅本運脚銀貳萬壹百肆拾伍兩壹錢貳
分陸釐除將滇省鹽價蒲包脚費飯食等銀柒
千捌百柒拾捌兩貳錢柒分叁釐抵充外尚應
還滇省銅本運脚銀壹萬貳千貳百陸拾陸兩
捌錢伍分叁釐俟鹽銅各案辦竣報銷有無找
給另行核實聲明入季報撥咨滇查照其餘粵
東委員赴剝隘接運銅斤應需脚費筐簍飯食

共銀壹千壹拾貳兩陸錢捌分玖釐請俟滇省
咨會銅斤運抵剝隘支給委員接運之用除俟
該商配竣鹽斤取具起程日期另行詳咨辦理
外所有鹽銅銀款數目事宜相應詳請察核具
題等由前來臣覆核無異除揭報部科查核外臣
謹會同廣東巡撫臣怡良合詞具
題伏乞
皇上聖鑒敕部查照施行謹會
題請
旨

兩廣總督林則徐題本 題報應運道光二十年滇銅及道光十年粵鹽各費互抵銀數

道光二十年五月初二日

道光[illegible]等處地方軍務兼理糧餉臣林則徐

兵部尚書兼都察院右都御史總督廣東廣西等處地方軍務兼理糧餉臣林則徐謹
題爲遵
旨議奏事。該臣看得粵東寶廣局鼓鑄錢文歲需滇省
銅斤，與滇省民食歲需粵鹽，向係兩省委員輸
運。嗣因隔省委員水陸迭更，往往遲滯，經
總督臣伯麟、前任兩廣總督臣松筠、雲南巡撫
臣孫玉庭、前任廣東巡撫臣韓崶往復咨商，請
將粵東省應需滇銅由滇省按年委員運至剝
隘地方，交廣南府設店收貯，先期咨會粵省委
員至剝隘接運回粵；至滇省應需粵鹽，粵省按
年委員運至百色，由百色同知具報滇省，先期
委員赴百色接收。併查議辦運章程，會摺具
奏。
接准部覆，均如所奏辦理。嗣又接准滇省咨開：
粵省需用滇省萬寶、金釵、亰廠滇銅，自嘉慶拾

伍年分銅斤起即令該貳廠員運抵剥隘交收
續因粵省官辦滇鹽灘河險阻委員素不熟悉
以致攙運稽遲又經前督臣阮元具摺
奏准改交百色埠商帶運試辦其應需價脚等銀
准其照向例支銷司事巡丁工火亦准其將向
給委員廠工盤費改撥等因俱經轉行遵照嗣
據百色埠商游順程將埠務供與李樹德接辦
議明捌年爲期所有捌年期内滇鹽自道光柒
年應運嘉慶貳拾貳年分滇鹽起至道光拾肆
年應運道光肆年分滇鹽止即責成百色埠供
商李樹德代運嗣又代運期滿經前督臣盧坤
咨明仍令原商游順程接辦自道光拾伍年應
運伍年分滇鹽起至貳拾肆年應運拾肆年分
滇鹽止拾年爲期以資熟手在案兹據署理廣
東布政使喬用遷會同署理兩廣鹽運使王篤
署理廣東督糧道洪錫豫詳稱粵東省應運道
光拾年分鹽斤赴百色及雲南省應運道光貳
拾年分銅斤赴剥隘據百色埠商游順程禀請
領銀開配帶運滇鹽查滇省道光拾年分應買
廣南寶寧貳府縣正耗共鹽壹百叁拾萬伍千
叁百叁拾叁斤捌兩共需銀柒千捌百柒拾捌
兩貳錢柒分叁釐均在粵省應還滇省銅本銀
内分別移抵支給至粵東省道光貳拾年分應
採買萬資廠正餘補色共銅壹拾萬柒千叁百
斤玖兩玖錢貳分又採買金釵廠正餘補色共
銅陸萬貳千柒百陸拾斤壹兩玖錢貳分通計
辦運萬資金釵貳廠銅斤共需價脚等銀貳萬
壹千壹百伍拾柒兩捌錢壹分伍釐應請在於

徵存道光拾玖年地丁銀內扣留動支內應還
滇省銅本運腳銀貳萬壹百肆拾伍兩壹錢貳
分陸釐除將滇省鹽價蒲包腳費飯食等銀柒
千捌百柒拾捌兩貳錢柒分叁釐抵兌外尚應
還滇省銅本運腳銀壹萬貳千貳百陸拾陸兩
捌錢伍分叁釐俟鹽銅各案辦竣報銷有無找
給另行核實聲明入季報撥咨滇查照其餘粵
東委員赴剝隘接運銅斤應需腳費筐簍飯食
共銀壹千壹拾貳兩陸錢捌分玖釐請俟滇省
咨會銅斤運抵剝隘支給委員接運之用所有
鹽銅銀款數目事宜相應詳請具
題等由前來臣覆核無異除揭報部科查核外臣
謹會
題請
旨

上諭 著准洋商捐繳茶葉行用銀兩三年並著林則徐等撙節動用核實支銷

軍機大臣 字寄

兩廣總督林 廣東巡撫怡 傳諭粵海關監督豫堃 道光二十年五月十一日奉

上諭林則徐等奏洋商捐繳銀兩藉供經費一摺廣東查辦鴉片驅逐夷船亟應籌措經費現據洋商伍紹榮等呈請將茶葉一項應得行用銀兩捐繳三年按卯解庫聽候提用等情著即准其捐繳俟年限屆滿由該督等覈明總數奏請恩施此項銀兩著免其造冊報銷該督等務須撙節動用覈實支銷將此諭知林則徐怡良並傳諭豫堃知之欽此遵

旨寄信前來

兩廣總督林則徐等奏摺

請以劉師陸陞補南澳同知

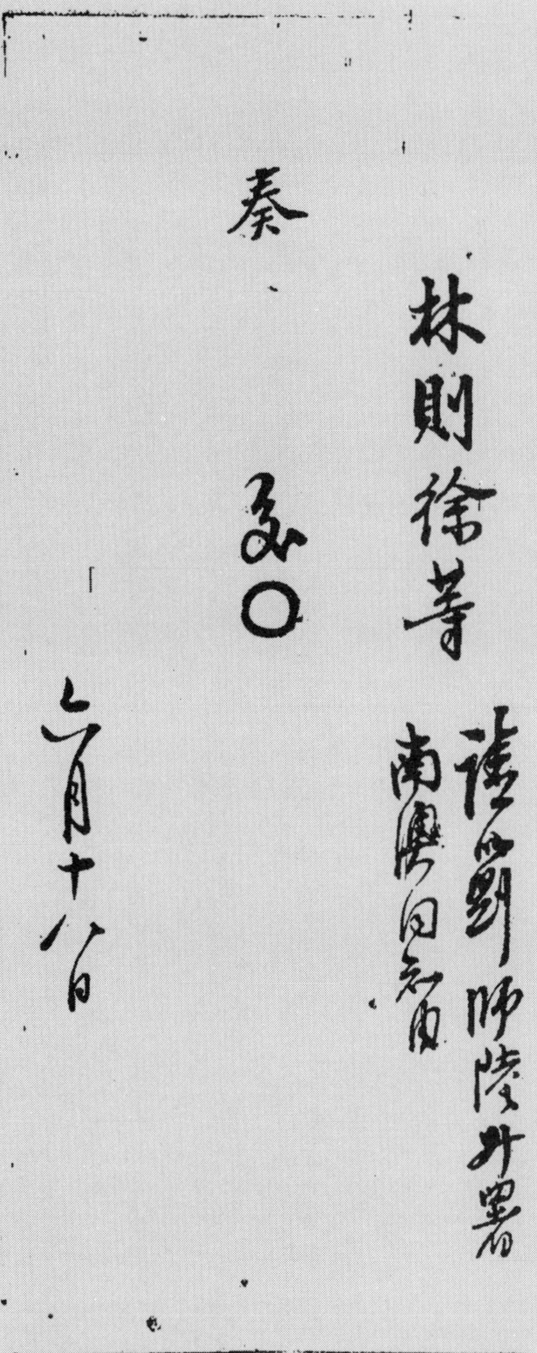

林則徐等

請以劉師陸升署南澳同知

奏○

奏

六月十八日

兩廣總督臣林則徐
廣東巡撫臣怡良 跪

奏為同知要缺需員恭懇

聖恩俯准升補以資治理事竊照升補潮州府南澳同知係

之缺因病出缺業經恭疏

題報聲明所遺南澳同知係沿海繁難要缺例應在外揀

選調補在案查該同知孤懸海外閩粵連疆陸有稽

處之兵民水有往來之商船稽查彈壓事務殷繁

且現當嚴查海口杜絕鴉片之際在在尤關緊要必

得精明幹練之員方克勝任臣等與藩臬兩司于

通省現任及候補同知內逐加遴選非現居要缺

即人地未宜並無堪以調補之員惟查有南海縣知

縣劉師陸年五十七歲山西洪洞縣進士

殿試二甲改翰林院庶吉士散館歸班銓選授清遠
縣知縣道光十五年閏六月初一日到任調補今職十
八年
大計卓異已准部覆尚未給咨引
見該員植品端方辦事誠實歷俸已滿三年于粵閩海
口情形講求素為熟悉以之升補南澳同知要缺實
堪勝任查該員任內有疏防盜案部議降二級留任
又失防監犯越獄于四個月限內拏獲例應革職留
任限一年內開復現尚未屆開復之期但定例升調
要缺一切因公處分皆毋庸計算該員曾經保舉
卓異以上兩案處分均屬公過按例應免計算且人
地實在相需例得專摺

奏請據藩臬兩司會詳前來合無仰懇
聖恩俯念員缺緊要准以該員劉師陸升補南澳同知
洵于沿海要缺有裨如蒙
俞允該員係由知縣請升同知俟部覆到日併案給咨送
部引
見所遺南海縣知縣係衝繁疲難最要缺例應在外揀選
題補容俟另選員請補除將該員已完罰俸各案
造冊送部查核外臣等為要缺需員起見謹合詞
恭摺具
奏伏乞
皇上聖鑒敕部核覆施行謹
奏

道光二十年七月十八日奉

硃批吏部議奏欽此。

五月十三日

兩廣總督林則徐等奏片 **請以劉世淳調署博羅縣知縣崔國政調署石城縣知縣**

知〇

林則徐等片

再，博羅縣知縣熙炳離委解香蠟、錫、膠等項赴

京，所遺博羅縣知縣員缺，查有河源縣知縣劉世

淳老成穩練，堪以調署。又石城縣知縣福隆委

解太平關餉赴

京，所遺石城縣知縣員缺，查

有平遠縣知縣崔國政幹練精詳，堪以調署。

據廣東布政司會詳前來，除分檄飭遵外，臣等謹

合詞附片具

奏，伏乞

聖鑒。謹

奏。

道光二十年六月十八日

兩廣總督林則徐等奏片　請以劉世淳調署博羅縣知縣崔國政調署石城縣知縣

道光二十年五月十三日

硃批　覽　欽此

兩廣總督　五月十三日

兩廣總督林則徐等奏摺　審明洪耀漳等出洋買販鴉片案分別擬辦
道光二十年五月十三日

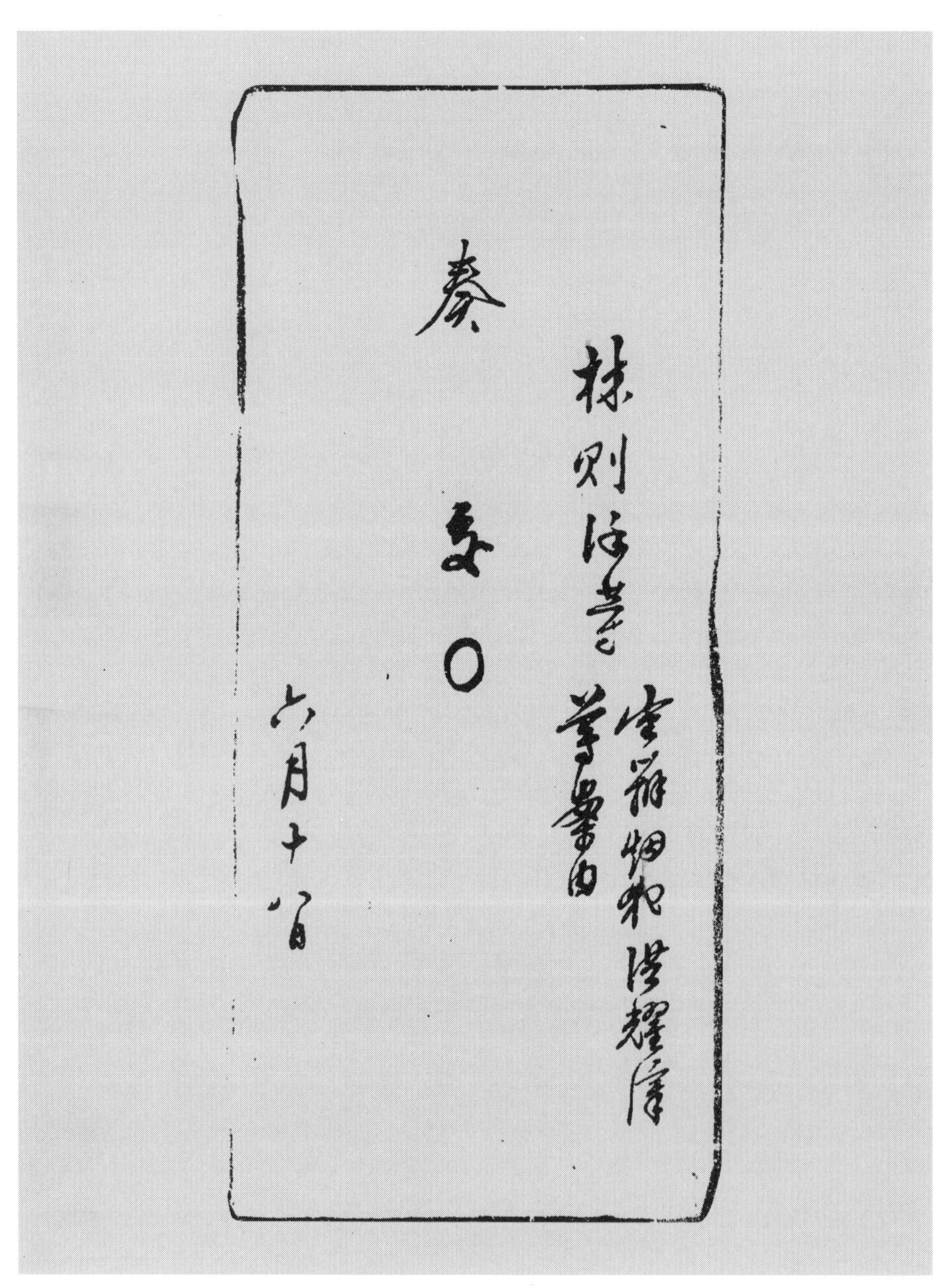
奏
林則徐等
洪耀漳
妥 ○
六月十日

兩廣總督林則徐等奏摺　**審明洪耀漳等出洋買販鴉片案分別擬辦**

兩廣總督林則徐等奏摺　審明洪耀漳等出洋買販鴉片案分別擬辦

道光二十年五月十三日

兩廣總督臣林則徐
廣東巡撫臣怡良跪

奏為審明出洋潛買鴉片入口囤積寄賣各犯分
別擬辦恭摺具奏事竊照廣東省沿海一帶販賣鴉片匪徒均經
臣等嚴密查拏節次奏報
聖鑒在案而嗜利之徒仍難免以身試法且自封港
以後夷船尚在外洋流連觀望以鴉片誘
令奸民潛向買煙節經臣等嚴飭水陸文武實
力查拏不准稍有鬆懈茲據新安縣知縣梁
星源會同營員訪獲奸販洪耀漳洪悅漳洪亞松
三名並起出煙土一百二十三斤八兩又獲奸販李
復勝姚亞林陳亞受何亞佳王李起勝張亞

灶並未起獲烟膏及審訊船隻以上各起共獲人
犯八名先後押解來省經臬司提訊取供發司
委員審辦內李祿勝陳亞發仔姚亞林三犯均
帶病解省於取供後在監因病監故據該府
先後驗訊詳報所有現犯據委員署廣州府知
府余保純等審明會由署廣東按察使陳
嘉樹會同署布政使喬用遷招解前來臣等提
同司道逐一提犯研鞫緣洪耀漳籍隸新安
縣駕船度日道光二十年二月十二日洪耀漳之
表弟洪悅漳來船洪亞松與素識之戴亞亮
走到洪耀漳船內閒談各道生計艱難該犯
洪耀漳談知新安縣屬長沙灣洋面停泊夷船

有鴉片烟土減價發賣起意合本出洋購買回
賣圖獲重利洪蜆漳等偕各應允並邀洪耀漳
暨洪蜆漳洪亞松每人各出本銀一百二十圓共
學言本銀三百六十圓共銀六百二十圓言明所獲利
按股本攤分洪蜆漳洪亞松因畏涉風濤未
往囑托洪耀漳與戴學言即於是日攜本前赴番
銀乘坐不識姓名人蝦笱艇由僻港駛至長沙
灣洋面洪耀漳等遇見嘆咭唎國咪唎夷船商
有素識未獲之香山縣人陳秀珍在該夷船充
當經紀隨用銀六百九十圓託陳秀珍轉向
夷人喇唎買得公班烟土兩個計重一百三十斤
白烟土十包計重三千斤用布袱包裹分攜已

兩廣總督林則徐等奏摺 審明洪耀漳等出洋買販鴉片案分別擬辦
道光二十年五月十三日

艇駛回。於是月十六日，該犯洪耀漳復起意
商同李鵠、洪悅漳、戴學言攜帶番銀，乘坐不
識姓名人蝦笱艇，仍至零丁洋面，託隨夷
船向夷人啲叭買得白班烟土四十簡，計重一百二十
斤，用布包袱裹，分携過艇駛回，將伊所買烟土均
給與戴學言家內收藏，陸續賣與番禺縣
未獲之吳蜆、陳輝、馮耀、戴得記等，得價二千圓
分用，尚存烟土一百三十三斤零，洪耀漳即放自
己艇內。嗣該犯等言事犯法，將艇賣與新
安縣居民，甫至頭角洋面，即經該縣營訪聞差捕，
犯等言恐水匪過，洪耀漳、洪悅漳、洪丹相同
烟土船隻一併被獲。其李鵠、戴勝、陳丹受任姚丹

林亞花將積錢許與李複勝陸續亞受仔
無置小船一隻，搭渡為業。李複勝向雇現獲
之洪亞服務人李起勝在船幫工。現獲之洪亞
灶向亦受雇在洪亞受仔船內服役，每月各得
工錢四百文。道光二十年正月二十七日，李複勝因搖
櫓前行，微聞知長洲灣洋面夷船有鴉片煙土出
賣，起意出洋購買轉賣，告知李起勝，許以每
月給錢工錢，囑令房價李起勝之父商議
識現獲之洪亞林、未獲之唐溜三、印唐洪邀遂
至李複勝告知情由。唐溜三因諳曉夷語，亦允
喜商之洪亞林合夥販賣，搭坐李複勝船隻，
各攜番銀，由??港駛至長洲灣洋面。李起勝

二三

兩廣總督林則徐等奏摺　審明洪耀漳等出洋買販鴉片案分別擬辦

道光二十年五月十三日

與姚亞林在船等候李發勝與唐瓏三走至澳
小門暎唎夷船當張來義素識在該夷船幫
買辦竟之香山縣人張建名韜向夷人暎唎買
洋烟土三個唐瓏三出買烟土二個每個布包裹分
携回船駛回二月十三日唐瓏三復至姚亞林
搭坐李發勝船復由伶港駛至廈門李發勝

向夷人暎唎買得烟土二個唐瓏三買洋烟土一
個那復所買烟土每個分賣與不識姓名人李發勝
賣得番銀九十圓唐瓏三賣得番銀九十六圓與
姚亞林均無分取陳亞受伊一起同李發勝販
烟義利起意商同來義同姓不宗之陳亞姚全
本買販並許加倍分息之張亞灶工錢五百文將令

同往陳亞受任嘗陳亞毓共出番銀七千二圓李復
勝出本銀八十圓與陳亞受任嘗約于二月二十
一日自坐船均由仰港駛至長沙灣洋面
走至嘆咭唎夷船李復勝向夷人買得烟土五箇
並買得烟土三箇以資陳亞受任嘗託出夷船
幫看話見委御未郎三王山路人黃亞英
轉向該夷人嘆咭唎買得烟土三箇各自分頭包裹
引攏回船開行李復勝駛至馬蹄灣角洋面陳
亞受任嘗陳亞毓駛至銅鼓上灘洋面即往該
處等詢買及捕陳亞毓攏岸携帶烟土逃逸
李復勝將烟土丟棄落海李復勝與亞林陳
亞受任嘗李起勝張亞灶先後均經拿獲起出李

復勝烟膏分給剩賣銀五圓亦係亞受代給剩
賣銀六圓同小船二隻一併給當此又李復勝將
交亞受代為自起意出洋潛買烟土之實情也
前與為嚴拏洪耀漳等一起業經研鞫據各供
認前情不諱該員等覆加研訊不法外另有
夥黨隱匿迴避就情事查例載
沿海奸徒勾通外夷潛買鴉片烟土入口囤積
發賣圖利一經審實首犯即擬斬立決奏請
王命先行正法傳首海口地方示衆為從擬絞
監候其夥船隻入口交易載現貨之犯擬遣者為
首往寄寓人指引者擬即係從犯決減死廣
監候待質各等語現值查辦鴉片之際該犯洪

耀漳李發勝陳亞受仔糾夥多人自起意出洋
潛買烟土案屬藐法均應按照新例擬斬以爲首
論新例是以即予審明分晰奏請
王命飭委署按察使陳嘉樹署督標中軍副將
祝秀將洪耀漳一犯綁赴市曹先行正法並飭
將從犯之李發勝陳亞受仔二犯戮屍一併傳
首海口地方照示衆以昭炯戒洪悅洋洪亞松
雖係洪耀漳首服弟姪但祇從洪耀漳合本出
洋販烟流毒未與凡人首從論其祇從唐悅三即
唐建嚴合本販烟之姚亞林均各依爲從擬從
照依例擬從照依新例定決姚亞林按供之
三唐悅三起意爲首糾夥李發勝指張雄豐將

未曾獲案處洸三犯某母應發遣者請先決從罪者
斬監候、待質之病故者毋庸議。李起勝、張亞
灶二犯因知人貪買隨同在店售買鴉片，例內無
各作何治罪明文，應比照爲從引私鹽本犯
罪應滿流，在獄轉之犯律應杖八十徒二年
計減本犯罪一等，李起勝、陳亞灶應各於本犯
李禎勝於本犯罪上減二等，杖一百徒三年，到配折
責。西買得煙洪耀漳、李起勝據供被老丁邱居
漳係醫從各本販買私鴉，不准少爲李起
勝罪以擬徒，並分別辦理販煙船，應俟
解港後越出洋守候，奏請免其李禎勝
係亞林常病故刑部人等

淩雲情贓亦無庸議監禁限滿仍免開起義
烟土烟膏業經燒燬書本并及安便之贓烟
房屋查封入官各犯隨受賣烟錢兩飭令該縣勒
追一併入官免犯大學士處嚴三等要律稱叙
另詰犯係該處房等號叙容久立訊失察所
永免請免予開報俟備錄供招咨部外所有
審明辦理緣由以等謹合詞恭摺具
奏伏乞
皇上聖鑒敕部核覆施行謹
奏
道光二十年五月十三日
硃批刑部議奏欽此

兩廣總督林則徐等奏摺 審明洪耀漳等出洋買販鴉片案分別擬辦
道光二十年五月十三日

軍機大臣穆彰阿等奏摺

林則徐奏請將烟販船貨給賞拏獲之人尚無窒礙產業應毋庸議

臣穆彰阿臣潘世恩臣王鼎臣隆文臣何汝霖跪

奏為遵

旨議奏事本月二十五日兩廣總督林則徐奏請將窩販烟土人犯船貨產業分別給賞拏獲之人

等語奉

硃批軍機大臣議奏欽此臣等查新例開設窯口烟館興販之本犯與知情受雇之船戶業主其房屋船隻一律入官上年六月浙江巡撫烏爾恭額奏籌禁浙省洋烟章程摺內比照米穀出洋之例請嗣後守口兵弁拏獲商漁船隻成箱烟土將船及貨一半賞給首獲之人餘貨分賞同查之人又稱海船偷帶烟土舟人行户首告者

軍機大臣穆彰阿等奏摺 林則徐奏請將烟販船貨給賞拏獲之人尚無窒礙產業應毋庸議 道光二十年五月十三日

亦將船貨統給舉發之人如貨並不在船係由
水手中途偷帶者將貨給還原主仍將船隻賞
給首告等語經臣等奉
旨覈議以員弁兵役本有稽查之責舟人行戶亦應
舉發之人雖新例所無而推廣例意尚無窒礙
當如該撫所議辦理具奏奉
旨依議欽此今廣東省守口兵弁如能拏獲船舶成
箱烟土并舟人行戶首告者自應一律辦理將
船貨分别賞給惟廣東省海船多於浙江且商
貲較鉅尤宜確審實情嚴杜栽烟誣害之弊是
在該督等飭屬認真稽察俾臻妥善至所稱內
地窩販亦可例推請無論在洋在岸一體照行

軍機大臣穆彰阿等奏摺　林則徐奏請將烟販船貨給賞拏獲之人尚無窒礙産業應毋庸議　道光二十年五月十三日

等語臣等伏思海口船隻隨處有員弁稽查如有栽贓等弊尚屬易於覺察仍須實力巡查按律嚴辦方足以杜弊源若在岸烟土地方遼闊窮鄉僻壤稽察難周儻比照在洋之例竟將房産分別賞給拏獲之人恐奸徒覬覦富民栽烟誣害案牘滋繁不可不防其流弊應請嗣後開設窰口烟館興販之本犯及知情租雇之業主仍照新例將房屋一律入官該督所請將該犯産業分別給賞之處應毋庸議所有臣等遵

旨覈議緣由是否有當伏乞

皇上訓示遵行謹

奏

道光二十年五月十三日奉

旨依議欽此

兩廣總督林則徐奏摺　**核辦控案請追奪醮婦張石氏封典**

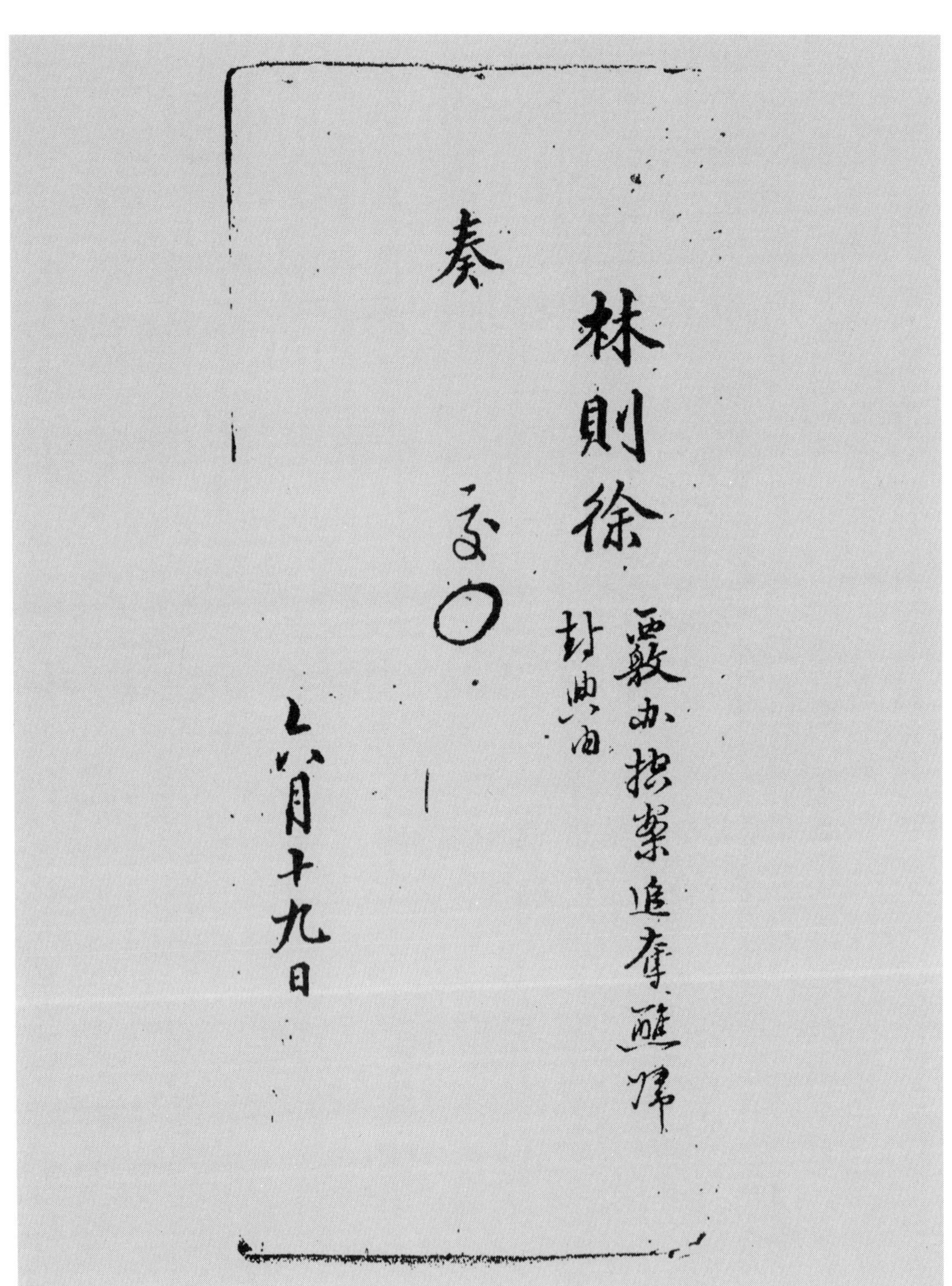

林則徐
嚴辦控案追奪醮婦封典由
奏
六月十九日

兩廣總督林則徐奏摺　核辦控案請追奪醮婦張石氏封典

道光二十年五月十五日

兩廣總督臣林則徐跪

奏為核辦控案查有再醮婦女冒受

封典應行追奪

誥軸以重名器恭摺奏祈

聖鑒事竊照本年二月間有籍隸新會縣寄居南海縣之張石氏赴臣衙門遞呈以伊夫原任福建閩安協副將張保在日曾于嘉慶十五年間將銀二萬八千兩交付職員伍耀南生息置產有書信收單為據道光二年夫故四年該氏自閩回粵上年二月向討被吞控縣未結等情當查張保即係嘉慶年間投誠之洋盜張保仔曾任副將身故其生前果否將銀託人置產被吞自須查有確據方可著追即經批司飭縣

録案申送核辦並因張石氏呈内自稱命婦果否受有
誥封亦須查明以防假冒去後茲據南海縣知縣劉師陸稟
此案據張石氏與伍耀南在縣控訴訊無中證為憑所繳
信單飭令伍耀南當堂寫字核對筆跡迥不相符該
氏現年六十五歲先嫁鄭一為妾夫故之後改嫁與張保
為繼室道光元年曾經請有
封典今請核辦前來臣查張石氏自閩回粵十有六年其夫
張保在日果有交存伍耀南銀二萬八千兩何肯任欠
多年迨始出控且既稱嘉慶十五年交銀置產維
時張保已在廣東省城入伍何難將伍耀南代置
產業之契收回執業而轉任其侵收花息至三十年之
久尤非情理況所執信單乃本案要據經該縣比對筆

跡絶不相符又年中證與前說明係捏造圖詐業已飭
提逆行究詰仍任狡延至張石氏前夫鄭一乃從前
廣東洋盜之渠魁黨夥蔓延橫行海上倖逃顯戮
自伏冥誅張保即張保仔本係逆黨戶幼嗣鄭一爲子
並受安南國僞封鄭一斃後接管幫船所聚大小匪
艇數百隻盜夥數萬人劫掠商民戕傷將士甚衆
逆更有甚于鄭一粵省濱海村莊受其荼毒之慘至
今閭巷傳聞痛心切骨即嘉慶十五年間悔罪乞
誠其中反覆情形亦非一次均有卷案可稽當時在
事諸臣會勸言招亦係爲民蘇困事出權宜現在
逆呈之張石氏即鄭一之妻改適張保以疊作萑
符之眷屬竟濫邀翟茀之光榮是其名節俱虧實

照玷汙章服查命婦夫亡再嫁按律尚應擬罪
追奪所以勵貞操而重名器也今張石氏係再嫁後請
封尤為冒混現尚恃係命婦平控捏詐纏訟不休自應
奪其原請
誥軸送部察收仍將該氏飭族約束稽查庶足以儆奸邪
而維風化臣謹會同廣東巡撫臣怡良恭摺奏
聞伏乞
皇上聖鑒訓示再查張保之子張玉麟曾隨千總現年
二十七歲並未投營亦有被控聚賭之案俟飭審
明虛實另行核辦合併陳明謹
奏
道光二十年五月十五日奉

硃批：依議該部知道。其聚賭之案審明定擬具奏。欽此。

五月十五日

二三 兩廣總督林則徐等奏摺 遵辦連山排瑤人遷居龍水尾小排安業案並籌定稽查章程

道光二十年五月十五日

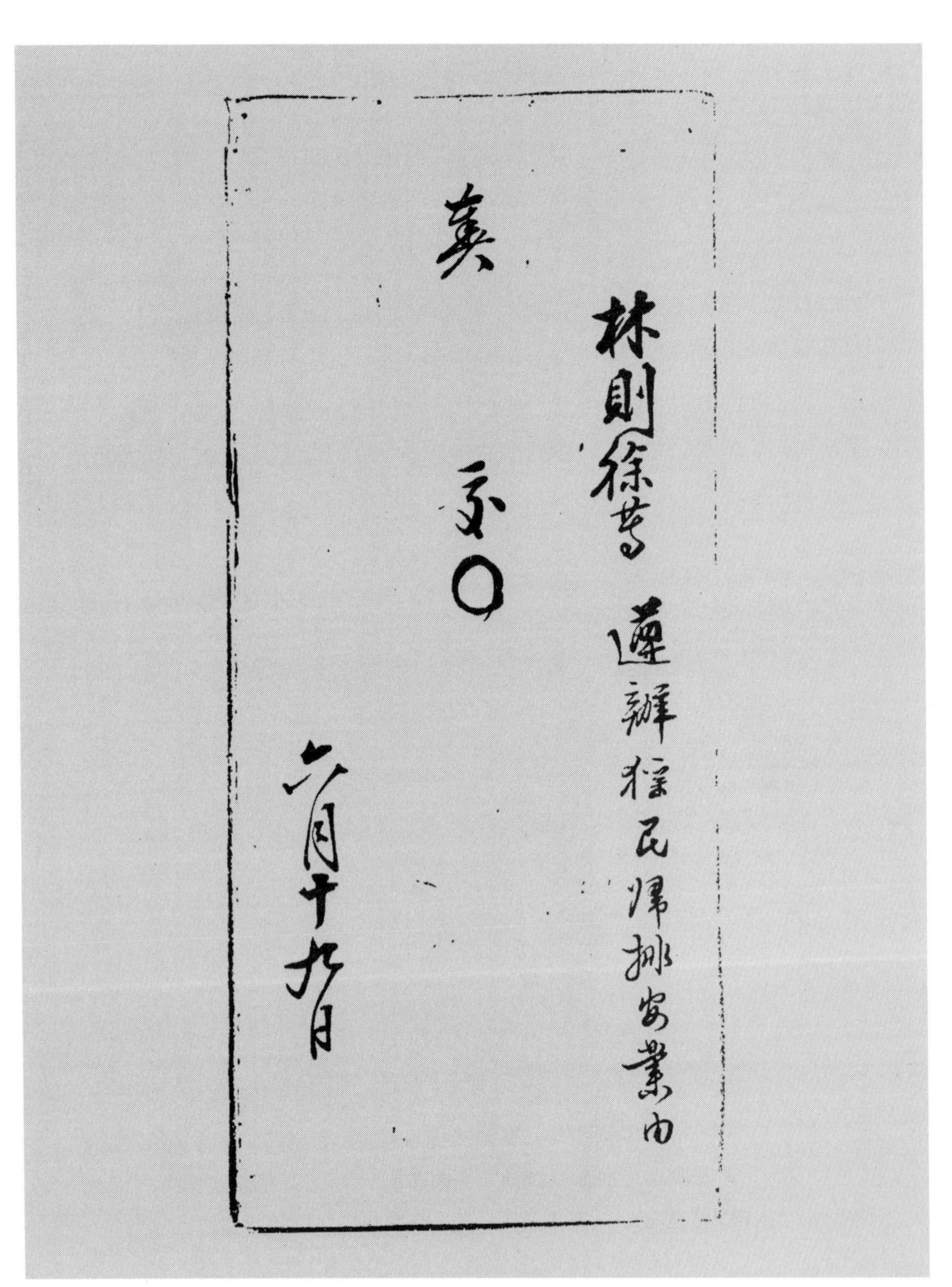
林則徐等 遵辦猺民歸排安業由

奏

示○

六月十九日

兩廣總督林則徐等奏摺 遵辦連山排瑤人遷居龍水尾小排安業案並籌定稽查章程

兩廣總督林則徐等奏摺　遵辦連山排瑤人遷居龍水尾小排安業案並籌定稽查章程　道光二十年五月十五日

兩廣總督臣林則徐
廣東巡撫臣怡良跪
奏為欽遵
批諭陳明猺人遷居安業業已安結並籌定稽
察章程摺奏
奏仰祈
聖鑒事竊照本年五月內臣等訪聞粵東連山
軍寨排內猺民有攜眷遷居情事復飭據該
管文武官員訪獲猺民李金雕二十一因避族
人李狗的等尋釁先攜眷出赴黃皮沖
等處搭寮居住已將寮一概拆毀押回該猺界
內之禾洞大票地移居一面查訊釁端妥為
斷結再令歸排安業等情即經批飭連

安分，先行附片具

奏。欽奉

硃批：先速了辦，結之後明白奏來。欽此。伏查此案於

臣等前次附奏之後，續據署連山綏猺同知

瑞麟等稟稱：緣軍寮排猺李金雕、二萬係李

姓長二房，李狗頭等係李姓二三房，與油嶺排猺之有

仇隙，溯因李狗頭等昔年先長二房之房長李房養

串嗾油嶺猺民擄人勒贖，從中分肥，彼此爭鬭，

並有傷害，當時雖經族眾自行了結，而長二

兩房自此不和，從前力敵勢均，尚只相抗。近因

長房人丁較少，多慮二房尋釁欺凌，是以李金

雕二萬父等眷口出赴黃皮沖雞公山等處搭寮

居住，以冀避地營生，而實則二房之李狗頭等所恨

於安房者亦惟因李老長一人勾串他排与鄉人尚無深怨經該處文武傳集兩房族衆及油嶺排猺人等到案時值陸路提臣郭繼昌校閲連山營伍猶同提督悉心剖析招回令其復歸和好當堂賞給酒肉牛物三道互相承飲情願各釋前嫌出具甘結惟念該猺性悍而慮及後來常此時夙怨雖消而兩房何處同排誠恐日久復有齟齬之處且軍寮土瘠人稠無產本不敷食向來亦許分支調耕綱口另立小排小冲名目茲查有龍水尾小排本自軍寮排李姓現房分出李金雕等素与猺匪相孚現當遷就越之餘令移願往同居不必時姻即隨勘

因龍水尾小排距連山廳城九十里，所住瑤戶無多，田地山場局勢開闊，與民地相離甚遠，於軍寮李撫陽首為罪魁，遂以李金雕二等移住其間，既可永息爭端，亦與居民無涉，當即派弁督率頭目押帶李金雕二等三十四家大小男婦統共一百六名口，於三月十五日前至龍水尾小排安置，察看情形，與舊住瑤眾均各親愛相安，並據結稱，彼此願住，額指不敢滋事，似屬可信。復經該司道籌議章程，嗣後每月散放瑤餉時，飭令該管把總外委按月輪流入排巡查一次，並照舊責成各瑤長、瑤練人等妥為約束，取具實無爭鬧滋事切結，以備考覈。至此次軍

察猺民攜眷出排附近民人咸悉情由並不驚
擾漳杵年從嫗惑與連邑之廣西湖南二省
猺人亦均無私越勾結情事並據署南韶連鎮
趙光璧南韶連道楊九畹署三江協副將陳連
陞署連陽營游擊張其修連州直隸州知州王懋
各禀同前情由署廣東臬司陳家樹會同署鹽司
會同覆覈明確詳請前來臣等正在覈
奏間欽奉前因復查排猺久經歸服固皆洗心
向化而究係獷猺之習難免爭競之端如油嶺排
猺之串生釁端與軍寮排猺之自殘本族先經
該猺族衆自行了結平房已往與附近居民並無
交涉茲據連山同知隨同陳縣移臣訊明詳叙

剴析開釋前猺自應免予深求俾得和睦安糕
民住處溯自康熙四十一年間初平之後原止
以火排二千四小沖歷時既久生齒日繁近已陸續
分居至一百三千餘沖是排界之內就近遷
移自可量予變通隨時設法令李金雕二
等三十四家既與陽居李狗頭等挾有夙猺即
能講釋於一時未必相安於久遠若仍令同排
共處恐致舊怨復萌擬勸就水尾小排堪以栽與
民居並無妨礙似應准如該同知所請聽其遷
往同居俾可傳以資生並免重尋舊釁雖
猺民性多亢悍睚眦小忿動啟爭端今並
防範周嚴並須鎮靜制之庶免生事自當素今該

兩廣總督林則徐等奏摺 遵辦連山排瑤人還居龍水尾小排安業案並籌定稽查章程 道光二十年五月十五日

一 委文武隨時實心接馭按月取結稽查務使
民猺永久胥安以仰副
聖主綏靖邊隅之至意謹將辦結緣由會
旨籌摺具
奏伏乞
皇上聖鑒訓示謹
奏
道光二十年六月十九日奉
硃批覽奏俱悉欽此
五月十五日

兩廣總督林則徐奏摺　拏獲買土大鵬營兵丁並在營吸食各犯請將守備林東榮革審

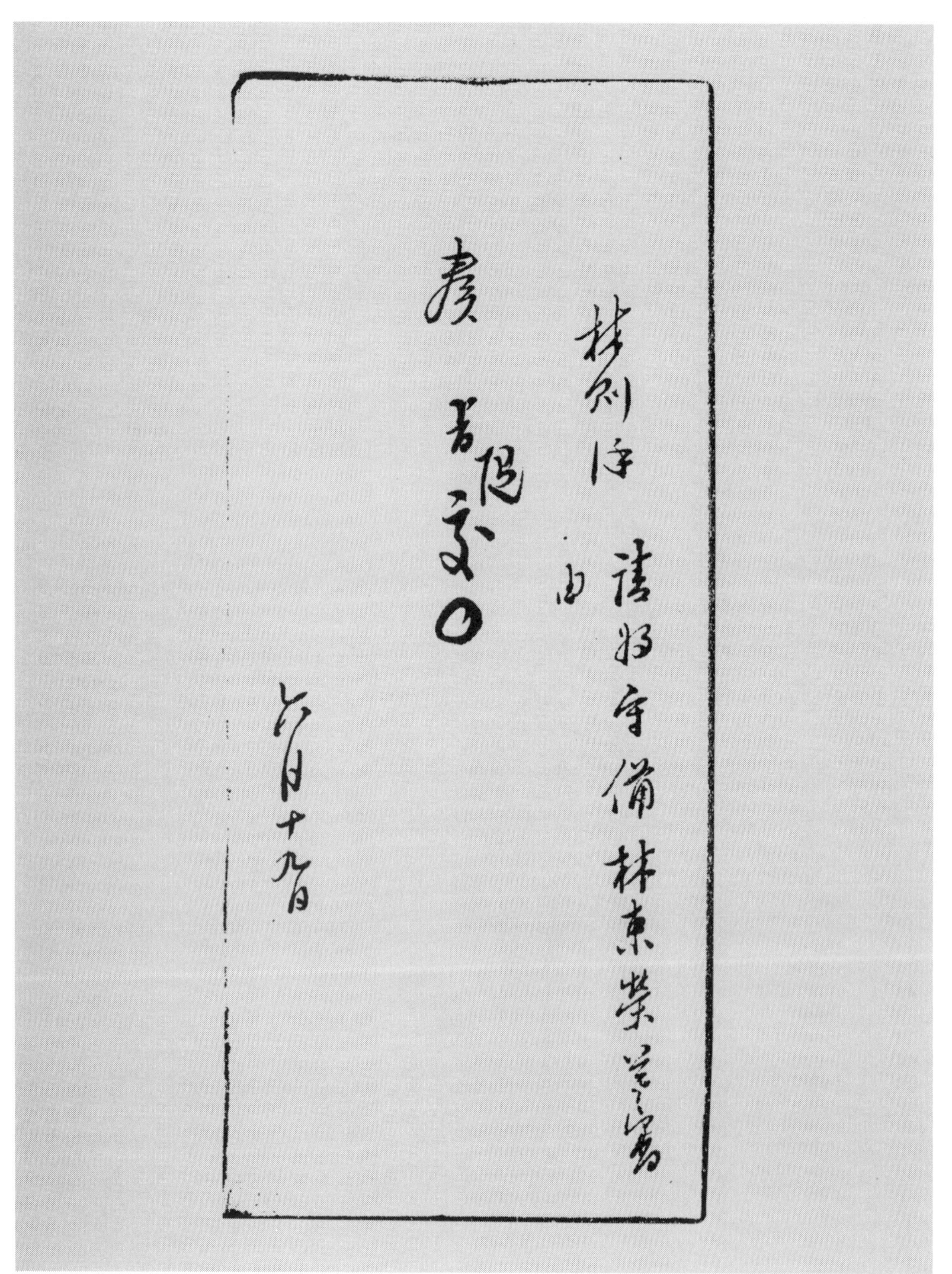

林則徐　由　請將守備林東榮革審

奏

兩廣總督林則徐奏摺　拏獲買土大鵬營兵丁並在營吸食各犯請將守備林東榮革審

道光二十年五月十五日

兩廣總督臣林則徐跪

奏為拏獲私買烟土之兵丁究出營署吸食各犯並該

守備供詞狡展語不近情參摺

奏請

旨革審以昭儆戒事竊照粵省現當嚴禁鴉

片之際民間私買吸食者猶有犯必懲其兵役

兵丁豈容明知故犯以致沿海水師法紀洋汛

習知吸烟嚴重更難保無包攬售私者臣督提

閱兵之時隨時傳加訪察前據新安縣知縣梁星

源等稟獲會同洋面沿海三水縣知縣張起鵾提標左

營遊擊麦廷章等於本年三月二十五日在小漠

海口拿獲大鵬右營遊兵汪起洪列傳幗二名

二三

兩廣總督林則徐奏摺　拏獲買土大鵬營兵丁並在營吸食各犯請將守備林東榮革審

道光二十年五月十五日

搜出烟土三個訊據汪起潮供認出營買給黃
欲送有營該營守備林東榮及老營署之
林然兒及孫三十九圓把該營之父現充該
營字識汪庭槐瞥見烟土汪庭槐轉令代尋
該營遞同劉洸幗爲喚李儀之漢下陳亞雄
尋覓陳亞雄弟同水手羅亞金駕坐自置採
捕魚艇駛赴磨刀外洋遇見素識之廣西有漢
係在紅毛三板船夷船充當舵工有烟土出賣陳同
以三十六圓買烟土三个交與該營等收領分攜
即被東莞縣營拏獲等情將兵丁汪起潮劉洸
幗買烟土及該營之汪庭槐陳亞雄羅亞金
先後解省飭委署陽江劉訊資供與孫大鵬

兩廣總督林則徐奏摺　拏獲買土大鵬營兵丁並在營吸食各犯請將守備林東榮革審　道光二十年五月十五日

相同並究出該等字識陳亞平莫亞盛即莫
雲青陳復興均有吸食鴉片情事當查汪
超漢等所供販買烟土之林照飛何亞英等二人
且究出字識中吸烟者已有三名該等守備林
東榮何以毫無覺察一任凱法等私雅係能諉
守備作何查究亦有吸食鴉片或竟任縱率林
照飛出名販買並照該等字識吸食者不止此數
人私買烟土亦不止以一次均應備底根究即經
密委署廣州協中軍都司張利興押送該
守備林東榮來省併勒提字識陳亞平莫亞
盛即莫雲青陳復興到案復經提同原拏之兵
汪超漢等質究該字識陳亞平等三犯俱各承

兩廣總督林則徐奏摺　拏獲買土大鵬營兵丁並在營吸食各犯請將守備林東榮革審

道光二十年五月十五日

認真查禁吸食，或先已陸續戒除，或脫癮者盡行淨
詰以該處兵弁有無吸食，供吐含糊，查詢該守
備林東榮堅稱並無煙癮，連日在署中點驗
形色亦屬如常，其兵丁所指轉係買煙之林然犯
該守備以伊人之子二月間出署他往，有無託買
煙土伊不知情，殊特守識兵丁係其所屬，不敢
切實指證，並見林然犯尚未拏獲，展其詞
若不嚴切究辦，何以儆官邪而成信讞，應准提
以聞，兹據署大鵬營參將賴恩爵稟請
查辦前來，除逸犯飭緝務獲外，相應據實參
奏請
旨將廣東大鵬營水師守備林東榮革職以便提

同之義無犯者執集來列於伍應以審究是否
並查無識通同買烟吸食並有無別項劣蹟
據實按擬辦理外謹會同廣東撫臣怡良
水師提督臣關天培合詞恭摺具
奏伏乞
皇上聖鑒訓示謹
奏
道光二十年六月十九日奉
硃批
欽此

五月十五

兩廣總督林則徐奏片　廣東藩司熊常錞病故

林則徐片 〇

再廣東藩司熊常錞前因患病蒙

恩賞假兩月期滿未痊經臣等于本年三月二十八日代爲

奏懇開缺調理並請將藩司員缺即

賜簡放在案茲據署藩司喬用遷具報熊常錞醫藥

罔效于五月初五日病故該司有子隨侍在粵除

囑將身後事宜妥加料理外謹附片奏

聞再查藩司出缺例應由驛具奏今熊常錞先經

奏請開缺其遺缺計已奉

旨簡放是以附片差齎未由驛遞合併陳明謹

奏

道光二十年五月九日奉

兩廣總督林則徐奏片 廣東藩司熊常錞病故
道光二十年五月十五日

硃批知道了欽此

兩廣總督

五月十五日

兩廣總督林則徐等奏摺　**磨刀洋外焚剿夷船辦艇擒獲接濟漢奸情形**

林則徐　焚勦夷船辦艇由

奏

○

六月十九日

二三 兩廣總督林則徐等奏摺 磨刀洋外焚剿夷船辦艇擒獲接濟漢奸情形

道光二十年五月十五日

兩廣總督臣林則徐
廣東巡撫臣怡良 跪
奏為欽遵
諭旨嚴密防範暎夷並經設法焚剿夷船辦艇擒獲
接濟漢奸諸犯辦理情形恭摺奏祈
聖鑒事竊臣等前次附片具
奏暎夷逗留外洋常懼火船猝往焚燒並備剪
該國有大幫兵船將至加意嚴防各緣由欽奉
硃批無論虛實總當不事張皇嚴密防範以逸待勞
主客之勢自判彼何能為也勉之欽此仰見我
皇上運籌決勝洞燭夷情臣等跪誦服膺莫名欽
感伏查暎夷近日來船所配兵械較多實仍載運
鴉片探得該國孟阿啦等處夷埠仍私內地辦

兩廣總督林則徐等奏摺 磨刀洋外焚剿夷船辦艇擒獲接濟漢奸情形

道光二十年五月十五日

烟愈緊緝私日嚴而夷埠新舊烟土存積甚多之
不肯棄置是以減價傾售用三板大船滿載而來
而奸夷逆藉以揚言恫喝冀可准其貿易之求
迨見日夜堵截並不為所動其到粵之吐密嗶
啼嘟嚕噎兵船三隻並現在續到之哈吡吐兵船
一隻亦祗在外洋往來游奕此等彼酋指來窺伺
日則隱夜三板分運烟土引誘奸民零星賤賣夜
則抛錨寄碇並招集艇船環護支更瞭望以防
我兵突攻此外別無動靜伏如
臣謹竊念為惟思峻拒嘆夷原為斷絕鴉片乃奸
夷仍私在外洋售賣即奸民必販至內地行銷積
貨何自能清前功尤實實盡棄且該夷詭計百出

竟不憚本銀以誘愚民查近日公班土一箇僅
賣洋錢五六圓較之前年秋冬價減十分之
七並訊據先後獲到烟犯供稱有鵝鴨一隻換
得公班土一箇者並有買至一二次即可向夷人
賒烟者並彼猶欲恃其沿海之漢奸以阻撓禁
令之舉令實屬可惡之極臣等於前次燒燬接
濟匪船二十三隻之後仍嚴飭水陸文武力籌畫
本匪船並設法懲創奸夷固貴防備尤貴周密而
乘機下手搶先四月間據探報有新安縣畢星澳
等扶同茶芥左小濠海邊續燒匪艇四隻並
奪五月又截擊夷船上廚工梁亞次等六名降將所截
潛買烟土各犯併案審辦外一面函商水師提督

兩廣總督林則徐等奏摺　磨刀洋外焚剿夷船辦艇擒獲接濟漢奸情形
道光二十年五月十五日

關天培以夷船最畏焚燒仍惟以所畏者設法
制之隨經關天培委令副將李賢都司馬辰守
備黃琮盧大鉞林大光匯先能事把總潘承
蔡揚雄趙慶鳴鄭閏東及外委盧麟等密受
機宜相度形勢分帶兵勇四百餘名暗伏島澳
並多雇素諳夷語漁民假裝漁夷辦艇作為
內應御手兵謹以分派弁兵防堵五月初九日乘
夜半月明時候將大隊火船移近磨刀外洋夷船原
泊處所佔住上風出其不意火船圍住焚燒並據
民人等假裝辦艇內同時縱出有吧烟夷船上身穿白
衣漢奸持械跳出經外委盧麟揮令水勇方
亞早等奮力格殺四人其餘夷眾連船全行燒

兩廣總督林則徐等奏摺 磨刀洋外焚剿夷船辦艇擒獲接濟漢奸情形

道光二十年五月十五日

燬各將備督率提標清水蔡揚雄趙等乘勢
飛奔（乱）三隊將火箭火罐噴筒等物紛紛拋擲又
將載有烟箱之夷船燒燬一隻另有夷船一隻
掛帆乘火勢揚帆駕逃往夷衆將火撲救先後
延燒大小艇船十一隻又燒燬近岸篷寮九座
其衝突竄逃各夷船彼此撞碰呼喊不絕夷人
帶傷跳水燒斃溺斃及被烟毒迷斃者不計
其數我兵並無被害惟手殺斃吧哩船上夷人
時有水夷二名被夷劍砍傷手膊尚不甚重該
將備等乘火勢分投截擊追艇窮迫有另船一隻
慌忙奔竄者將人船並獲其船內有烟金
烟槍及各種烟具一併起出又有乘艇逃匪

逢[illegible]後由逢澄復逃之犯亦得舉獲計先後[illegible]獲
[illegible]夷亞連等十三名現在則提案審辦此次該漢
奸[illegible]遭禁勒偽[illegible]之船而鄉[illegible][illegible]船上帶有
三[illegible][illegible][illegible][illegible][illegible]亦且該船病斃甚[illegible]者常無以
水受毒患病者多衆似此類經受創者亦甚衆

天朝聖化非公魔愚類所可玩法倘生此再抗不回

帆抑剿漢奸計以等例惟恪遵

批諭不事[illegible]皇恐則以逸待勞信[illegible]反而鎮靜
則相機而動[illegible][illegible]其貪頑一切機謀密之
又密以仰副

聖主訓誨諄諄之至意再[illegible]夷來請貨物恐其私行
寄頓影射臣已[illegible][illegible]等會同粵海關監督

日

豫堃逐一嚴查，即他國貨船中稍有形跡可疑

者，如咪唎㗎國之哎吐一船、吐㖸一船，吕宋國之吻㖸

一船，因查閱該國船牌貨單，譯出漢文，與現船

所載貨物兩未符，令立即逐出，不准進口，飭伊等

隨時加意剔辦，使各國夷人咸知法度嚴明，不

敢希圖朦混，以肅海禁而絕詭謀。所有現辦

情形，謹會同水師提督臣關天培合詞

奏伏乞

皇上聖鑒。謹

奏。

道光二十年六月十九日

硃批：所辦可嘉之至。欽此。

二三

兩廣總督林則徐奏片　查獲弁兵串詐勒索客商審辦情形

道光二十年五月十五日

又〇

林則徐片　又

再粵東河道綿長時有匪徒出沒不得不分遣
兵役駕坐巡船往來梭織而查拏之人難保無
即作弊之人是以屢飭各營嚴查弊竇不准稍
有徇庇茲據署清遠縣知縣黃炳綬三水縣知縣
潘國仁先後稟報有香山縣客民林祐利在該縣
向城買得鐵釘一百五十餘担領有關口稅單
遣夥曾顯揚雇船運赴佛山發賣本年三月
初六日船至清遠縣石基汛面被巡船搬搶鐵釘
一百一十餘担尚存三十餘担初九日船至三水
縣屬江河面復被該汛弁兵搬搶均勒寫失
水字據將領稅單被初次搶鐵船上丟棄河中

兩廣總督林則徐奏片　查獲弁兵串詐勒索客商審辦情形

兩廣總督林則徐奏片　查獲弁兵串詐勒索客商審辦情形
道光二十年五月十五日

經該事主林穗利之兄林積勝呈報該府會
營勘訊通事亞雲亞援及該管將領查明揚振將帆
弁黎祥光歐國泰雲逸彪黃安邦同各汎兵
何得剛甘亨請斥革解省審辦臣當即提訊據
該汎弁兵僉供因清遠黃大灣汎一帶水涵河
寬恐有販私偷漏曾僱線民密加偵探本年三
月初八日線民白亞彪報有客船運載私鐵經
過該汎目兵何得剛甘亨即撥汎船知歐國泰
轉告把總黎祥光帶同三回兩號巡船駕至石
基河面趕赴客船搜獲私鐵起出鐵釘搬入回
號巡船其時客船舵工顯揚被以空言分辯而未
說有稅單迨把總黎祥光趕到詢以無照私

販有何為憑該客戴甫將稅單呈驗該把總始知誤向搜查而四弁巡船已搬有鐵釘七千二百斤先報回營該把總係屬被控告甫將稅單丟棄河中令寫失水字據希圖寬事該客船仍載餘鐵前行其大塘汛外委黃安邦亦因線人誤報帶同本汛及附近各汛兵丁駕船至三水縣胥江河面

守截初九日見該客船經過指為走私搜得鐵釘三十二箱搬載回汛該客戴將原有稅單被大塘汛弁丟棄令寫失水緣由詳晰言明該弁兵亦恐告發令其照寫失水字據船始開行各汛弁所起鐵釘均已賣銀分用是訊據大塘等汛弁兵所供客船經由清遠三水西南石基江河面

先行被搜錢銀之大略情形也。查該客船所劫錢銀，既據有關口税單，自非私販。大鵬營汛弁兵即使先係誤搜，迨見税單，何以不即退還，轉為勒寫字據？且大鵬汛既經搜過，並將人船截留大礦汛，弁兵何得更疑其為走私，將錢銀全行搬載回營？此錢銀[illegible]竟至瓜分[illegible]，明係假巡緝為由，串同搶奪。迨發覺後，始因事主客船趕到，情急匿證，隱匿其情。即無該營守備，亦難保無庇縱情事。現將該遊擊袁善、守備任志雄、署三水營守備事干搶案，犯彰均先撤任，調赴省城備質。其兵等委據暨其犯事之把總瞿祥光、盧廷彪，外委蕭安邦，額外歐國泰、周汛兵何得剛等一併褫革

年糧棧司錢得等一主客勒索串到訛詐研審

確情，按擬照例分別

奏咨外，臣與撫臣暨水陸提臣仍嚴飭各文武於

所屬員弁兵役，要務稽察防閑，如有藉端私擾，

即痛加懲創，以安商旅，而靖地方。謹將查獲弁兵

串詐現在審辦緣由，附片奏

聞，伏乞

聖鑒。謹

奏。

道光二十年六月十九日奉

硃批：所辦是。欽此。

兩廣總督林則徐等奏摺 請以王篤委署廣東臬司王雲錦委署運篆蘇登額兼護道篆

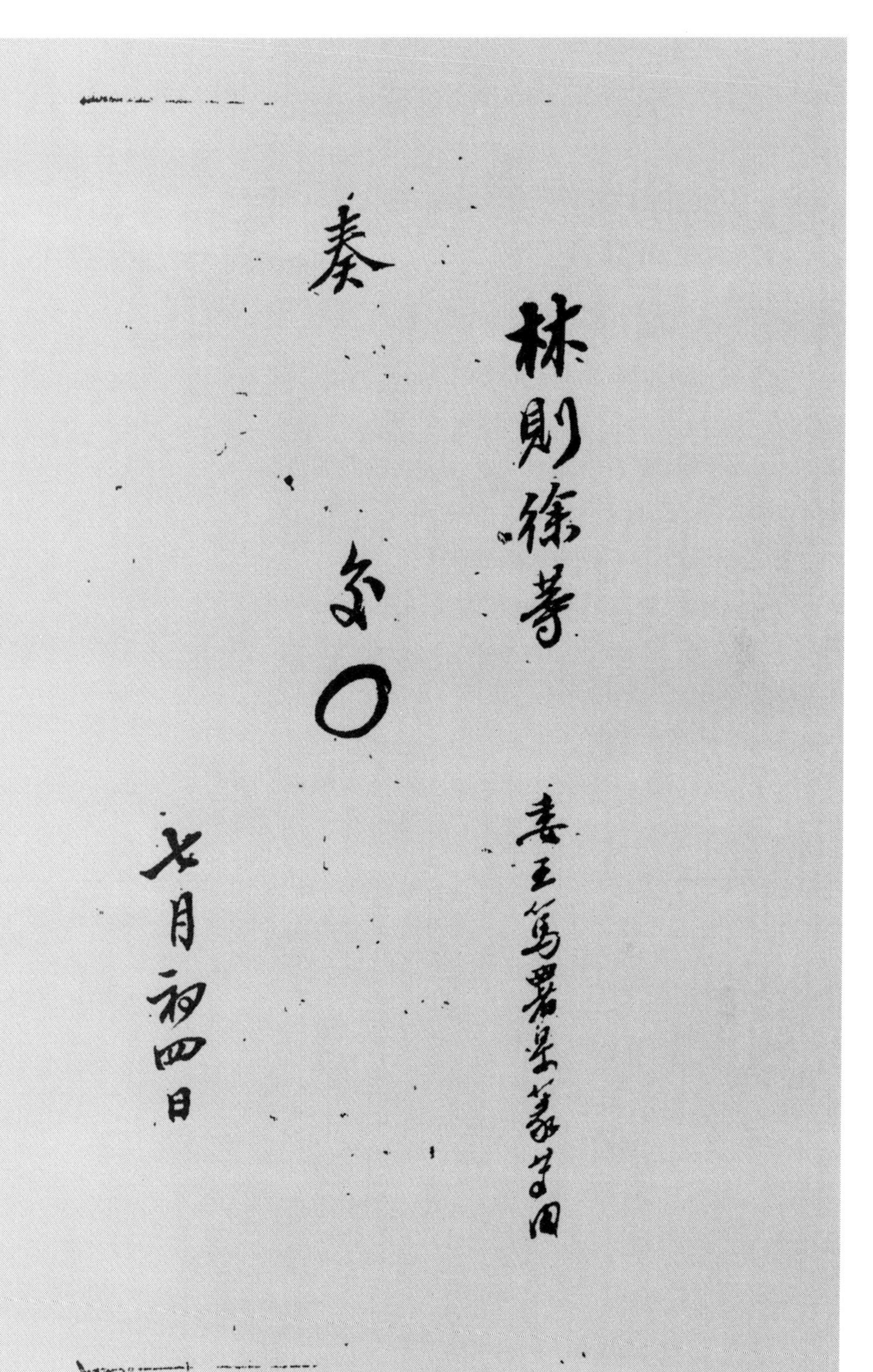

林則徐等

奏王篤署臬篆等由

奏

知〇

七月初四日

兩廣總督林則徐等奏摺 請以王篤委署廣東臬司王雲錦委署運篆蘇登額兼護道篆

道光二十年五月二十五日

兩廣總督臣林則徐
廣東巡撫臣怡良 跪
奏為遴員護司道各篆恭摺奏
聞仰祈
聖鑒事竊臣等承准吏部咨道光二十年四月二十二日奉
上諭山西按察使著陳嘉樹補授等因欽此當即
轉行欽遵查廣東鹽運使陳嘉樹先經臣等
奏委署理臬司篆務現奉
諭旨補授山西臬司已具奏摺恭謝
天恩並委員進京請
訓應即交卸起程迎摺北上臬司暨開遴現署廣
司所遺廣東臬篆應以遴員接署臣等查
現署運司之督糧道王篤才識卓越堪以委署

臬司篆務所遺運篆查肇羅道王雲錦老成
明練堪以委令署理其所遺道篆司務較簡查
肇慶府知府蘇登額近在同城堪以委令兼護
係外補衝道缺理合恭摺具
奏伏乞
皇上聖鑒謹
奏
道光二十年七月初四日奉
硃批知道了欽此
五月二十五日

兩廣總督林則徐等奏片　**王篤委署臬篆既蒙恩擢俟部文到粵再行酌辦**

○硃

林則徐等片

再臣等正在繕摺間接閱邸鈔知糧道王篤業已蒙恩擢授江蘇鹽運使惟部文尚未到粵臣等現經奏委署臬篆現值海疆需人之際容俟准到部文再行酌辦謹合詞繕片附陳伏祈

聖鑒謹

奏

道光二十年七月初四日奉

硃批覽欽此

林則徐等 甄別府廳州摺

奉

旨錄◯ 江

七月初四日

兩廣總督林則徐等奏摺 甄別府廳州縣請分別改撤勒休
道光二十年五月二十五日

兩廣總督林則徐等奏摺　甄別府廳州縣請分別改撤勒休
道光二十年五月二十五日

兩廣總督臣林則徐
廣東巡撫臣怡良跪
奏為甄別府廳州縣請
旨分別改撤勒休以肅吏治仰祈
聖鑒事竊臣等仰蒙
恩畀任封圻首嚴察吏吏貴治理得人方足以收實
效粵東為海疆要地近因嚴禁鴉片防範夷
船尤必擇人而理不容稍有遷就查各屬人員
前經督臣盧坤鄧廷楨撫臣朱桂楨祁𡎴
臣怡良疊次劾奏之後現在尚無貪酷惡劣之
員惟才具未能稱職及年力漸見衰頹者均難
任貽誤茲臣林則徐履任數月與臣怡良細加察
看核此合屬查有廉州府知府文禧精力未充
硃

兩廣總督林則徐等奏摺 甄別府廳州縣請分別改撤勒休
道光二十年五月二十五日

硃
辦事不能明敏，查南雄州知州受昇阿，身為佐貳，
雖則潔己奉公，均屬旗員，應請開缺送部引
硃
見，等候
欽定。又廣州府澳門同知蔣立昂，筆吏文法繁
缺，辦理事務措施如意，前經臣鄧廷楨調署
理佛岡同知印務，該員現署之缺雖甚緊要，而才
識未能周密，應請改簡，仍照例送部引
硃
見。又鶴山縣知縣究通仁，才識迂拘，難勝民社，惟係
硃
進士出身，文理尚優，應請改用教職。又大埔縣知
縣李式典，年逾六旬，精神難期振作，應請勒
令休致。除飭司另委妥員摘印，並查明倉庫
錢糧有無虧短另辦外，所遺廣州府知府缺

古之缺應請

簡放其澳門同知係海疆題調要缺應另遴員請

調建平以及鶴山文昌兩縣缺出者現有應補

人員應請於留粵補官等仍隨時察看如此外

尚有不能稱職者陸續甄別不敢稍事姑容

以期仰副

聖主澄敘官方至意謹會詞恭摺具

奏伏乞

皇上聖鑒訓示謹

奏

道光二十年七月初四日奉

硃批

欽此

五月廿五日

請以熊宗貴陞署廣西義寧協陸路副將

林則徐

請以熊宗貴升署義寧協由

奏

旨 依議

〇

七月初四日

兩廣總督林則徐奏摺　請以熊宗貴陞署廣西義寧協陸路副將

道光二十年五月二十五日

兩廣總督臣林則徐跪

奏為遴議副將要缺需員恭摺奏懇

聖恩俯准陞署以重邊防事竊照廣西義寧協副將

李峯奉

旨補授右江鎮總兵所遺員缺接准部咨仍令於應

陞人員內題補查義寧協副將駐劄龍勝地

方係苗疆要缺煙瘴最重必須才具幹練熟

悉邊情而又能耐煙瘴之員方克勝任粵西參

將共六員係甫經開缺未補及陞補尚未到任

扣除俱應俟來滿二年實歷合例始以題補之

員臣與提臣薛陞詳加揀選惟查有左州營參

將熊宗貴年五十四歲湖南鳳凰廳人由行伍

承襲雲騎尉，依升今職。於道光十八年十二月到
任，該員屢經巡緝，熟悉邊情，精力素強。該
附烟瘴以之升署義寧協副將，更堪勝任。惟應
係未滿二年，與例稍有未符，但人地實在相需
例自奏明專摺
奏請，合無仰懇
聖恩，俯念廣西義寧協陸路副將員缺緊要，准以全
州營參將熊宗貴陞署，如蒙
俞允，該員係陞署之員，雖到
見未滿三年，俟部覆到日，仍應給咨送部引
見扣滿年限，另請實授。其所遺全州營參將係
應選缺，應行由部推補。臣謹會同廣西提督臣

薛陞恭摺具
奏伏乞
皇上聖鑒敕部議覆施行謹
奏
道光二十年七月初四日奉
硃批　欽此
五月二十五日

兩廣總督林則徐等奏摺　審明趙歡洪等在洋迭劫案分別定擬

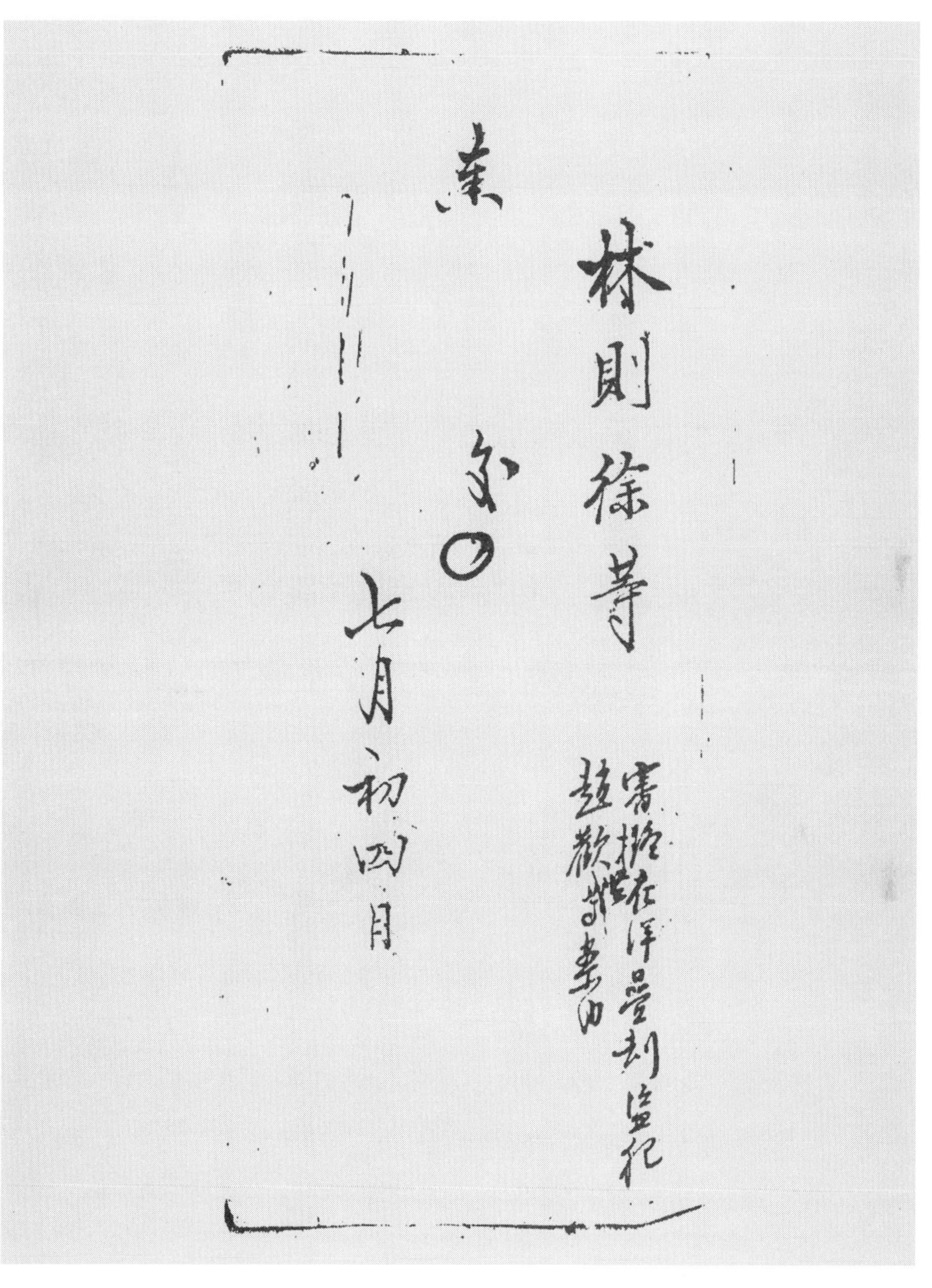
林則徐等

審擬在洋疊劫盜犯
趙歡洪等由

七月初四日

兩廣總督林則徐等奏摺　審明趙歡洪等在洋迭劫案分別定擬
道光二十年五月二十五日

兩廣總督臣林則徐
廣東巡撫臣怡良跪
奏為審明在洋疊劫並被脅接贓各犯分別擬辦
恭摺奏祈
聖鑒事竊照廣東廣海寨游擊布華和會督
弁兵跟蹤拿獲疊次出洋行劫首夥盜犯趙歡
洪等二十一名並起獲礮械贓物救出被擄事主
袁云沮等二人由新寧縣解省經臣林則徐親
提訊據供犯趙歡洪籍隸趙意升夥山共二十五
人先後在江博海陵犂頭嘴各外洋及門頭
河面行劫四次當將獲犯及提訊大概情形
明嚴審緣由先行附片具
奏嗣據臬司具報督同委員詰據該犯趙歡

洪二次打劫受所實係赤鼻墩河面首稱
門頭係屬誤供因夥逃犯尚有伊弟趙亞振一
名先未供及隨飭拏新會縣會督營丁役
弁兵獲解趙亞振並何亞華即何些華歸案質
審案什名以共獲犯人二十三名內吳亞汶林昌得
林亞蕭朱士熊陳亞士要犯旋前供以在監病
故所有現犯據署臬司陳嘉樹督同署廣州
府余保純等審擬詳解前來臣等會同提
犯逐一研訊緣趙歡洪籍隸新會縣與現獲
之黃達勝素識黃達勝置有罟艇一隻創年度
日道光二十年三月初四日趙歡洪起意出洋
劫商允黃達勝出罟艇現獲之何亞華即

以公單出礮械直前攻救受傷黃勝單艇上
之趙亞振及攻救病斃之朱士發陳亞王亞勝
船役文升得攻救之黃亞蔣黃直長林亞得
周亞登鄧亞攏黃亞受陳亞忠區亞轉高經
和譚亞廣黃有世吳亞雞林照得林亞沅攻救
病斃之吳亞汶林渭得林亞萬及在逃之陳亞
發何亞剛鍾昌等一共二十六人於是月初三日由
佛港駛至江海外洋遇見袁云侶等蘇辣船
誤犯趙歡洪與黃亞勝英亞長吳直安林亞得
周亞登鄧亞攏黃亞受陳亞忠區亞轉高經和譚
亞廣黃有世吳亞雞林照得林亞沅吳亞汶林渭
得林亞萬十九人持械過船將事主袁云侶袁

云淩二人綑押船底擄劫番銀五千八百兩衣服
三件何亞華趙亞振朱亞聲陳亞壬陳亞聲何
亞剛鍾昌上六人在船擄贓隨即上岸袁亞汪船
隻仍將該事主等關禁船底除敘衣並令何
亞華等搬過該械贓物過船開行其原乘草艇
當即鑿沉初五日又在迭洋三朵鼻墩河面行
劫劉汪利等船一次非傷事主劉汪利劉
楊氏劉楊看鄧戊漢劉其道六人擄劫生豬
十三隻番銀七千圓銅錢十五包雨衣又在
海陵外洋行劫陳祖培蔴辣船一次擄劫番
銀一百圓銅錢四千文白米十八包初八日又在
黎頭嘴外洋行劫李如發紅頭船一次擄劫

番銀[?]圓、布被二張、衣被二箱，並[?]等物。

此三次行劫之犯，趙歡洪仍與初次同夥之黃達

勝等一共十九人，於械送船內，吳華保、吳聲和、

吳開發、昌玉四人俱在本船接贓，趙吳振、朱士豪、

陳亞玉三人俱在本船瞭望，所劫各贓，衣物、布

疋、貝[?]、豬隻、米石、銀兩，均已俵分食用。十一日

有至舊山洋面同劫，行被兵役追捕，此外並

無另犯別案。嚴鞫不移，案無遁飾。查例載：江

洋行劫大盜，立斬梟示；又洋盜案內接贓二次以

上，斬決梟示；又被脅接贓僅止一次者，發新疆

給官兵為奴，各等語。此案趙歡洪起意糾夥

出洋，罔[?]禁[?]畏，三次行劫，黃達勝、吳魚[?]、蔣黃

真長、林亞得、周亞燈、鄧亞珖、吳亞定、陳亞忠、區
亞勝、高得和、譚亞廣、吳亞世、吳亞雙、林亞得、林
亞伍聽從區船換贓，何亞華聽從林華換贓四
次，以上十七犯，均應照例立斬梟示，情罪重大，未
便稽誅，當將各犯恭請
王命
飭委署廣東按察使陳泰、撫標中軍副將
趙光璧將該犯趙歡洪等綁赴市曹處斬，同應
行戮屍之吳亞伍、林得、林亞鳳一併傳首海口
懸竿示眾，以昭炯戒。趙亞振、何趙歡、洪聰第
只劫後損，應同凡論，該犯與朱士聲、陳亞王訊
已被脅服役，僅在船搖櫓一次，但應照例發
新疆給官兵為奴，左右面分刺清漢文强

盜外，送交守備朱士馨、陳丹生俱已審擬定
毋庸議。失察各盜之文武員弁，俟飭取揭責事主之
但年俊珉煤因被劫擄受分贓銀回家，仍查有
李慶分別處絞匪犯陳丹馨、何亞剛、鍾昌上錦
隨時獲，另該盜艇先已擊沉，轉趙廠械等物
訊過洋船覆溺，搜獲黃黃酣因犯內繇港出洋
口岸查從盜該失事各案，均經疏防限內獲犯
過半，兼獲盜首監斃，盜犯分禁南海、番禺二
縣監，又計不及五名，禁卒人等俱無凌虐情
弊。所有文武失察疏防及管獄有獄
各官，免其開洪獲盜職名，查照部例咨部察
議。除備錄供招送部外，臣等謹合詞恭摺具

東伏乞
皇上聖鑒敕部覆議施行謹
奏
道光二十年七月初四日奉
硃批刑部議奏欽此
五月廿五日

兩廣總督林則徐奏片　**遵諭拏獲廣西思恩縣傳習邪教之徒**

○林則徐片

再臣承准軍機大臣字寄奉

上諭有人奏湖南廣西兩省有傳習邪教斷絕葷腥

煉丹運氣其傳授之書則有性命圭旨刻本證

無極大道思恩民被誘入教迷不悟者不少湖南之寧

遠常寧廣西之平樂柳州傳習尤眾地方官雖出

示嚴禁無[illegible]其[illegible]無從[illegible]未深究根由其傳

業自[illegible]被[illegible]等語前因大學士林則徐被[illegible]

[illegible]維[illegible]所屬[illegible]查[illegible]究收繳書籍[illegible]

自行入教之者[illegible]嚴拏懲辦者寬其既往以[illegible]

悔悟而正人心原摺著林則徐密飭各屬起[illegible]

欽此伏查匪徒傳習邪教造作妖言傳[illegible]惑愚

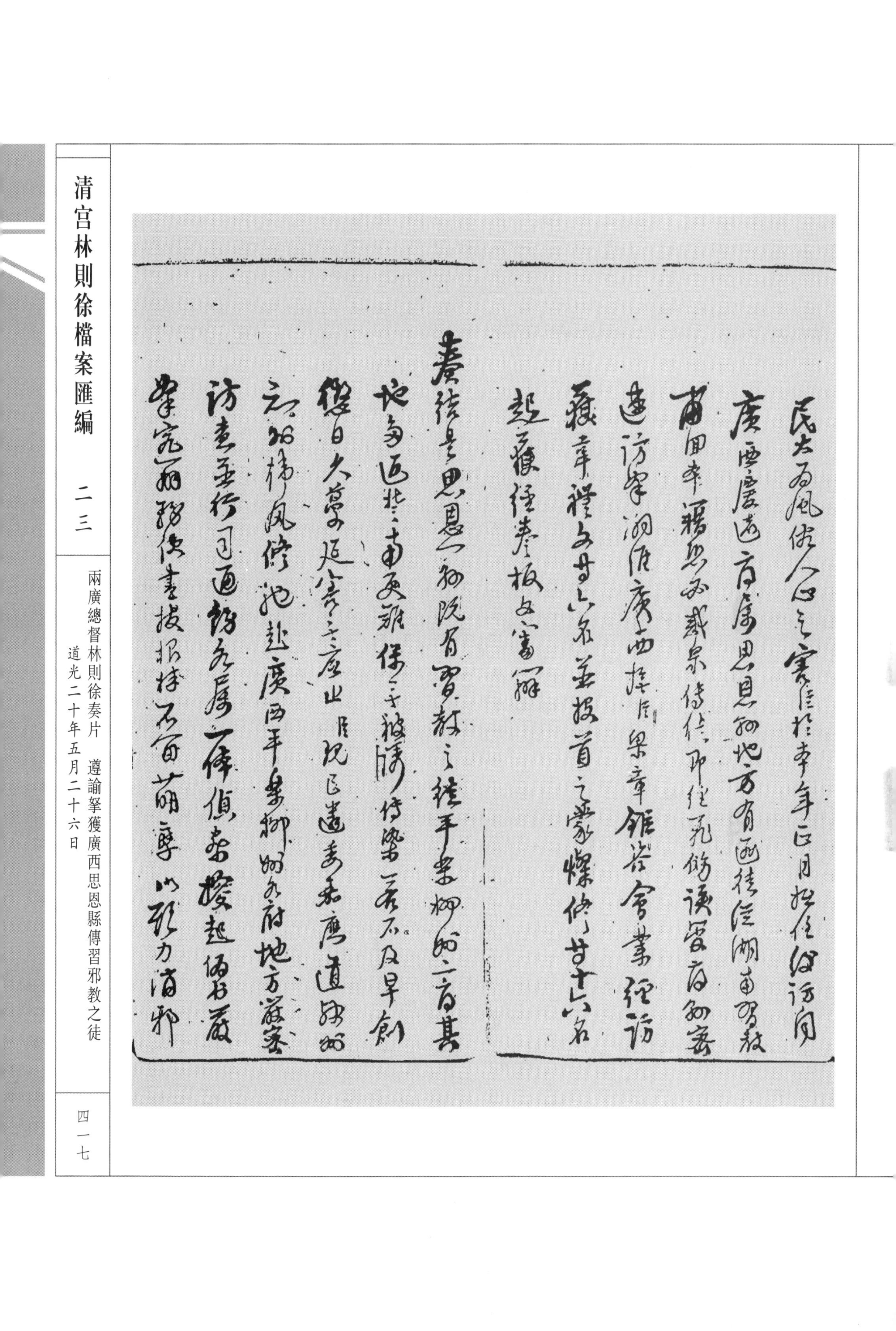

兩廣總督林則徐奏片　遵諭拏獲廣西思恩縣傳習邪教之徒

道光二十年五月二十六日

兩廣總督林則徐奏片　遵諭拏獲廣西思恩縣傳習邪教之徒
道光二十年五月二十六日

恩俾西民安仰副
聖主訓誡周詳除莠安良之至意謹將欽遵辦理緣由
附片先行陳
奏伏乞
聖鑒謹
奏
道光二十年五月二十六日奉
硃批嚴行查辦欽此

兩廣總督
四

兩廣總督林則徐奏片　遵查高州廉州囤販栽種罌粟情形

道光二十年五月二十六日

臣林則徐跪

奏。再承准軍機大臣字寄道光二十年四月初二日

奉

上諭：御史黃贊湯奏洋船販運煙土潛來內地，地方官

查禁不力一摺。據奏廣東廉州府屬合浦縣龍門汛

地方外通瓊海，內地界連高州府屬及廣西鬱

林州屬。海船專載煙土停泊該處，安發信後用漁

船名扒烏艙包運上岸。該縣城外之週家長東

英利各號皆積慣囤販之家，有府書孫亮寅及

該縣內丁周三為之窩藏。又該縣湖廣洞地方栽種

罌粟，知縣王慕寰屢經勸運，知縣韓鳳翔並

未查禁，及後奉旨稽延摘不發，并賣存清頭與張奸商

販運煙土該書吏內丁膽敢勾通包庇實屬不法

至地方栽種罌粟既經該府親查勘並無何州縣

知延擱不發致當查拿鴉片喫煙之時又未嚴

行懲辦此林則徐雖切查從嚴且未毋許稍存

瞻徇姑容以此請看新之說也但查廣東省現當

查拿鴉片罌粟之際斯民之勾通販運必當屬

力清徹其罌粟一業一概熬收即係煙土亦在禁絕

外洋鴉片甚多之惟恐不盡在上年到粵後即

遍查各屬煙販往來踪跡因廣州一郡距省

一千八百里之遙且壤接粵西尤恐穩密偏僻之

瀕海是以屢密加訪查即如御史黃

臻所指合浦欽州龍門等處及潮盧閩或運煙土或

種罌粟之處。臣上年秋間在粵即曾訪有此風聞，會
同前督臣鄧廷楨、撫臣怡良劄委通判沈英前往
查拏，勘諭並飭高州鎮達里保護高廉道
之、高州府王朝綱各自密查。上年稟據沈英
等稱：龍門係屬高州府屬之石城縣境內排蒲
等地方，湖廣洞、廣洞之排一處，地名蓋含大廣山
與之湖西鄉西之大廣山左合浦縣東東北報傳
東漢郡守費貽去官，郡人追送至此，名其
北有六湖，長二千餘里，謊變係高廉往來大道
粵人于路錯綜之處，多照岡稱排洞，實也。石城
縣之龍門河距城一百八十里，係內洋淺水，僅通
漁艇，不能停泊海船，其岸上有磯石一座，距海

員查詢守令弁兵及附近居民均稱未見有海
船烟土運送上岸之事至合浦所屬之大廉六湖
二鄉地方道通衛衙行人所聚該員等履勘該隣
隙田禾豆在在種薯蔬後滿畦隨查無所栽
罌粟麥收不出惟慮有廣湖路隱援兩鄉紳耆逐
肄業生童逐名遍詢並無其所有栽種罌粟顯
甘結惟據該兩鄉紳耆等稟稱二鄉向與接壤之廣西
博白縣人有隙每被造謠誣陷求為詳察等
情並據該鎮道等先後查勘無異取結稟候
至以沿海奸民販運烟土每駕小艇出海攬上夷
船臣不能禁海船之通行而港汊便以沙流水
淺遂使其弊不及至照罌粟花蕊長與無處

兩廣總督林則徐奏片 遵查高州廉州囤販栽種罌粟情形

道光二十年五月二十六日

已於去秋奏奉勸諭拔除私種罌粟，今歲不准播

諭後，經屢飭該管文武隨時認真查辦，並查各

州縣有山坡墟地方與廣西水陸交通之處，尤為緊

要，嚴飭栽禁，偏僻深谷、與廣西接壤一體飭遵在

案。欽奉

諭旨飭將囤販栽種確切查明，臣不敢因已年曾經

訪查稍存大意。且該御史所請將囤積之字

號與邑底之丁書，尤須嚴拿激究，必得公正大員

前往查辦，始可除隱瞞蔽而杜勾通。查肇羅道

王雲錦平日不避嫌怨，臣現已劄委該道即日啟

程由高州馳往廉州，將府書徐志宦、丁周二及周盛

長、朱英、劉名字等積販之人嚴拏[illegible]到案

兩廣總督林則徐奏片 遵查高州廉州囤販栽種罌粟情形

道光二十年五月二十六日

確切密訊一面勘明龍門河夫廣西六湖等處果
否有包運烟土栽種罌粟情弊并查提合浦欽州
卷案明確韓鳳翔如有意存消弭延不稟明
即行會摺由臣
奏請參辦不敢稍有瞻徇姑容致滋貽誤所有
飭屬查辦緣由謹先附片具
奏伏乞
聖鑒謹
奏
道光二十年五月二十六日奉
硃批認真查辦毋受欺矇為要欽此

題報廣西各標鎮協營道光十九年份官兵朋扣騎操馬匹併買馬節省銀兩

兩廣總督林則徐題本 題報廣西各標鎮協營道光十九年份官兵朋扣騎操馬匹併買馬節省銀兩

道光二十年五月二十七日

兵部尚書兼都察院右都御史總督廣東廣西等處地方軍務兼理糧餉臣林則徐謹

題爲請定歲底

奏報以肅馬政事案查嘉慶貳年叁月拾陸日准

兵部咨開嗣後題報驛站朋馬併一切錢糧以及修理站船等本祗將本案緊要錢糧數目由各督撫核實題報其各該司原詳以及條陳酌改並節年例案於司總冊首詳細聲敘毋庸於疏内敘入庶題疏不致冗複而例案不致遺漏相應通行直省各督撫自奉文行之日起一體遵照可也等因歷經遵照辦理在案茲據廣西布政使司布政使王惟誠詳稱廣西省各標鎮協營官兵朋扣騎操馬匹併買馬節省銀兩例

二三

兩廣總督林則徐題本　題報廣西各標鎮協營道光十九年份官兵朋扣騎操馬匹併買馬節省銀兩

道光二十年五月二十七日

應按年造冊報銷今道光拾玖年分陸續准各
標鎮協營查照冊式造報到司查算通省各營
冊開舊管道光拾捌年拾貳月底止朋銀壹萬
叁千壹百肆兩叁錢陸分陸釐內除支給各標
鎮協營共買馬貳百伍拾肆匹動支朋銀肆千
陸拾肆兩尚存朋扣銀玖千肆拾兩叁錢陸分
陸釐賠椿銀無項皮臟銀壹百貳拾柒兩貳項
共銀玖千壹百陸拾柒兩叁錢陸分陸釐內除
解部飯食銀壹百捌拾叁兩叁錢肆分柒釐實
在朋皮共銀捌千玖百捌拾肆兩壹分玖釐已
經造入道光拾玖年秋撥冊內造報候撥在案
新收道光拾玖年正月起至拾貳月底止共朋

兩廣總督林則徐題本　題報廣西各標鎮協營道光十九年份官兵朋扣騎操馬匹併買馬節省銀兩

道光二十年五月二十七日

扣銀壹萬貳千壹百肆拾叁兩柒錢玖分柒釐
賠椿銀無項皮臟銀壹百貳拾柒兩開除陸續
動支各營買補倒斃馬貳百伍拾肆匹照依部
行定價每匹價銀壹拾陸兩共該馬價銀肆千
陸拾肆兩實在朋銀捌千柒拾玖兩柒錢玖分
柒釐賠椿銀無項皮臟銀壹百貳拾柒兩貳項
共銀捌千貳百陸兩柒錢玖分柒釐按每百兩
應解部飯食銀貳兩共銀壹百陸拾肆兩壹錢
叁分陸釐俟有便員批解赴部尚餘實在朋扣
皮臟等銀捌千肆拾貳兩陸錢陸分壹釐遵照
部行扣貯司庫尚有動支朋銀之項俟於兵馬
奏銷案內分晰聲明報部查核聽候撥充兵餉

理合逐一分别管收除在備造朋馬總冊併各
標鎮協營造送朋馬細冊一併詳送察核具
題再照廣西省例報倒馬貳百伍拾肆匹今道光
拾玖年分共實倒馬貳百伍拾肆匹請領價銀
肆千陸拾肆兩内除買馬實用銀肆千肆拾伍
兩柒錢玖分節省銀壹拾捌兩貳錢壹分俱經
解貯司庫遵照定例毋庸另詳請
奏合併聲明等由連冊到臣該臣看得廣西省各
標鎮協營官兵朋扣騎操馬匹併買馬節省銀
兩例應按年造冊
奏銷茲據廣西布政使司布政使王惟誠詳稱廣
西省道光拾玖年分查算通省各營冊開舊管

兩廣總督林則徐題本　題報廣西各標鎮協營道光十九年份官兵朋扣騎操馬匹併買馬節省銀兩

道光二十年五月二十七日

道光拾捌年拾貳月底止朋銀壹萬叁千壹百肆兩叁錢陸分陸釐內除支給各標鎮協營共買馬貳百伍拾肆匹動支朋銀肆千陸拾肆兩尚存朋扣銀玖千肆拾兩叁錢陸分陸釐賠樁銀無項皮臟銀壹百貳拾柒兩貳項共銀玖千壹百陸拾柒兩叁錢陸分陸釐內除解部飯食銀壹百捌拾叁兩叁錢肆分柒釐實在朋扣皮臟共銀捌千玖百捌拾肆兩壹分玖釐已經彙入道光拾玖年秋撥冊內候撥新收道光拾玖年正月起至拾貳月底止共朋扣銀壹萬貳千壹百肆拾叁兩柒錢玖分柒釐賠樁銀無項皮臟銀壹百貳拾柒兩開除陸續動支各營買補

倒斃馬貳百伍拾肆匹照依部行定價每匹價
銀壹拾陸兩共該馬價銀肆千陸拾肆兩實在
朋銀捌千柒拾玖兩柒錢玖分柒釐賠樁銀無
項皮臟銀壹百貳拾柒兩貳項共銀捌千貳百
陸兩柒錢玖分柒釐按每百兩應解部飯食銀
貳兩共銀壹百陸拾肆兩壹錢叁分陸釐俟有
便員批解赴部尚餘實在朋扣皮臟等銀捌千
肆拾貳兩陸錢陸分壹釐遵照部行扣貯司庫
尚有動支朋銀之項俟於兵馬奏銷案內分斷
聲明報部查核聽候撥充兵餉理合逐一分別
管收除在備造朋馬總冊併各標鎮協營造送
朋馬細冊一併詳送察核具

兩廣總督林則徐題本　題報廣西各標鎮協營道光十九年份官兵朋扣騎操馬匹併買馬節省銀兩
道光二十年五月二十七日

題等由前來臣覆核無異再照廣西省例報倒馬
貳百伍拾肆匹今道光拾玖年分共實倒馬貳
百伍拾肆匹請領價銀肆千陸拾肆兩內除買
馬實用銀肆千肆拾伍兩柒錢玖分節省銀壹
拾捌兩貳錢壹分俱經解貯司庫遵照定例毋
庸具
奏合併陳明除冊分送部科道查核外臣謹會同
廣西提督臣薛陞合詞具
題伏乞
皇上聖鑒敕部核覆施行謹會
題請
旨

兩廣總督林則徐題本　題報廣西各標鎮協營道光十九年份官兵朋扣騎操馬匹併買馬節省銀兩

道光二十年五月二十七日

道光貳拾年伍月貳拾柒日兵部尚書兼都察院右都御史總督廣東廣西等處地方軍務兼理糧餉臣林則徐

兵部尚書兼都察院右都御史總督廣東廣西等處地方軍務兼理糧餉臣林則徐謹
題爲請定歲底
奏報以肅馬政事該臣看得廣西省各標鎮協營
官兵朋扣騎操馬匹併買馬節省銀兩例應按
年造冊
奏銷茲據廣西布政使司布政使王惟誠詳稱廣
西省道光拾玖年分各營新收朋扣銀壹萬貳
千壹百肆拾叁兩柒錢玖分柒釐賠椿銀無項
皮臟銀壹百貳拾柒兩開除動支各營買補倒
斃馬貳百伍拾肆匹價銀肆千陸拾肆兩實在

兩廣總督林則徐題本　題報廣西各標鎮協營道光十九年份官兵朋扣騎操馬匹併買馬節省銀兩

道光二十年五月二十七日

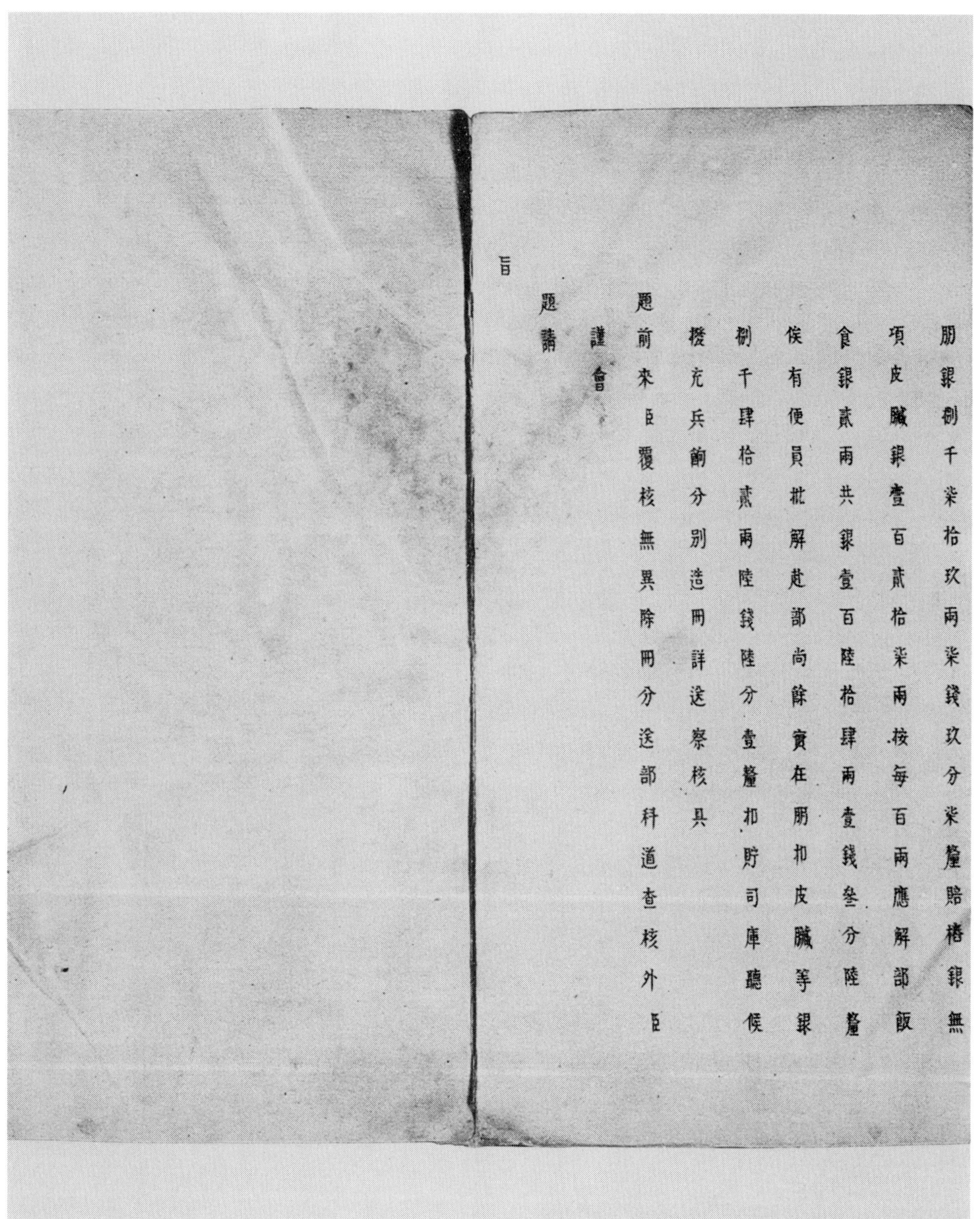

朋銀捌千柒拾玖兩柒錢玖分柒釐賠椿銀無
項皮臟銀壹百貳拾柒兩按每百兩應解部飯
食銀貳兩共銀壹百陸拾肆兩壹錢叁分陸釐
俟有便員批解赴部尚餘實在朋扣皮臟等銀
捌千肆拾貳兩陸錢陸分壹釐扣貯司庫聽候
撥充兵餉分別造冊詳送察核具
題前來臣覆核無異除冊分送部科道查核外臣
謹會
題請
旨

遵旨保舉楊登俊堪勝水師總兵之任

林則徐

保舉副將楊登俊堪勝

水師總兵由

奏

奏○

七月初六日

兩廣總督林則徐奏摺 遵旨保舉楊登俊堪勝水師總兵之任

道光二十年六月初五日

兩廣總督臣林則徐跪

奏爲遵

旨保舉實係堪勝水師總兵之副將恭摺奏祈

聖鑒事竊臣於道光二十年五月二十八日准兵部咨

欽奉

上諭現在記名應用水師總兵人數業經用竣着兩

江閩浙兩廣總督各就水師副將內認真遴選堪

勝總兵者保奏一二員送部引見候朕記名以備簡用

該督等統轄全省營伍平日自當留意真才用儲

干城之選不得以無員可保一奏塞責至所保之

員即着迅速送部引見勿稍稽遲欽此並查廣東

外海水師副將四員內河水師副將一員內

陞署龍門協副將賴恩爵陞補香山協副將劉
天忠俱係甫經奉准尚未引
見現因海防喫緊之員接替均咨明暫緩送部崖州
協副將陳朝元亦係定行引
見之員甫經交卸請咨尚未到省該三員資績雖淺
俱未接見爾不敢遽行列保其澄海協副將李
賢因署水師提標中軍參將隨同提督關天培籌
理防夷事宜尚未赴澄海協本任該員猶謹有
餘而膽識尚須歷練是否堪膺專閫似當隨
時察看惟查有順德協副將楊登俊係福建長
汀縣人由承襲雲騎尉改用水師歷陞閩省參
將於道光十四年十二月奉

旨擢授今職，在任已閱五年。該員現任順德協，雖處內
河水師扼守，而從前在閩由守備、海壇參將均係
外海水師之缺，兼經護理福寧鎮總兵，於洋
面情形素所熟悉。到粵以後，洊荷督臣鄧廷
楨委署陽江鎮總兵印務，辦理裕如。臣深查該
員操守清廉，辦事結實，雖身材近於短小，
而精悍穩練，能服兵心，似足以勝水師專閫之
任。相應恭摺保
奏，并遵
旨迅速送部引
見，恭候
欽定。所有保舉堪勝水師總兵緣由，謹繕摺具

兩廣總督林則徐奏摺　遵旨保舉楊登俊堪勝水師總兵之任
道光二十年六月初五日

奏伏乞
皇上聖鑒謹
奏
道光二十年六月初六日奉
硃批兵部知道欽此
六月初五日

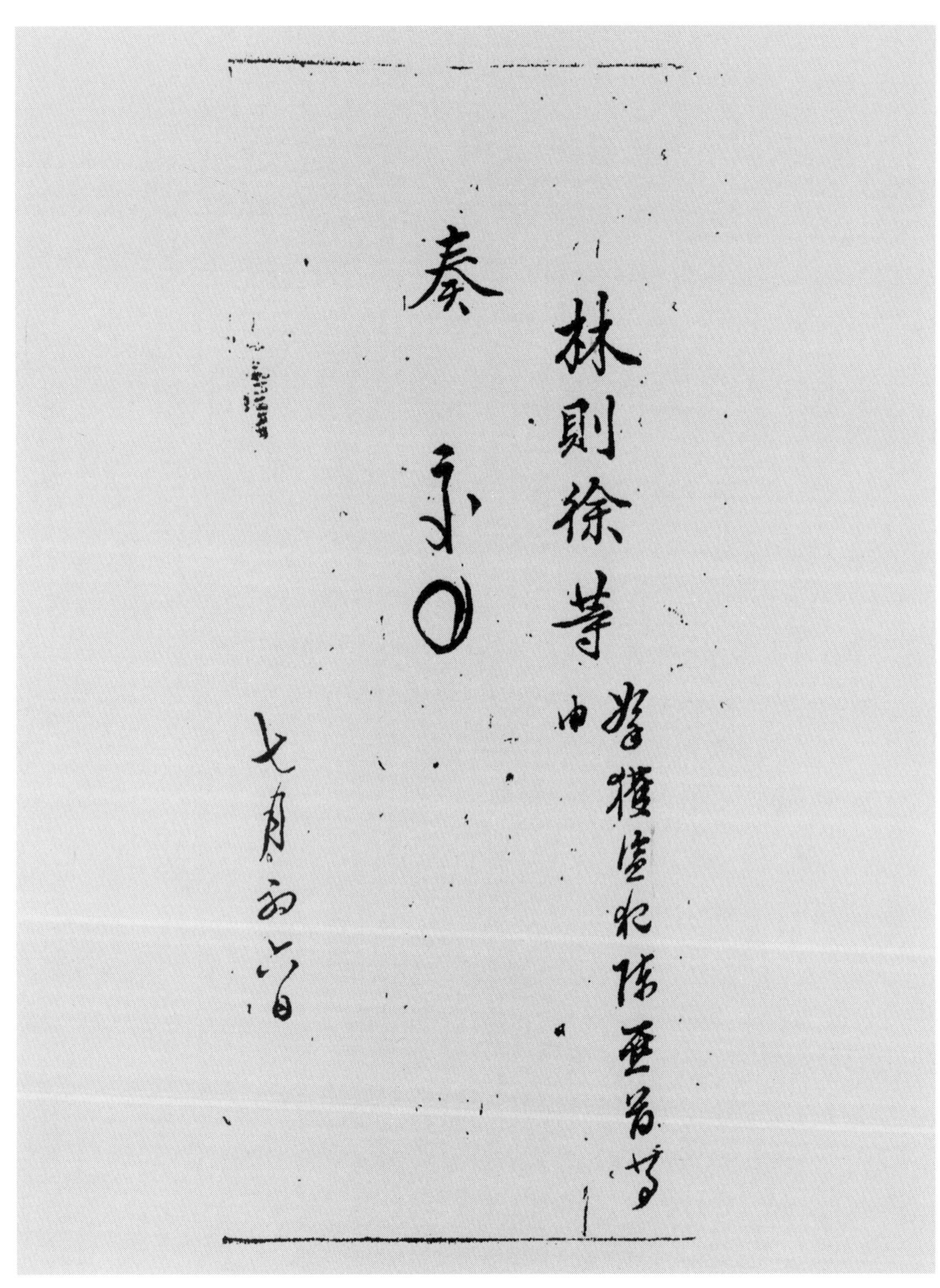
林則徐等

奏

七月初

兩廣總督林則徐等奏摺 拏獲奉旨飭緝劫犯陳亞三等

二三

兩廣總督林則徐等奏摺　拏獲奉旨飭緝劫犯陳亞三等

道光二十年六月初五日

兩廣總督臣林則徐
廣東巡撫臣怡良　跪
奏為拏獲奉
旨飭緝之臣匪並夥劫銀餉各盜犯提訊大概供情
並將審辦緣由恭摺奏
聞仰祈
聖鑒事竊臣粵省襟山濱海盜匪最易潛蹤而省
河上游直達廣西奸宄出沒尤多每致此拏彼
竄若僅通飭海捕不免視爲具文疊經臣等
將著名各犯查明年籍並密訪匪蹤開單剳
飭指拏復遴委專員出赴要隘之區兜擒搗
巢一有拏獲即令解省訊明夥黨立時飭緝以
杜遠颺復查舊卷道光十七年八月間前督臣鄧廷

接函准軍機大臣字寄奉
上諭粵東瀕海素多洋盜現聞有賊首陳亞三賊夥
牛筋亮牛筋二等在新會香山等處劫物擄人着
鄧廷楨等即派委幹員弁嚴密緝拿其函致此
該撫等查明牛筋亮牛筋二並犯飛人等
務獲嚴審辦具
奏其陳亞三一犯屢緝未獲又於道光十九年三月
間廣西撫臣梁章鉅具奏匪犯何營拒捕傷
斃二命奉
上諭廷所奏緝捕不力致匪犯拒捕傷斃二命之廣西
署桂平縣事候補通判向培芳着先行革職留於該
地方協同現任文武員弁上緊嚴緝兇犯何營等

有無弋獲再行照例辦理欽此欽遵通行嚴緝各
在案茲陳亞三何芸二犯更為兇惡臣等督飭
購線偵拏務不准其驚動前據廣東南海縣
知縣劉師陸會同五斗口司巡檢尹益達帶
領兵役丁線拏獲

旨飭緝之賊首陳亞三拏獲並起出贓銀三千兩洋
銀四千三百零五兩羅定直隸州知州秀山等
報派差購線訪得奉

旨飭緝之何芸一犯逃至城房莫村地方當即會營
往拏詎該犯何芸與匪夥黃幅勝持械拒捕經
兵役戳傷何芸右腿立即就獲並獲匪夥黃幅
勝一名時有廣西省咨緝之候補通判向培若派

來丁役一同協緝又據署廣州協副將趙承德
會稟把總黎陞等探聞廣西蒼梧縣地方本
年五月十五日夜有興業縣解省地丁銀兩在河
面被劫之案遺漏未曾緝拏該把總即帶兵
役丁線先後拏獲鄧亞福陳亞成陳亞二羅亞
玉陳亞辛黃亞晚鄧顯晚趙亞四王亞二混
名大蝨姆等八名內有蒼梧縣丁役及梧州把
總唐英一同協拏奪獲艇一隻並究出陳亞成名
下起贓銀二千兩連艇一併解省當查該
有道光二十年興業縣銀兩近姓名買為所解地丁
原銀無疑其查起贓係陳亞三贓銀內亦有人隱
係興業縣傾鎔餉課隨經犯究出陳亞三

何興邦亞裕等夥同劫餉虜賣查陳亞三先與
牛筋亨同夥疊劫自十八年奉
旨飭緝之陳牛筋亨業經就獲而該犯四處潛逃
乃又敢與邦亞裕同在廣西行劫興業縣餉銀
分用此外夥搶供認或自行起意或隨同夥搶
一時不記次數邦亞裕供認起意行劫餉銀
陳亞輝等供認聽從行劫何紫供認去程年物
拒捕傷差並聲係自二人又在東西兩省夥同黃
幅勝並須為匪黃幅勝混名者鬼供認聽從
何紫為匪不諱以上等陳生誘犯陳亞三等均係
積惡積匪日久積諒合之就擒並極確實嚴亦
以示懲創除將各犯黃為隨禁一面飭擊所供

飭屬嚴拏、東西兩省督撫詳覈無異，所有

該犯等實在犯事供款，迅由廣東督撫就近審

員弁懇恩酌擬獎勵外，合將拏獲各犯飭審緣由

先行會同恭摺具

奏伏乞

皇上聖鑒謹

奏

道光二十年七月初二日奉

硃批知道了欽此

六月初五日

奏

林則徐等　請以龔耿光署高州府通判由

兩廣總督林則徐等奏摺　請以龔耿光署理高州府通判

道光二十年六月初六日

兩廣總督林則徐等奏摺　請以龔耿光署理高州府通判

道光二十年六月初六日

兩廣總督臣林則徐跪
廣東巡撫臣怡良
奏為通判員缺緊要恭懇
聖恩俯准揀員署理以裨地方事竊照高州府通判
朱檉因病出缺先經具疏
題報聲明所遺高州府通判員缺緊要留粵
揀員請補在案查高州府通判管轄府屬各州縣緝
捕事宜兼轄查粵海關稅務駐劄梅菉陸路
則地當孔道五方雜處水路則濱臨海口港汊
紛歧現在海口情形因中東兩路查拏鴉片嚴
緊夷船潛移高州一帶西路洋面遊弈當此
杜絕夷船售私之際誠恐漁船蛋艇勾結奸
人接濟販運必須隨時嚴查防範非熟悉海口兼諳

要務之員經理難期周匝粵省現有委用道判
一員試用通判三員臣等與藩臬兩司因地方
緊要再四籌商遍加遴選查有試用通判龔
耿光年三十六歲福建閩縣人由監生遵酌增
常例捐納通判分發廣東試用道光八年十一
月二十一日到省後遵籌備餉例捐過班分發留
省補用歷署瓊州府海防同知佛岡直隸
同知並隆萬通判等事均無貽誤上年臣林則徐
到粵辦理夷務該員於各處多事之件無不實力辦
理本年保奏籌辦夷務出力員弁案內奏奉
上諭試用通判龔耿光著補缺後以知州陞用欽此該
員老成勤幹辦事認真在粵十有餘年於海

要缺，相需熟悉，以之請署高州府通判，實堪
勝任。惟該員係試用人員，請署病故遺缺，與例
稍有未符，但人地實在相需，例得專摺
奏請。且查道光九年，向有廣州府廣寧通判出
缺，亦係病故所遺，例應歸選，因地方緊要，經前督
臣李鴻賓會同前撫臣盧坤
奏明以委用通判盧殷楠請補，欽奉
諭旨允准在案。今以試用人員請署病故所遺選缺，
核與前案情形相同，據藩司等會詳前來，合
無仰懇
聖恩俯念員缺緊要，准以試用通判龔耿光署理高
州府通判，以裨地方。如蒙

俞允該員係試用通判請署通判衔缺相當毋庸送
部引
見仍俟扣滿年限另請實授臣等爲慎重要缺因地
擇人起見謹會同恭摺具
奏伏乞
皇上聖鑒敕部核覆施行謹
奏
道光二十年七月十日奉
硃批吏部議奏欽此
六月初六日

兩廣總督林則徐等奏摺　**廣東省道光十九年份徵收歷年舊欠錢糧完欠數目**

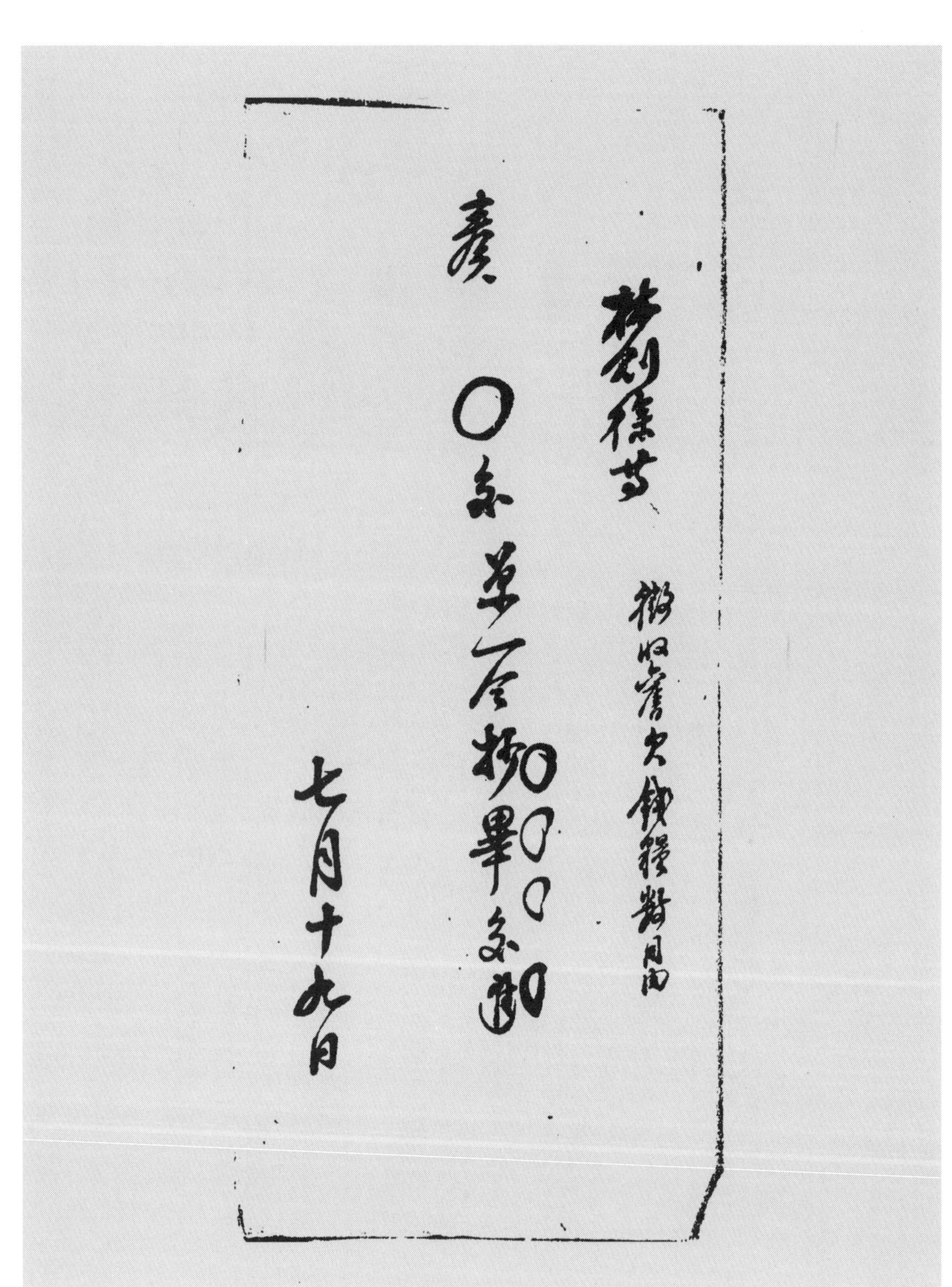
林則徐等
徵收舊欠錢糧數目
奏
○奉
朱批戶部知道○○欽此
七月十九日

兩廣總督林則徐等奏摺　廣東省道光十九年份徵收歷年舊欠錢糧完欠數目　道光二十年六月初六日

兩廣總督臣林則徐

廣東巡撫臣怡良跪

奏為徵收舊欠錢糧完欠數目循例恭摺奏祈

聖鑒事竊照戶部咨各省積欠正雜錢糧除新征照例

歸入分數考成外其舊欠統於五月專摺

奏銷并將未完分數考成隨摺覆奏其因災緩征

案亦應按照部咨另奏開單詳晰具奏廣東省未完

道光十二十三十四十七十八等年舊欠銀米現屆

十九年分奏銷之期除將新賦地丁等

項錢糧銀米已未完數目另摺詳請

奏外其道光十五年帶征十四年緩征地丁銀九

萬七千四兩零耗羨銀一萬六千四兩零全未

征完又道光十五年帶征十三年緩征地丁銀

一百一十七兩零耗羨銀一十八兩零已照數征
完又道光十八年帶征十三年緩征地丁銀三
千八百一十九兩零已征完銀二千二百五十兩零
未完銀一千五百六十八兩零耗羨銀六百
四十五兩零已征完銀三百八十兩零未完
銀二百六十五兩零又道光十八年未完米
一萬二千二百二十石零已征完米一萬一千
四百七十九石零未完米七百四十一石零又
道光十五年帶征十四年緩征米二千二十三石零
已照數征完又道光十六年帶征十四年緩征
米一千一百四十五石零已征完米二百六十
六石零未完米八百八十石零又道光十七年

帶徵十二年緩徵米三百三十七石零已照數
徵完又道光十七年帶徵十三年緩徵米九百
六十五石零已徵完米七百四十石零未完米
二百二十四石零又道光十九年未完米一千
二百四十石零全未徵完又道光十八年帶徵
十二年緩徵米三百三十七石零全未徵完
又道光十八年帶徵十三年緩徵米一千一百六
十五石零已徵完米二石零未完米一千一
百六十二石零節經飭行道府嚴查委係實欠
在民並無影射虧那將完作欠情弊所有未完
分數考成亦俟按限條參仍嚴飭各州縣
上緊催徵依數批解如有侵那推諉參辦不

兩廣總督林則徐等奏摺 廣東省道光十九年份徵收歷年舊欠錢糧完欠數目 道光二十年六月初六日

敢稍有延宕，理合開具已未完數目清單詳
請查核具
奏前來。臣等覆核無異，所有道光十九年分徵收
舊賦緣由，謹循例恭摺具
奏，並繕摺將舊欠已未完清單敬呈
御覽，伏乞
皇上聖鑒，敕部查照施行。謹
奏。
道光二十年七月十九日奉
硃批：戶部知道，單併發。欽此。
六月初六日

兩廣總督林則徐等清單

廣東省道光十九年份帶徵舊欠銀糧已未完數目清單

謹將廣東省道光十九年帶徵舊欠錢糧銀米已未完數目分晰開單恭呈
御覽

一道光十八年未完米一萬二千二百二十石零已徵完米一萬一千四百七十九石零未完米七百四十一石零

一道光十五年帶徵未完道光十四年緩徵地丁銀九百七十四兩零全未完未完緩徵耗羨銀一百六十四兩零全未完

未完緩徵米三十三石零已照數徵完訖

一道光十六年帶徵未完道光十四年緩徵米

一千一百四十七石零已徵完米二百六十六石零未完米八百八十石零

一道光十七年帶徵未完道光十二年緩徵米三百三十七石零已照數徵完訖

一道光十七年帶徵未完道光十三年緩徵地丁銀一百一十一兩零已照數徵完訖

未完緩徵耗羨銀一十八兩零已照數徵完訖

未完緩徵米九百六十五石零已徵完米七百四十石零未完米二百二十四石零

一道光十七年未完米一千二百四十一石零今全未完

一道光十八年帶徵未完道光十二年緩徵米三百三十七石零全未完

一道光十八年帶徵未完道光十三年緩徵地丁銀三千八百一十九兩零已徵完銀二千二百五十兩零未完銀一千五百六十八兩零

未完緩徵耗羨銀六百四十五兩零已徵完銀三百八十兩零未完銀二百六十五兩零

未完緩徵米一千一百六十五石零已徵完米二石零未完米一千一百六十二石零

兩廣總督林則徐等清單 廣東省道光十九年份帶徵舊欠銀糧已未完數目清單 道光二十年六月初六日

覽

兩廣總督林則徐等奏摺　**廣東省盤驗司庫銀數及徵收錢糧銀米完欠各數**

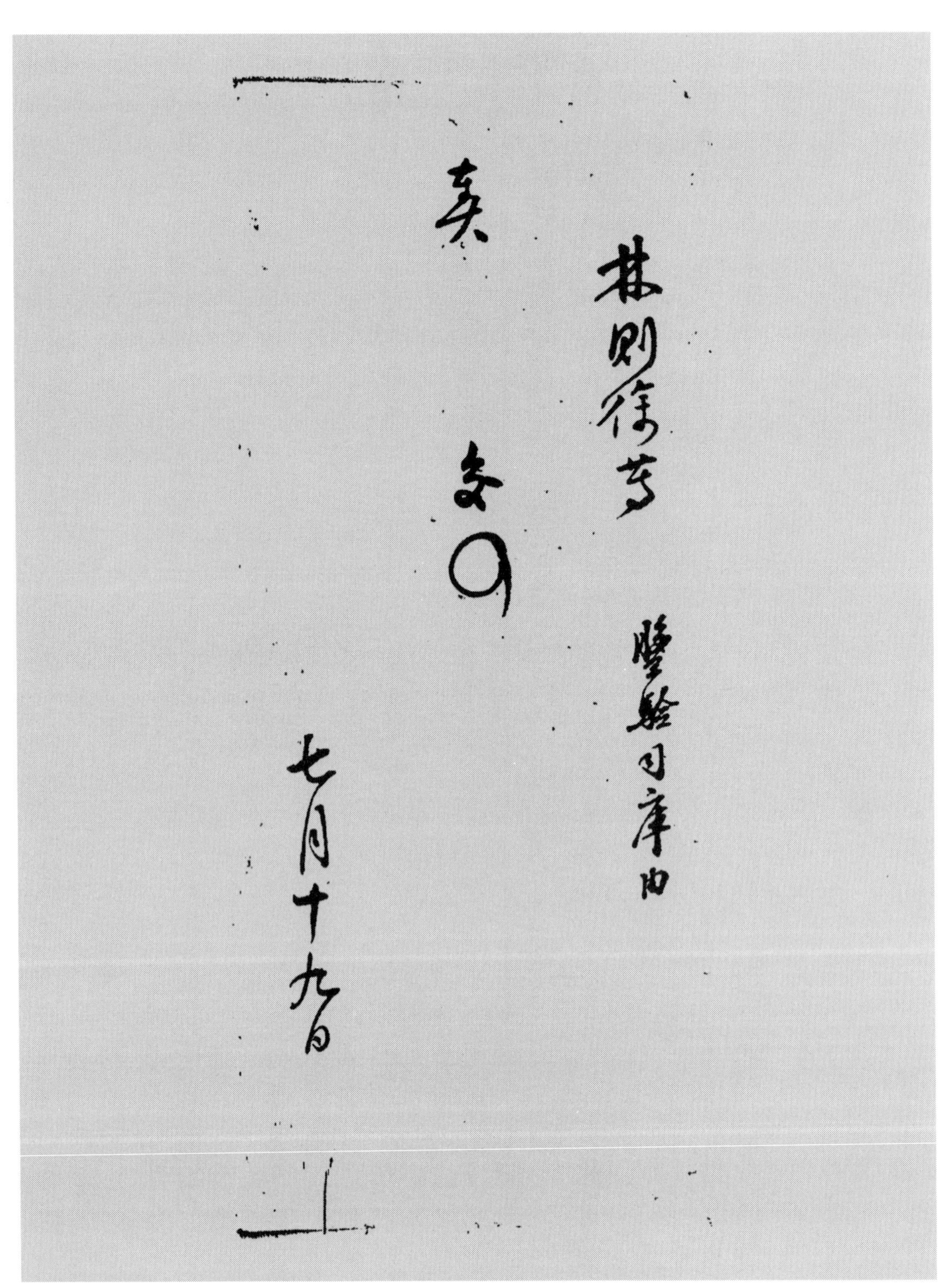

林則徐等　盤驗司庫由

奏　朱○

七月十九日

兩廣總督林則徐等奏摺 廣東省盤驗司庫銀數及徵收錢糧銀米完欠各數 道光二十年六月初六日

兩廣總督臣林則徐跪

廣東巡撫臣怡良

奏為盤驗司庫銀數及通省徵收錢糧銀米完欠

各數循例會摺奏祈

聖鑒事竊照每年奏銷時例應將藩庫實存正雜

銀兩及應徵銀米完欠各數分晰具

奏茲屆道光十九年分奏銷之期經臣等率同司

道各官親赴藩庫將正項銀一百七萬七千五

百五十九兩零耗羨銀一十一萬四千七百七十一兩

零雜項銀五十一萬五千七百八十九兩零共

銀一百七十萬八千一百二十兩零逐一按款

盤驗彈兌俱係實貯在庫並無虧挪短少

惟粵東現在因辦夷務陸續造報其應徵一切地

兩廣總督林則徐等奏摺　廣東省盤驗司庫銀數及徵收錢糧銀米完欠各數

道光二十年六月初六日

丁民屯戶米據布政使熙恩暨督糧道
浩錫將所完欠數目分晰開報前來臣等查
道光十九年分應徵地丁等項共銀一百
九萬八百千九兩零全完統計完十分又徵
米三十四萬五百千三石零已完米五十三
萬一千五十石零未完米九千四百六十石零
計完數在九分七釐以上未完僅二釐有零
臣等現督同糧道勒限趕緊全數催
完如有拖延即行查參除將司庫實存銀數
及各屬現年徵收已未完分數照例分案造冊
題咨外合將盤驗過司庫銀數及道光十九年
分通省徵收錢糧銀米完欠各數臣等謹會同

摺具

奏伏乞

皇上聖鑒謹

奏

道光二十年七月十九日奉

硃批戶部知道欽此

六月初六日

兩廣總督林則徐等奏摺　**密陳接扣三成養廉彌補因公挪墊無著款項十五次扣足銀數**

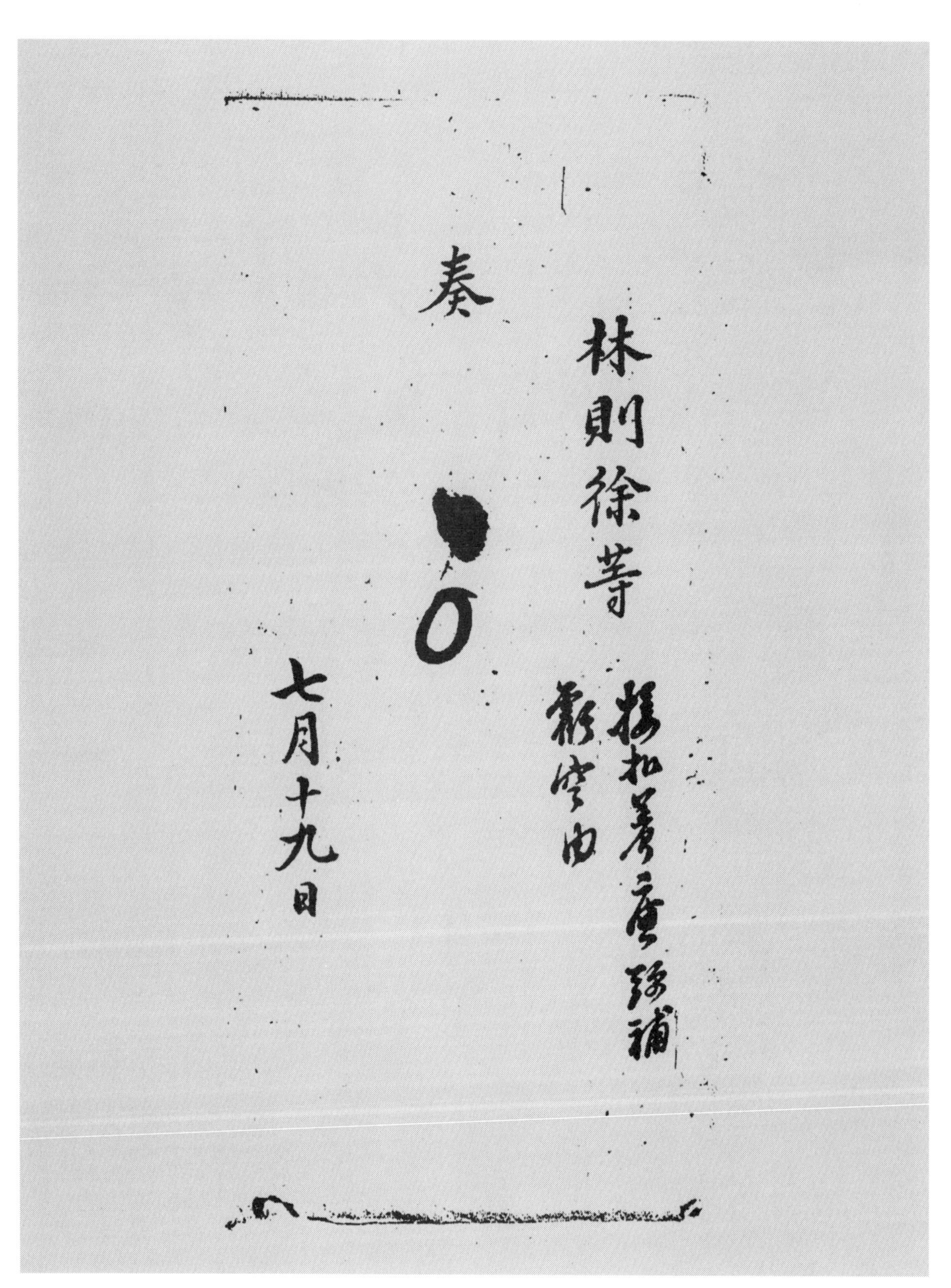
林則徐等
接扣養廉彌補
緣由
奏
七月十九日

兩廣總督臣林則徐
廣東巡撫臣怡良　跪
奏為接扣三成養廉彌補因公挪墊無著款項十五次扣足銀
數遵
旨密陳仰祈
聖鑒事竊照粵洋平靖後徹查歷年外屬支用捕費及因公
挪墊無著銀兩擬于外官扣捐二成養廉歸補費係前
奏扣完後接扣三成養廉歸補因公挪墊無著款項并
分別應補應追緣由經前任督撫臣百齡韓葑蔣攸
銛先後奏奉
恩旨著自十九年為始每年于奏銷後將扣廉等補及追解
銀數密陳一次等因欽此嗣于道光元年欽奉
諭旨查明如果攤捐款項又經前任督臣阮元將此款扣還

兩廣總督林則徐等奏摺 密陳接扣三成養廉彌補因公挪墊無著款項十五次扣足銀數 道光二十年六月初六日

歸補捕費粟同攤賠民欠攤捐津貼穀價等款酌議
減扣加展恭摺密
奏欽奉
諭旨著照所請自道光元年正月起每減半加展扣解
等因欽此查扣捐二成養廉歸補捕費銀兩已于道光
四年底扣足完案應接扣三成養廉歸補因公挪墊
銀兩節經前任督撫臣鄧臣怡良等辦理道光五六七
八九十十一十二十三十四十五十六十七十八等年奏銷時
將初二三四五六七八九十十一十二十三十四共十四次
扣足銀數緣由恭摺密
奏在案茲值查辦道光十九年分奏銷之期據司道
等詳報道光十九年正月初一日起至歲底止每官減

兩廣總督林則徐等奏摺　密陳接扣三成養廉彌補因公挪墊無著款項十五次扣足銀數　道光二十年六月初六日

半應扣三成養廉銀二萬三千二百三十五兩均如數扣
解司庫分別歸還墊款至在粵省各員並無應追
前項銀兩除將離粵人員詳咨各省一體嚴催解外
合將接扣三成養廉彌補因公挪墊無著款項十
五次扣足銀數緣由詳請核
奏前來臣等覆核無異理合恭摺密
奏伏乞
皇上聖鑒謹
奏
道光二十年七月十九日奉
硃批知道了欽此

六月初六日

兩廣總督林則徐題本　**題參廣東分巡惠潮嘉道王貽桂等員疎防劫案限滿贓犯未獲**

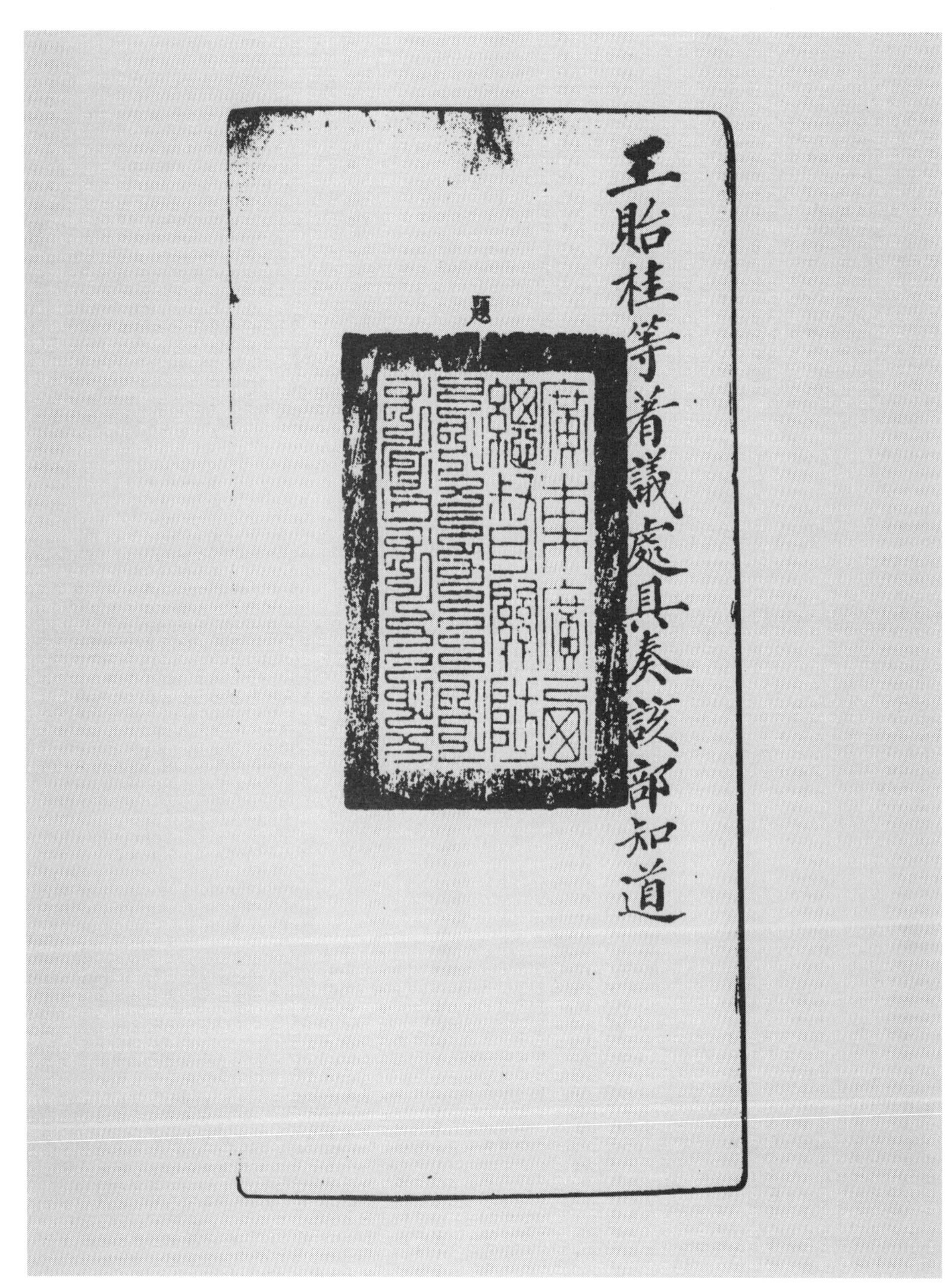
王貽桂等着議處具奏該部知道

題

兩廣總督林則徐題本　題參廣東分巡惠潮嘉道王貽桂等員疎防劫案限滿贓犯未獲

道光二十年六月十三日

兵部尚書兼都察院右都御史總督廣東廣西等處地方軍務兼理糧餉臣林則徐謹
題爲報請勘緝事據署理廣東按察使司印務兩
廣鹽運使陳嘉樹詳稱案據前署潮陽縣知縣
吳均申詳道光拾玖年拾月初貳日據地保林
順稟據生員鄭玉堂投稱伊與胞弟監生鄭玉
成同屋居住在外肄業家僅婦女本月初壹日
夜叁更時候被賊撞門入室弟婦鄭蕭氏驚覺
叫喊被賊人用刀拒傷左手腕嚇禁不許聲張
搜刦銀錢首飾衣物而逸喊同鄰佑追捕不及
等語往查屬實理合報請勘驗緝究等情並據
生員鄭玉堂開列失單報同前由各到縣據此
當卽遴差勒緝贓賊一面會營前詣該處勘得

事主鄭玉堂住屋壹所玖間坐落縣屬土名蕭
斯巷查驗各門俱有損痕餘無損壞賊遺斧頭
壹把捷刀柄壹枝石頭壹塊左鄰鄭仲元右鄰
黃阿四該處離縣城汛伍里勘畢繪圖訊據地
保林順事主鄭玉堂鄭蕭氏鄰人鄭仲元黃阿
四各供均與稟詞無異隨驗得鄭蕭氏左手腕
壹傷用藥敷貼未便揭視據供係被賊人用刀
劃傷填單飭醫隨傳舖户眼同事主按照失單
逐一確估共值紋銀肆百捌拾兩零伍錢肆分
肆釐列冊同勘圖傷單附卷除移行勒緝贓賊
務獲究解外理合通詳等情當奉批司飭緝查
參等因又奉牌行據營員報同前由各到司俱

經移行勒緝查參去後茲疏防限滿贓賊未獲
准惠潮嘉道轉據潮州府開列文員疏防統轄
兼專各職名併聲明事主弟婦鄭蕭氏傷已平
復等由到司准此該署理廣東按察使司印務
兩廣鹽運使陳嘉樹查看得潮陽縣生員鄭玉
堂家於道光拾玖年拾月初壹日夜被賊撞門
入室搜劫銀錢首飾衣物拒傷事主弟婦鄭蕭
氏平復一案先據該前署縣會營勘驗訊供通
詳併據營員呈報均奉批檄行司勒緝查參等
因移行遵照去後茲疏防限滿贓賊未獲准惠
潮嘉道轉據潮州府開列文員疏防各職名前
來除移行勒緝贓賊務獲究解外所有疏防文

職兼轄係廣東分巡惠潮嘉道王貽桂兼轄不
同城係前任潮州府知府續經陞補高廉道易
中孚署潮州府同知事候補通判王集專管係
前署潮陽縣事孔源縣知縣續經調補潮陽縣
知縣吳均署潮陽縣典史事候補從玖品陳熊
相應開報伏候
題參再照本案賊夥確數應俟獲犯審供爲定事
主弟婦鄭蕭氏傷痕據報已經平復失事處所
據勘係在鄉間距縣城汛伍里又前任潮州府
易中孚因陞補高廉道於道光拾玖年拾壹月
初壹日卸事所遺潮州府事務即日行委准陞
嘉應州知州韓鳳修署理又前署潮陽縣吳均

因改委署惠來縣事即用知縣續經
題請補授乳源縣知縣史樸於道光拾玖年拾壹
月貳拾貳日到兼理吳均即日卸署均在疎防
限內又易中孚已經補高廉道不復回任吳均
係署事之員業已卸事均請照例議結史樸應
俟接緝壹年限滿無獲另文詳參又本案自道
光拾玖年拾月初壹日夜失事起計至貳拾年
正月叁拾日肆個月疎防限滿今該兼理縣於
肆月初捌日開列職名具詳到府係開報前官
應議職名在例限叁個月之內例無處分職名
應請免開至該府於拾壹日詳道惠潮嘉道於
拾肆日備移貳拾伍日到司署按察司於貳拾

兩廣總督林則徐題本 題參廣東分巡惠潮嘉道王貽桂等員疎防劫案限滿贓犯未獲
道光二十年六月十三日

例日轉詳扣除轉文程途各日期道司均無遲逾合併聲明等由又先據廣東潮州鎮總兵官李廷鈺開報武員疎防統轄兼轄各職名併聲明本案失事處所並無協防游巡員弁職名無憑開報等由到臣該臣看得廣東潮陽縣生員鄭玉堂家於道光拾玖年拾月初壹日夜被賊撬門入室挖封銀錢首飾衣物拒傷事主弟婦鄭蕭氏平復一案先經據報批行勒緝查參去後茲疎防限滿贓賊未獲據署按察使陳嘉樹開列文員疎防各職名詳請

題參又先據廣東潮州鎮總兵官李廷鈺開報武員疎防各職名前來除嚴飭移行勒緝贓賊務

獲究解外所有疎防文職兹轄係廣東分巡惠
潮嘉道王貽桂兼轄不同城係前任潮州府知
府續經陞補高廉道易中孚署潮州府同知事
候補通判王集專管係前署潮陽縣事乳源縣
知縣續經調補潮陽縣知縣吳均署潮陽縣典
史事候補從玖品陳熊武職兹轄係署廣東潮
陽營遊擊事平鎮營都司續經推陞廣西提標
左營遊擊阮世貴兼轄係潮陽營中軍守備續
經陞補廣州協左營都司趙如勝專汛係調署
潮陽營右哨千總事興寧營千總蕭彩鳳相應
題參聽候部議再照本案賊夥確數應俟獲犯審
供爲定事主弟婦鄭蕭氏傷痕據報已經平復

失事處所據勘係在鄉間距縣城汛伍里又文
職任卸日期已於司詳內聲敘其武職兼轄潮
陽營中軍守備趙如勝因陞補案內行令請咨
赴京引
見於道光拾玖年拾貳月貳拾捌日離營所遺守備
事務卸日行委撫標右營守備薛文政署理係
在疎防限內又本案自道光拾玖年拾月初壹
日夜失事起計至貳拾年正月叁拾日肆個月
疎防限滿今該兼理縣於肆月初捌日開列職
名具詳到府係開報前官應議職名在例限叁
個月之內例無處分職名應請免開至該府於
拾壹日詳道惠潮嘉道於拾肆日備移貳拾伍

日到司該署司即於庚拾捌日轉詳扣除轉文

程途各日期適司均無遲逾合併陳明臣謹具

題伏乞

皇上聖鑒敕部議覆施行謹

題請

旨

道光[illegible]月[illegible]地方軍務兼理糧餉臣林則徐

兩廣總督林則徐題本 題參廣東分巡惠潮嘉道王貽桂等員疎防劫案限滿贓犯未獲

道光二十年六月十三日

兵部尚書兼都察院右都御史總督廣東廣西等處地方軍務兼理糧餉臣林則徐謹

題爲報請勘緝事。該臣看得廣東潮陽縣生員鄭

玉堂家於道光拾玖年拾月初壹日夜被賊撞

門入室，搶劫銀錢首飾衣物，拒傷事主弟婦鄭

蕭氏平復一案，先經據報批行勘緝，查參疎

防限滿贓賊未獲，據署按察使陳嘉樹開列文

員疎防各職名詳請

題參，又先據廣東潮州鎮總兵官李廷鈺開報武

員疎防各職名前來。所有疎防文職統轄係廣

東分巡惠潮嘉道王貽桂，兼轄不同城，係前任

潮州府知府續經陞補高廉道易中孚、署潮州

府同知事候補通判王集專，管係前署潮陽縣

事孔源縣知縣續經調補潮陽縣知縣吳均、署

潮陽縣典史事候補從玖品陳熊。武職統轄係

署廣東潮陽營遊擊事平鎮營都司續經推陞

廣西提標左營遊擊阮世貴，兼轄係潮陽營中

軍守備續經陞補廣州協左營都司趙如勝，專

汛係調署潮陽營右哨千總事興寧營千總蕭

彩鳳相應

題參，聽候部議。臣謹

題請

旨

兩廣總督林則徐題本

題請以馬芳春陞補廣西上思營都司員缺

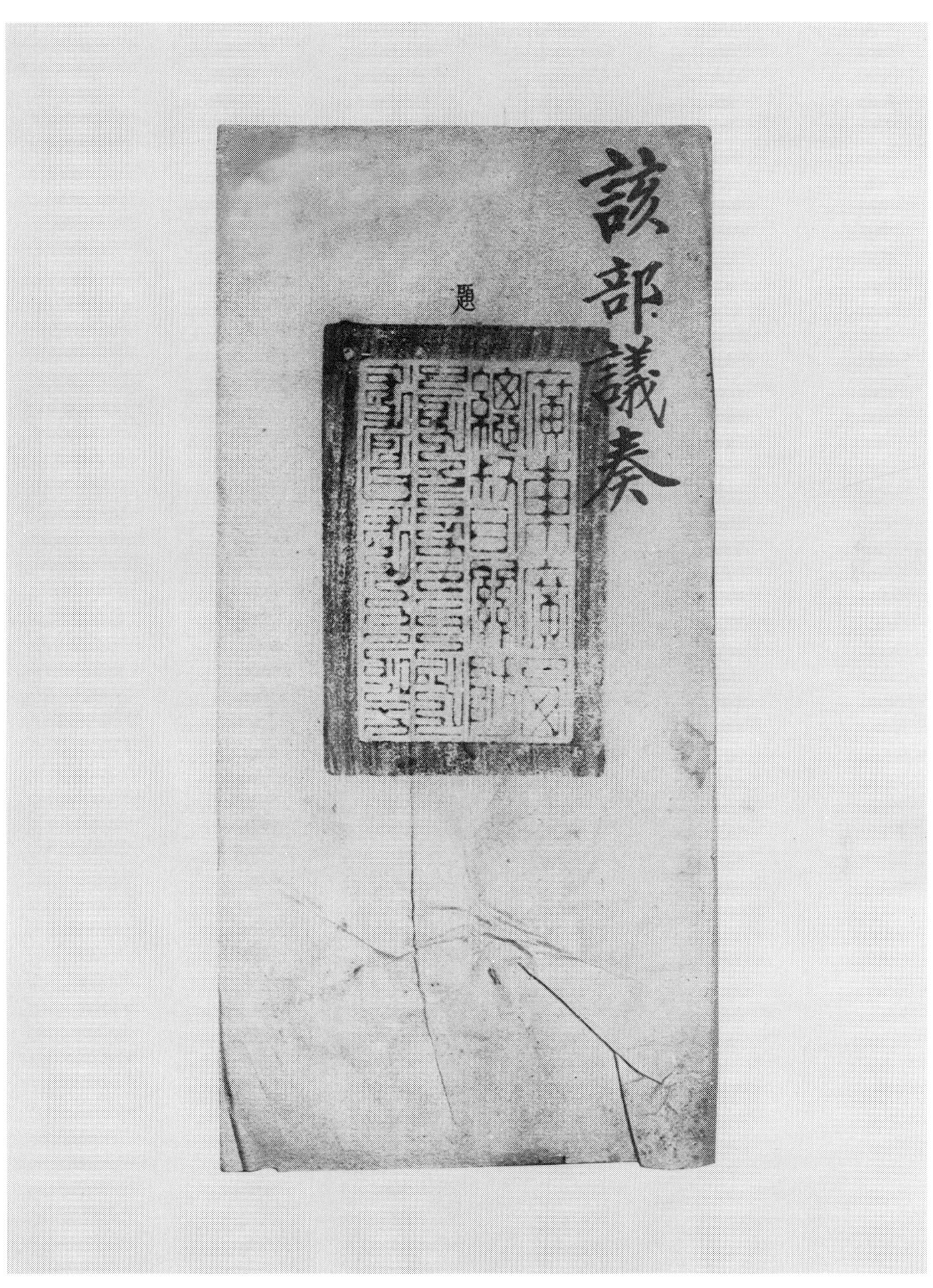

二三

兩廣總督林則徐題本　題請以馬芳春陞補廣西上思營都司員缺
道光二十年六月十三日

兵部尚書兼都察院右都御史總督廣東廣西等處地方軍務兼理糧餉臣林則徐謹
題爲請補都司事案准部咨廣西上思營都司係
題調之缺應令照例揀選題調等因當經移行
遵照臣查廣西上思營都司駐劄上思州地方
邊境專營水土惡劣必須精明強幹熟諳之員
方克勝任粵西現任都司非現居要缺即人地
未宜實無堪以調補之員茲會同廣西提督臣
蔣陞詳加揀選查有右江鎮左營守備馬芳春
年伍拾歲雲南寧州人由武進士選補潯州協
右營守備道光拾伍年柒月拾叁日到任調補
今職道光拾捌年伍月初拾日到任歷俸叁年
以上該員年強力壯緝捕認眞熟悉邊情風土

能耐烟瘴以之陞补上思营都司洵属人地相
宜理合会疏
题请如蒙
俞允该员引
见已满叁年俟部覆至日照例给咨送部引
见其所遗广西右江镇左营守备係
题调之缺俟部覆开缺时查明照例办理再该员
前在浔州协右营守备任内有徒犯黄亚反等
中途脱逃签差不慎兼辖部议罚俸叁个月又
署梧州协中军都司任内有军流犯符玉金何
椿刘彬等中途脱逃叁案签差不慎兼辖部议
每案罚俸叁个月银两均未据完解又署镇安

协中军都司任内交代迟逾拾肆日业经开参
未准部覆又本案臣与提臣公同拣选印结适
例停止合併陈明除将该员履历册送部查核
外臣谨会同广西提督臣许陞合词具
题伏乞
皇上圣鉴敕部议覆施行谨会
题请
旨

兩廣總督林則徐題本　題請以馬芳春陞補廣西上思營都司員缺
道光二十年六月十三日

道光貳拾年陸月拾參日兵部尚書兼都察院右都御史總督廣東廣西等處地方軍務兼理糧餉臣林則徐

兵部尚書兼都察院右都御史總督廣東廣西等處地方軍務兼理糧餉臣林則徐謹

題為請補都司事案准部咨廣西上思營都司係

題調之缺應令照例揀選題調等因當經移行

遵照臣查廣西上思營都司駐劄上思州地方

邊境專管水土惡劣必須精明強幹熟諳之員

方克勝任粵西現任都司非現居要缺即人地

未宜實無堪以調補之員茲會同廣西提督臣

薛陞詳加揀選查有右江鎮左營守備馬芳春

年伍拾歲雲南寧州人由武進士選補潯州協
右營守備道光拾伍年柒月拾叁日到任調補
今職道光拾捌年伍月初拾日到任歷俸叁年
以上該員年強力壯緝捕認眞熟悉邊情風土
能耐烟瘴以之陞補上思營都司洵屬人地相
宜理合會疏
題請除將該員履歷冊送部查核外臣謹會
題請
旨

兩廣總督林則徐等奏摺　續獲行劫在逃多年盜犯何亞斗審明斬梟

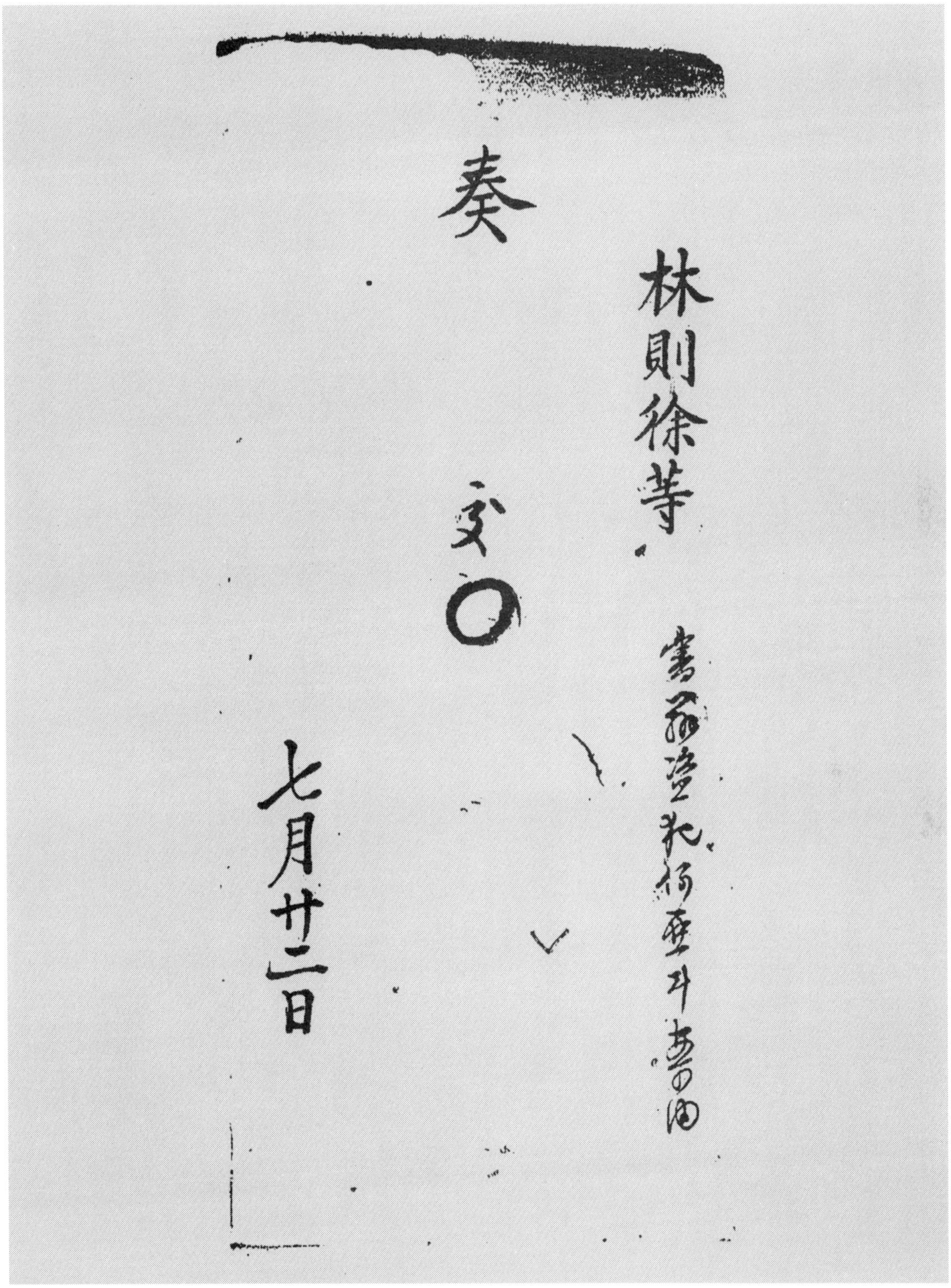
林則徐等
奏
七月廿二日

兩廣總督林則徐等奏摺　續獲行劫在逃多年盜犯何亞斗審明斬梟
道光二十年六月十八日

兩廣總督臣林則徐跪
廣東巡撫臣怡良

奏爲續獲行劫在逃多年之盜犯審明照例辦理恭摺具
奏仰祈
聖鑒事。竊照順德縣事主程思沛家被劫衣物一案，先經緝
獲首夥盜犯何亞贊等審辦，尚有逸犯何亞斗等未
獲，經臣等嚴檄該管文武嚴速偵拏，旋據該縣
營兵役緝捕委員續獲逸盜何亞斗一名，解
省，分委廣州府等審辦，亦據署廣州府知府余
保純、候補知縣茅時喆、陳禧垂將犯審擬解經
署臬司王篤覆審解勘前來。臣等即督同司
道提犯研訊，緣何亞斗籍隸順德縣，道光十二年
三月廿四日夜，該犯何亞斗聽從前辦之何亞贊

起意共夥十二人行劫事主程思滔家，前獲之何廷登、何亞太、何亞九、梁亞晡、陳喜茂、岑愚財在外瞭望接贓，何亞贊與該犯何亞斗并前獲之何秋成、何亞就、未獲之何遠保、黎亞信入室搜劫衣物，分別變賣俵分。屢審據何亞斗供認前情不諱，贓雖未起，惟據供行劫年月日期、贓數悉與原案相符，正盜無疑。查例載：粵東內河盜劫之案，脫逃二三年以後就獲各犯應行斬決者，加以梟示，恭請

王命先行正法。又律載：强盜已行而但得財者，不分首從皆斬。又例載：盜劫之案，應行究審，將法所難宥者聲明，各等語。此案何亞斗聽從行劫程思滔家衣物，入室搜贓一次，係屬法所難宥，罪應斬決。該

犯於道光十六年十二月廿四日夜行刧在逃廿年四
月始行就獲在逃已逾三年自應照例問擬何亞
斗合依粵東內河盜刧之案脫逃二三年以後就獲
應行斬決者加以梟示例擬斬立決梟示臣等於審
明後恭請
王命飭委署按察使王篤督標中軍參將祺壽將該
犯何亞斗綁赴市曹先行正法仍梟首犯事地
方懸竿示衆以昭炯戒該犯訊無另有犯案窩
贓與同居親屬知情分贓逃後亦無行兇為匪
及知情容留之人住處畸零向無牌頭甲保均毋
庸議逸犯何遠保等飭緝獲日另結本案同夥十
二人先於疏防限內拿獲首夥八名獲犯過半並無

獲首犯文武疎防職名已於原案內聲請免開
續獲夥犯一名今續獲夥犯一名毋庸再議獲
犯應敘職名分晰另詳請咨除備錄供招咨部
外所有續獲逸盜審擬緣由臣等謹合詞恭
摺具
奏伏乞
皇上聖鑒敕部查照施行再此案核與部議應奏條款
相符合併陳明謹
奏道光二十年七月廿一日奉
硃批該部知道欽此
六月十八日

兩廣總督林則徐等奏摺

始興縣知縣莫春暉限內續獲首夥各犯過半請給還頂戴

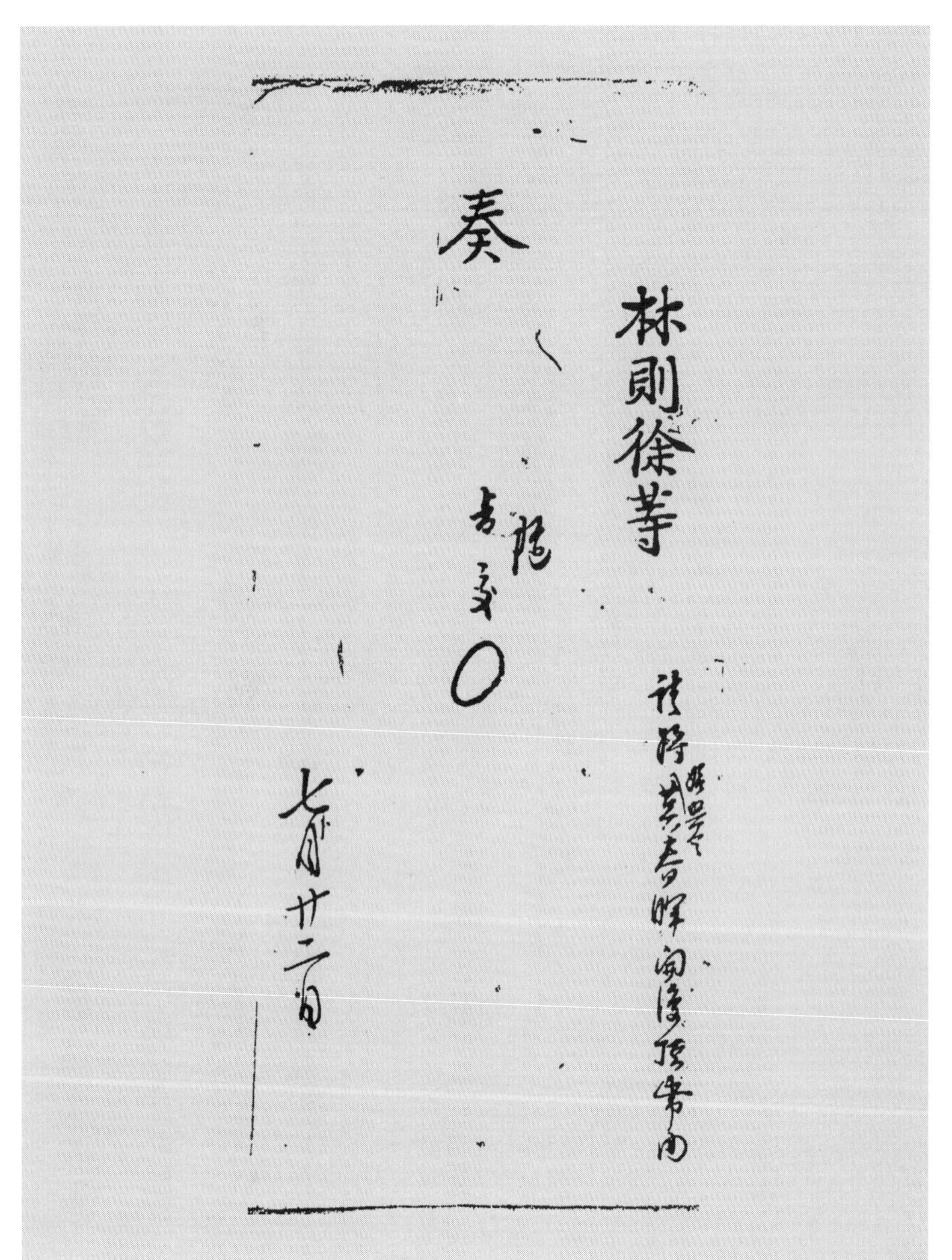
林則徐等

奏

七月廿二日

兩廣總督林則徐等奏摺　始興縣知縣莫春暉限內續獲首夥各犯過半請給還頂戴　道光二十年六月十八日

兩廣總督臣林則徐
廣東巡撫臣怡良跪

奏為應參疏防河面失事之縣令於限內續獲首夥
各犯多名恭摺奏懇
天恩給還頂帶仰祈
聖鑒事竊照上年九月內據安徽婺源縣生員金蓮炬
等赴臣怡良衙門控稱九月初二日船至始興
縣屬河面被盜十多人持械劫贓五千餘兩一案即
經分飭該縣會營上緊偵緝賍盜究辦旋據始興
縣知縣莫春暉詳報併獲夥犯劉蓮首等七名並
起獲賍銀訊據供認隨從在逃之鄭老四起意共夥
十八人持械搶奪得贓等情臣怡良與前督臣鄧
廷楨以此案該縣莫春暉疏防於前迨失事

兩廣總督林則徐等奏摺　始興縣知縣莫春暉限内續獲首夥各犯過半請給還頂戴　道光二十年六月十八日

一月有餘僅拏報獲夥犯七名起賍無几首夥
尚未獲且詳報係居被挖奪与事主所控被劫
不符恐有意存消弭化大為小情弊當經
奏奉
諭旨將始興县知县莫春暉著摘去頂帶勒限兩個月將
首夥各犯鄺老四等全獲追賍解省審辦等因欽
此當照案行
茲據該印據該县於兩個月限内會營督率兵役
先後拏獲首夥賊犯鄺老四鍾亞龍等首賴妹
併楊意替王添盛鍾翁源老黃茂復鄧陈復鍾
得有梁蝦古十名起賍傳同事主余達炬等
并前獲夥犯刘達苟等解省分委廣州府等審

如茶劫該王姓等捉回事主質審明確犯夥實
係三十二人持械搶奪並非燒劫殺斃實止值銀
三千四百餘兩由臬司覆審解勘臣等會同提
訊無異除將現犯分別定擬照例另行具
題外查該县莫春暉先獲夥犯七名設法摘頂之
後奮發搜緝續於閏月限內先後緝獲首
夥賊犯鄺老四等十名業已獲犯過半並獲首
犯起有原贓尚知愧奮現經審明實係持械搶
奪並非燒劫且據該本管州道訪查該县莫春
暉實無意存諱飾化大為小情弊可否仰懇
天恩將始興县知县莫春暉給還頂帶之處出自
聖主鴻施謹合詞恭摺具

兩廣總督林則徐等奏摺 始興縣知縣莫春暉限內續獲首夥各犯過半請給還頂戴

道光二十年六月十八日

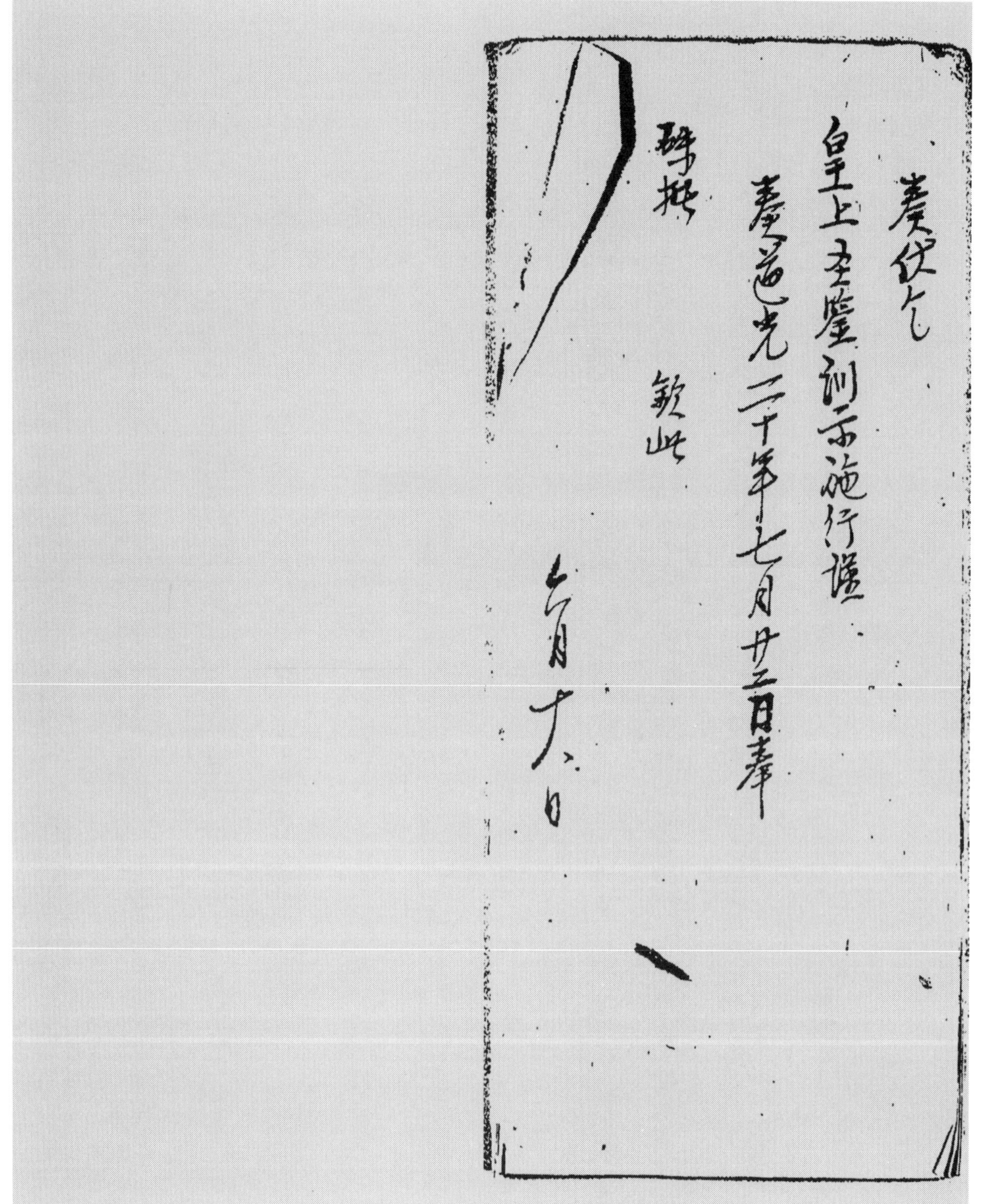

奏伏乞

皇上聖鑒訓示施行謹

奏道光二十年七月廿二日奉

硃批 欽此

六月十八日

上諭 守備林東榮著即革職交林則徐提問並審究各犯定擬具奏

道光二十年六月十九日内閣奉

上諭林則徐奏請將守備革審一摺廣東大鵬右營水師守備林東榮著即革職交該督提同已獲各犯並勒集未到犯證嚴行審究是否營官兵識通同買煙吸食並有無别項劣蹟務得確情按律定擬具奏該部知道欽此

兩廣總督林則徐奏摺　**遵旨保舉王一鳳盛筠堪勝陸路總兵之任**

林則徐
保舉王一鳳等堪勝陸路
總兵由

奏〇文

七月二十四日

兩廣總督林則徐奏摺　遵旨保舉王一鳳盛筠堪勝陸路總兵之任
道光二十年六月二十一日

兩廣總督臣林則徐跪
奏爲遵
旨保舉廣西省堪勝陸路總兵之副將繕單具
奏仰祈
聖鑒事竊准兵部咨欽奉
上諭現在記名應用陸路總兵人員內次用殆盡
著該督撫於副將內即行遴選曉暢營務堪
勝總兵者保奏數員送部引見候朕記名以
備簡用欽此臣先准廣東陸路副將內遴選有
趙光璽趙承恩二員恭摺保
奏並奏明廣西省副將容俟細加遴選另行續
奏在案茲查廣西副將七員內義寧協副將

揀補將總宗貴、
奏請陞署者准到部後甘准陞新太協副
將之缺年未來引
見者未赴任平樂協副將務特布由部選授副
任未及一年者須隨時察看外其鎮安協副
將周濟成慶遠協副將德惠人皆安詳歷
練者驗弓馬亦俱可觀然皆不及梧州協副
將王一鳳潯州協副將盛筠二員更為出色
查王一鳳係甘肅人年五十三歲由行伍歷經
出師河南及西口外喀什噶爾等處打仗出
力奉
旨賞戴花翎擢升直隸張家口協副將丁憂服闋

選授今職。該員年强才練，熟諳營伍，樸誠堪
勝陸路總兵之任。盛筠年四十六歲，係鑲
黃旗滿洲人，由大員子弟補放鑾儀衛整
儀尉，歷遷冠軍使。道光八年九月內奉
旨推用功臣後嗣，
賞戴花翎，並
賞穿黃馬褂，旋補山西殺虎口協副將。丁憂服闋，
選授今職。上年廣西右江鎮總兵缺出，經
調任督臣鄧廷楨以該副將盛筠擬陪，
給咨送部引
見，現回本任。該員器局開展，營務曉暢，信膺閫
寄，可卜稱職，相應遵

旨將該二員擬實授
奏候命到
硃批再行給咨送部引
見恭候
欽定所有保舉廣西副將二員堪勝總兵緣由
謹據摺具
奏伏乞
皇上聖鑒訓示謹
奏
道光二十年七月二十四日奉
硃批王一鳳著送部引見欽此

六月二十一日

兩廣總督林則徐奏摺

道光十八年份廣州潮州瓊州各府廠修造届限米艇撈繒各船完竣

林則徐　修造米艇各船完竣由

奏〇　交

[illegible]

七月廿四日

兩廣總督林則徐奏摺 道光十八年份廣州潮州瓊州各府廠修造屆限米艇撈繒各船完竣 道光二十年六月二十一日

兩廣總督臣林則徐跪

奏為修造屆限米艇撈繒各船完竣循例奏祈

聖鑒事竊照水師各營出海緝捕有米艇及撈繒船隻

歷屆修造均應照例俟驗報工竣逐年彙奏上

屆道光十七年分修造各艇船用過工料銀兩

並工竣日期經前督臣鄧廷楨循例具

奏在案茲據署廣東布政使喬用遷行據各府廠

將道光十八年分屆應修造米艇一十五隻撈繒

船三隻共船一十八隻內除崖州協第一號大

米艇一隻工料銀數及竣工日期俟領項修竣

歸入十九年分修理案內彙案詳請

奏外其業經竣工各艇船一十七隻均據結報共

用工料銀三萬七千三百廿七兩四錢六分三釐
俱係動用関鹽盈餘等款核實支給領辦完
竣委員確切驗明工料堅固並無減率浮冒
等弊業已分交營配用合將各艇船屆限修造
年分及竣工日期分晰開列清單詳請彙
奏前來臣覆查無異謹會同廣東撫臣怡良循例
恭摺具
奏並繕清單敬呈
御覽伏乞
皇上聖鑒敕部查照施行謹
奏道光廿年七月廿四日奉
硃批工部知道單併發欽此

兩廣總督林則徐奏摺　道光十八年份廣州潮州瓊州各府廠修造屆限米艇撈繒各船完竣

道光二十年六月二十一日

六月廿一日

兩廣總督林則徐清單　道光十八年份廣州潮州瓊州修造米艇撈繒竣工日期清單

清單

謹將道光十八年分廣州潮州瓊州各府廠修造各營米艇撈繒等船竣工日期開列簡明清單恭呈

御覽

一水師提標右營第四號中米艇一隻自道光十五年六月初一日在廣州府廠大修竣工起計至十八年六月初一日已歴三年屆應拆造旋於十九年二月初八日由廣州府廠拆造竣工

一南澳鎮右營第三號大米艇一隻自道光十五年正月二十七日在潮州府廠拆造竣工起計至十八年正月二十七日已歴三年屆

應小修旋於十九年三月十五日由潮州府
廠小修竣工
一澄海協左營第三號小米艇一隻自道光十
五年正月二十七日在潮州府廠大修竣工
起計至十八年正月二十七日已歷三年屆
應折造旋於十九年七月初六日由潮州府
廠折造竣工
一澄海協右營第三號中米艇一隻自道光十
五年正月二十七日在潮州府廠大修竣工
起計至十八年正月二十七日已歷三年屆
應折造旋於十九年七月初六日由潮州府
廠折造竣工

二三 兩廣總督林則徐清單 道光十八年份廣州潮州瓊州修造米艇撈繒竣工日期清單 道光二十年六月二十一日

一碣石鎮標中營第二號大米艇一隻自道光十五年五月十一日在廣州府廠小修竣工起計至十八年五月十一日已歷三年屆應大修旋於十九年七月初七日由廣州府廠大修竣工

一碣石鎮標右營第五號中米艇一隻自道光十五年十一月二十三日在廣州府廠小修竣工起計至十八年十一月二十三日已歷三年屆應大修旋於十九年七月初七日由廣州府廠大修竣工

一碣石鎮標右營第三號中米艇一隻自道光十五年十一月二十三日在廣州府廠小修

竣工起計至十八年十一月二十三日已歷三年屆應大修旋於十九年七月初七日由廣州府廠大修竣工

一大鵬右營第二號中米艇一隻自道光十五年十一月二十三日在廣州府廠小修竣工起計至十八年十一月二十三日已歷三年屆應大修旋於十九年七月初七日由廣州府廠大修竣工

一水師提標中營第五號小米艇一隻自道光十五年十一月二十三日在廣州府廠小修竣工起計至十八年十一月二十三日已歷三年屆應大修旋於十九年七月初七日由

廣州府廠大修竣工

一水師提標右營第五號小米艇一隻自道光十五年十一月二十三日在廣州府廠小修竣工起計至十八年十一月二十三日已歷三年屆應大修旋於十九年七月初七日由廣州府廠大修竣工

一水師提標右營第一號撈繒船一隻自道光十五年十一月二十三日在廣州府廠大修竣工起計至十八年十一月二十三日已歷三年屆應拆造旋於十九年七月初七日由廣州府廠拆造竣工

一崖州協第四號撈繒船一隻自道光十五年

四月十七日在瓊州府廠補造竣工起計至十八年四月十七日已歷三年屆應小修旋於十九年七月二十日由瓊州府廠小修竣工

一龍門協右營第二號大米艇一隻自道光十五年六月初七日在瓊州府廠拆造竣工起計至十八年六月初七日已歷三年屆應小修旋於十九年七月二十日由瓊州府廠小修竣工

一海安營第六號中米艇一隻自道光十五年七月初六日在瓊州府廠拆造竣工起計至十八年七月初六日已歷三年屆應小修旋

於十九年七月二十日由瓊州府廠小修竣工

一龍門協左營第三號撈繒船一隻自道光十五年八月十五日在瓊州府廠小修竣工起計至十八年八月十五日已歷三年屆應大修旋於十九年九月二十日由瓊州府廠大修竣工

一廣海寨第一號大米艇一隻自道光十五年六月初一日在廣州府廠補造竣工起計至十八年六月初一日已歷三年屆應小修旋於十九年十二月二十日由廣州府廠小修竣工

一澄海協右營第一號大米艇一隻自道光十五年正月二十七日在潮州府廠拆造竣工起計至十八年正月二十七日已歷三年屆應小修今於二十年五月二十六日由潮州府廠小修竣工

以上通共修造完竣各營米艇撈繒船一十七隻

覽

兩廣總督林則徐等奏片　英兵船在外洋間有駛至校椅沙一帶探詢情形

〇發

林則徐　怡良　片

再嘆夷兵船先後到粵，內有兩船復出老萬山，伊里布等將來去情形隨時

奏報，並將該夷官寄有漢字說帖，妄稱欲阻內地行舟，及該國王遣令前往中國海境奏明等語，又經錄夷帖恭呈

御覽在案。茲查六月初十前後，該嘆夷兵船內有七隻及火輪船六隻，又陸續開出老萬山，揚帆遠去，而自內標報復到者兵船三隻，難保非即前開之船去而復至。統計現在共有夷船十隻，雖仍散泊外洋，而間有一二船來游駛至相距虎門五十餘里之校椅沙一帶

兩廣總督林則徐等奏片 英兵船在外洋間有駛至校椅沙一帶探詢情形 道光二十年六月二十一日

遇見內地出入之漁船商船即潛遁之校椅
沙探詢官兵情息近內地各船駛近口門則
又不敢進內蓋夷船所恃專在外洋寬曠之
處其船高可轉掉自如各使夷篷高直
是其帆篷底亦可駛搶勒風正者挽拖而投
之橋房之人保生情形不能冒死輕入每日
東飄西泊莫定形蹤現又將集亦備派撥兵
復用火船潛往燒燬搗其枝稽伎倆無非
挾制通商務為不得不求以兵威雖窮之沸
此時所能為多端隱患已周防一切制勝機宜
均與水師提臣關天培密商審察因現值南
風盛發師船出口係向南行尤須加意慎

兩廣總督林則徐等奏片　英兵船在外洋間有駛至校椅沙一帶探詢情形

道光二十年六月二十一日

重一得可乘之隙即當整隊放出外洋大張
撻伐臣等相機籌辦務求此出萬全不許將
備弁兵藉口遲延亦不敢任其孟浪至民間
貿易生理照常安緝仍俾靜謐如常藉以仰紓
宸廑所有近日夷務情形謹合詞繕片附陳伏乞
聖鑒謹
奏
道光二十年七月二十四日奉
硃批覽欽此

六月二十一日

大學士管理刑部事務王鼎等奏摺 遵議林則徐等奏審辦巡役及出洋販烟各犯摺

刑部摺 遵議尹施味等通夷烟煙案由

依

旨 議

奏

六月二十三日

二三

大學士管理刑部事務王鼎等奏摺　遵議林則徐等奏審辦巡役及出洋販烟各犯摺

道光二十年六月二十三日

太子太保大學士管理刑部事務臣王鼎等謹
奏為遵
旨議奏事内閣抄出兩廣總督林則徐等奏訪獲護
送鴉片之巡船人役究出出洋買烟及煎熬販
賣之首從各犯審明分別懲辦一摺道光二十
年五月二十六日奉
硃批刑部議奏欽此該臣等議得據兩廣總督林則
徐等奏稱竊照東莞縣訪聞該縣巡船内舵工
尹施昧有串同巡役胡遺蟲受匪徒梁亞蘇等
賄囑護送鴉片並因圖搶他船烟土致被搶傷
巡船水手梁亞有落水身死情事自行稟請查
辦隨經臣等飭據該縣會同文武委員先後拏

獲首犯尹施昧梁亞蘇彩犯尹亞行尹亞元尹
遂添尹濬川即監生尹達章革生尹鏡蓉巡役
胡遺水手梁應梁好梁就梁二張歡張得陳女
陳有陳右陳池陳始尹洪尹喜莫灶劉發李弟
李美郭合袁連蘇美及買烟轉販之張奕寬尹
宁鳳受寄之湛亞桂雇工李亞金黎亞複共三
十三名內胡遺一犯據報於取供後監斃將現
犯同起獲湛亞桂李亞金名下烟土五箇銅鍋
一口尹宁鳳名下烟管二枝一併稟解至省即
經發司委員碓審尹宁鳳郭合二犯先後在番
禺縣監病故據委員審明議擬招解臣等督同
司道親提研鞫緣尹施昧籍隸東莞縣操舟為

業道光十九年七月內受雇為該縣巡船舵工
船內巡役水手人等聽其指揮是年十月間尹
施昧有素識現獲之番禺縣人梁亞蘇起意出
洋販買烟土稔知尹施昧在巡船掌舵藉其護
送進出可免查拏是月初六日邀同現獲之尹
亞行尹亞元尹遂添尹濬川即監生尹達章未
獲之尹咸水仔林大賚蕭亞當一共八人各出
本銀一百二十五圓乘坐舊存蝦笱艇一隻商
囑尹施昧轉告胡遺由僻港送至新安縣屬銅
鼓洋面梁亞蘇走上㖡夷吧喇船內買得烟土
四十五箇仍囑巡船護送而回陸續將土賣與
尹亞全及不識姓名人得番銀七百兩按本均分

巡船舵工尹施昧及巡役胡遺各得謝銀五十
圓水手梁應等俱不敢過問該役胡遺於護送
烟土回棹之時洋次遇見不識姓名匪艇一隻
胡遺料其販有鴉片上前追搶該匪艇放槍抵
拒適巡船水手梁亞有站立船頭被傷落水身
死匪艇亦即逃逸此巡船舵工尹施昧與巡役
胡遺串同受賄護送奸徒出洋買土入口並胡
遺圖搶鴉片致水手被傷淹斃之情形也尹施
昧未在巡船掌舵之前梁亞蘇先於六月二十七
日起意邀同尹亞行等七人各出本銀一百圓
雇倩未獲之梁亞鑑為帮工月給辛資四圓由
僻港駕艇至新安縣屬尖沙嘴洋面用銀四百

八十一兩託夷船經紀鄧亞賤向噗夷吧喇買
土三十七箇運回囤貯尹咸水仔家中陸續賣
與現獲之張爽褱及未獲之尹亞毓周亞容並
不識姓名人共得銀五百七十兩按本均分迨
巡船既將梁亞蘇等烟土護送入口尹施昧因見
販烟利厚遂自起意出洋買販尹咸水仔亦起
意自行挐本附搭而行十一月十四日巡船駛
至尖沙嘴洋面該二犯同上噗夷吧喇船內尹
施昧用銀一百圓買烟土一十箇尹咸水仔用
銀一百九十圓買土二十箇運回沿途各即
轉賣與不識姓名人得銀分用巡役胡遺得受
謝銀一十圓水手亦無分及自[illegible]尹姓族人咸

如其事各萌利心尹咸水仔與族衆公議每賣土一箇抽銀一錢共抽得銀八兩二錢統交尹咸水仔分居胞兄現獲之已革生員尹鏡蓉收充公祠祭費此又究出梁亞蘇尹施味尹咸水仔三犯各自起意出洋販買轉賣及公然議抽烟價之情形也其餘各犯如張奕裹係獨自起意向梁亞蘇等用銀四十圓買土三箇零星賣與未獲之王亞盛及不識姓名人得銀不記確數又尹宁鳳係聽從未獲之周亞容共出番銀二十四兩向梁亞蘇等買土二箇零星轉賣並各用竹管代槍同在合置渡船上私行吸食烟管二枝已獲又黎亞複係在周亞容渡船傭工知情

容隱又湛亞桂係因素識未獲之尹亞毓獨自
起意向梁亞蘇等用番銀三十兩買土二箇尚
未轉賣湛亞桂得銀二兩代為收藏又李亞金
係代雇主未獲之尹亞全尹亞石父子用銀四
十七兩向梁亞蘇等買土三箇零熬賣未完李
亞金即被兵役連贓併獲以上現獲十名逐
加嚴鞫據各供認前情不諱詰無別項不法及此
外另有夥黨隱匿避就情事將尹施昧梁亞蘇均
依例擬斬立決梟示恭請
王命先行正法胡遺援例擬絞立決尹亞行尹亞元
尹滘川尹遂添四犯均依例擬絞監候張爽褭
擬遣尹守鳳擬軍梁應等二十二犯擬流湛亞

大學士管理刑部事務王鼎等奏摺 遵議林則徐等奏審辦巡役及出洋販烟各犯摺
道光二十年六月二十三日

桂李亞金擬徒聲明胡遺尹宁鳳郭合梁亞有
四犯業已病故或被傷溺斃尹遂添係尹施昧
胞兄據供母老丁單照例存留一人養親仍請
旨定奪等因具
奏前來 查新例載沿海奸徒勾通外夷潛買
鴉片烟土入口囤積發賣圖利一經審實首犯
擬斬立決恭請
王命先行正法仍傳首海口地方懸竿示衆為從同
謀及接引護送之犯均擬絞監候房屋船隻入
官又海口兵丁受賄故縱無論贓之多寡擬絞
立決又買土煎熬售賣為首擬絞監候為從發
極邊烟瘴充軍若興販僅止一二次為數不及

五百兩為首發新疆給官兵為奴又尋常興販烟
土案內究出知情受寄之犯減首犯一等治罪
又收買鴉片烟土尚未售賣貽害者為首發極
邊烟瘴充軍又舊例載犯罪有兄弟俱擬正法
者存留一人養親仍照例奏聞請
旨定奪各等語此案首犯尹施眛梁亞蘇各自起意
糾夥合本出赴外洋勾通夷船潛買鴉片入口
囤積販賣尹施眛除受賄護送烟土輕罪不議
外應與梁亞蘇均照新例斬決梟示既據該督
等於審明後恭請
王命將該二犯先行正法仍傳首海口地方懸竿示
衆以昭炯戒應毋庸議胡遺籍充巡役兩次得

賄護送烟土實屬玩法除受賄寄贓及圖搶未成各輕罪不議外若僅照平人接引護送之例罪止絞候尚覺輕縱亦應如該督等所奏胡遺應援照海口兵丁受賄故縱無論贓數多寡擬絞立決例擬絞立決業已病故應毋庸議尹亞行尹亞元尹濬川尹遂添四犯聽從梁亞蘇出洋販賣鴉片亦應如該督等所奏尹亞行尹亞元尹濬川尹遂添均應照為從例擬絞監候秋後處決尹濬川應革去監生追照繳銷尹遂添據供父故有母陳氏現年七十六歲該犯僅止兄弟二人其弟尹施昧因起意出洋販烟現已問擬斬梟該犯亦因聽從梁亞蘇出洋販烟問

擬絞候係屬兄弟二人俱擬正法例應存留一
人養親既據該督於疏内聲明相應照例請
旨定奪倘蒙
聖恩准其留養臣部行文該督即將該犯尹遂添照
例枷號兩箇月杖一百准其存留養親該督等
奏稱張亞裹初次起意興販烟土轉賣合依興
販烟土僅止一二次為數不及五百兩為首發
新疆給官兵為奴例發新疆給官兵為奴尹宁
鳳初次聽從周亞容買土熬膏吸食轉賣除吸食
輕罪不議外合依買土煎熬售賣為從發極邊足四千里
充軍例發極邊足四千里充軍業已病故應毋
庸議水手梁應梁好梁就梁二張𢿑張得陳安

陳有陳右陳池陳始尹法尹喜莫灶劉發李弟李美
袁連蘇美郭合梁亞有二十一犯雖未分受贓
銀惟既聽從幫駕即屬為從均應照為從減一
等律應於尹施眛斬罪上減一等杖一百流三
千里郭合業已病故梁亞有先經被傷溺斃均
毋庸議張奕褭梁應等據供親老丁單或孀婦
獨子惟係與販鴉片又聽從駕船護送烟匪出
洋問擬遣流應不准 留養已革生員尹鏡蓉
於胞弟尹咸水仔販賣鴉片雖無同謀合夥及
分贓入己惟不能先事禁約轉抽賣烟銀兩現
當查辦鴉片喫緊之際未便稍涉輕縱尹鏡蓉
應請即於伊弟尹咸水仔起意出洋販烟斬罪

上酌減一等擬以杖一百流三千里湛亞桂得
受尹亞毓銀兩受寄烟土查尹亞毓起意向梁
亞蘇等販買鴉片尚未售賣將來獲案應照收
買鴉片烟土尚未售賣例擬軍湛亞桂合依尋
常興販烟土案内知情受寄之犯減首犯一等
治罪例應於尹亞毓軍罪上減一等杖一百徒
三年李亞金為雇主尹亞全代買烟土熬膏售
賣例内並無作何治罪明文查犯無引私鹽本
犯罪應滿徒受雇馱載之犯律應杖八十徒二
年計減本犯二等尹亞全熬賣烟膏將來拏獲
罪應擬遣該犯李亞金應比照私鹽馱載之犯
減本犯罪二等於尹亞全應得遣罪上減二等

擬以杖一百徒二年半以上軍流徒犯俱到配
折責安置湛亞桂所藏烟土與李亞金代買熬膏
據供均係在逃之尹亞毓尹亞全起意向梁亞
蘇等販買業經梁亞蘇等指證有據將來拏獲
尹亞毓等到案可無慮其狡展應請先決從罪
毋庸監候待質黎亞複傭於雇主周亞容買土
熬膏知情不首合依雇工人為家長隱者勿論
律勿論起獲烟土等物銷燬房屋船隻一律查
封同得受賣烟銀兩照追入官尹宁鳳分受烟
價胡遺得受賄銀已死免追周亞容一犯據尹
宁鳳供稱先經在家病故是否屬實飭縣確切查
辦逸犯嚴飭踩拏獲日另結等語查李亞金於

首犯尹亞全遣罪上減二等按例杖九十徒二
年半該督擬以杖一百徒二年半係屬錯誤應
令該督查照更正餘如所奏完結未獲逸犯應
令飭緝務獲究辦再該督等奏稱本案人犯係地方
文武自行訪獲例得免議販烟船隻係由僻港
偷越出洋守口員弁應請邀免開叅所有監斃
絞犯胡遺一名管獄官職名係東莞縣典史方
鑑源監斃軍犯尹守鳳一名流犯郭合一名
管獄官職名均係署番禺縣典史相君才獲犯職名
飭縣查明另行開報等語恭候
命下臣部移咨吏兵二部查照辦理再此案於六月
初二日抄出到部合併聲明所有臣等核擬緣

緣由理合恭摺具

奏請

旨

道光貳拾年陸月貳拾叁日大子太保大學士管理刑部事務臣王鼎

尚書臣阿勒清阿署熱河都統

署尚書都察院左都御史臣宗室鐵麟

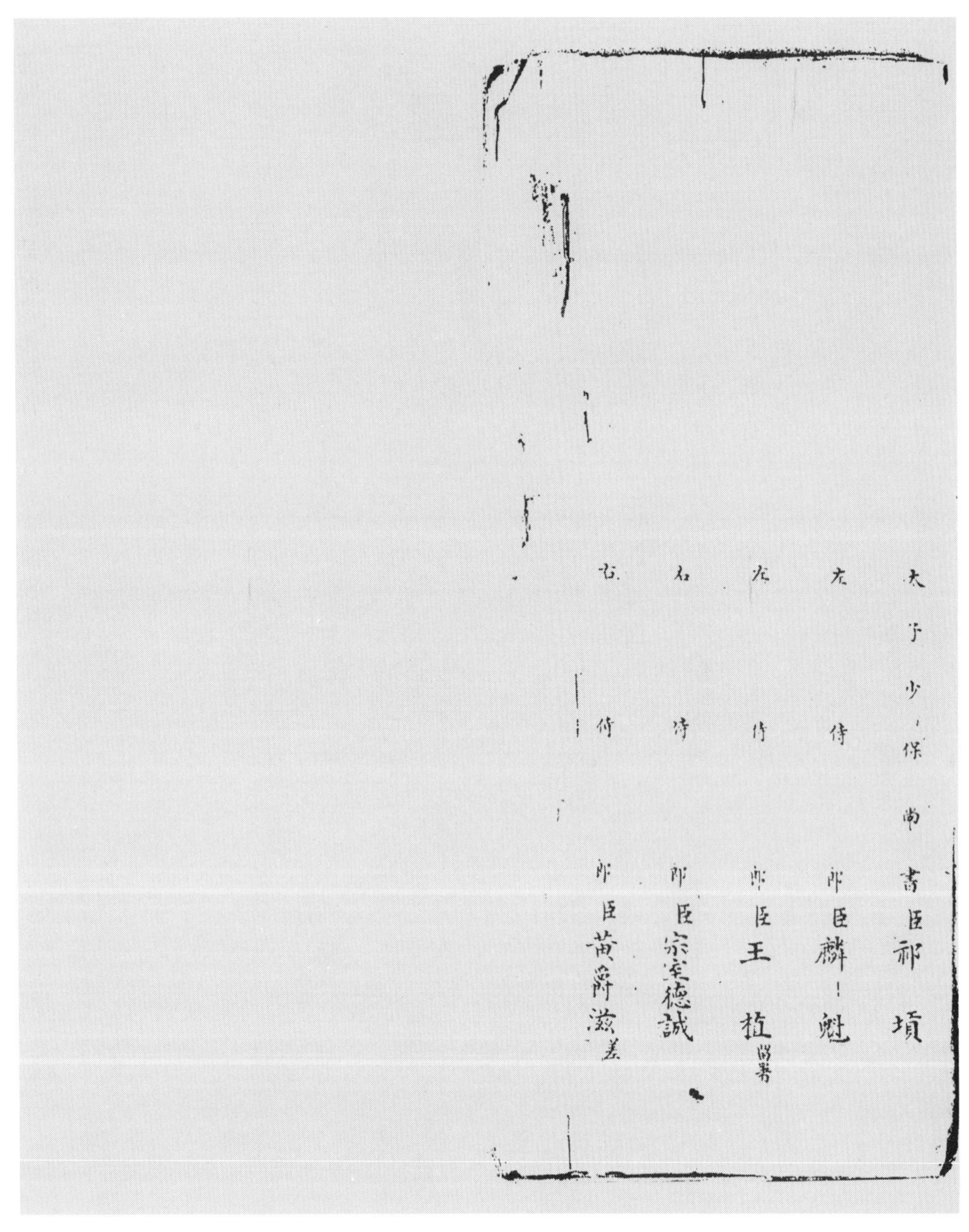

太子少保尚書臣祁𡐤

左侍郎臣麟魁

左侍郎臣王植 留署

右侍郎臣宗室德誠

右侍郎臣黃爵滋 差

上諭 著准林則徐所請府廳州縣各員分別改擬勒休

道光二十年七月初四日内閣奉

上諭林則徐等奏請將府廳州縣各員分別改撤勒休一摺廣東廉州府知府文禧辦事未能明敏連平州知州愛昇阿身多債累難期潔已奉公文禧愛昇阿均著開缺送部引見廣州府澳門同知現署佛岡同知胡承光才欠開展辦理未能裕如著以簡缺改用仍照例送部引見鶴山縣知縣完迺仁才識迂拘難勝民社著以原品休致文昌縣知縣李式典年越六旬精神難期振作著即勒令休致該部知道欽此

上諭　著照林則徐所請熊宗貴陞署廣西義寧協副將

道光二十年七月初四日内閣奉

上諭林則徐奏請升署副將一摺廣西義寧協副將員缺准其以熊宗貴升署照例送部引見仍俟扣滿年限另請實授該部知道欽此

英兵船續來粵省設防情形並飛咨沿海各省協力籌防

上

林則徐等片

再暎咭唎夷船逗留外洋臣等叠飭各將弁帶領兵勇
火船設法焚勦於五月初九日乘夜縱火燒燬夷船
三隻業經會摺奏
聞在案查該夷自貿易斷絕每揚言兵船多隻即日到粵臣
等不為所動而仍密為之防除上年所到之吐嚧嗶嚕
兩船與近時續到之嘟嚕嚧咯吧吐兩船在外洋游弈情
形先已查明具
奏外茲據澳門文武會稟據引水探報五月二十二日望見
九洲外洋來有兵船二隻一係大船有砲三層約七八
十門其一較小有礮一層二十三日陸續又來兵船七隻
均不甚大礮位亦祗一層又先後來有車輪船三隻以

火焰激動機抽駕駛較捷此項夷船前曾到過粵洋
專為巡風送信疑與各兵船或泊九洲或赴磨刀或赴
三角外洋寄碇西竄皆未敢駛近口門臣等查中路要
口以虎門為最次即澳門又次即尖沙嘴一帶其餘外
海內洋相通之處雖不可勝數然多係淺水暗礁祇
是以內地之船詎夷無船不能飛越所有虎門各砲
台先已添建增砌與海面所設兩層排鍊相為表
裏猶恐各台舊安砲位未盡得力復設法密購西
洋大銅砲及他夷精製之生鐵大砲自五千斤至八
九千斤不等務使利於遠攻現在該處各砲台計有
大礮三百餘位其在船在岸兵勇隨時分撥共有
三千餘名至澳門地方自

奏奉高廉道易中孚與
奏留升任之香山協惠昌耀會同防範，已派駐兵勇
亦有一千三百餘名。又尖沙嘴一帶新建砲台兩座，業
已趕辦完工，並設法購辦大礮五十六位，分別安設。
其附近山梁駐兵共有八百餘名。此外各小口及內河
水陸要隘，亦皆添兵多名，協同防堵，聲勢已皆聯絡，
布置並不張皇。現在該夷兵船亦祗飄泊外洋，別無動
靜，即使此後潛圖窺伺，而處處皆有準備，不致疎虞。
此時商旅居民極為安謐，即他國在澳夷人，亦皆各
自貿易，安靜如常。而臣等密籌周防，從不容一刻
稍懈，且隨處偵探接濟，嚴拏漢奸，務令長絕勾通，
俾其坐困。第恐在粵無可乘之隙，該夷船趁此南

兩廣總督林則徐等奏片 英兵船續來粵省設防情形並飛咨沿海各省協力籌防

道光二十年七月初四日

風國昔輒由洋水外洋揚帆竄越臣等現已飛
咨閩浙江蘇山東直隸各省飭屬嚴查海口協力
籌防以冀仰紓
宸念謹合詞備片附陳伏乞
聖鑒謹
奏

道光二十年七月初四日奉
硃批隨時加意嚴防不可稍懈欽此

兩廣總督林則徐等奏片

密陳英國續來兵船寫有說帖滋擾並東向北上情形

(上)

林則徐等片

再嘆咭唎來粵兵船，除上年所到之吐嘧嘩嗃兩船，又
本年續到之嘟嘈噎咯吧吐兩船，先經隨時
奏報。嗣於五月二十二三等日又到大小兵船九隻、車輪船三隻，游
奕外洋，東停西竄，臣等示以鎮靜，不事張皇，而仍嚴密周
防，於水陸各要隘加撥添兵，妥爲準備，並嚴擇要杜
絕勾通，經臣等將籌辦情形，於本月二十五日附片奏
聞。臣等查近日該嘆夷又先後到有大小兵船十隻、並車輪船二
隻，仍亦散泊外洋，別無動靜，惟揚言不先尋釁，詭欲撼我
軍心，旋於海灘上插一木牌，寫有漢字說帖，妄稱內地船
隻不准出入粵省門口，俟英國通商再行無阻，又稱無艇
日間出入不為攔截，各邑鄉里亦聽如舊，英國泊船之處貿
易等語。查嘆夷中有嗎哩遜能書漢字，上年一切夷稟

祿

皆出伊手此次說帖詳叩該夷人所寫揣其鬼蜮伎倆
一則希圖挾制通商一則格外好作興販占其所據不
先尋釁之言又大相刺謬當經函催程限同天培如
果該英夷膽敢擱阻小舟即當示以兵威不容保援又
查該夷說帖內有國王命伊
前往中國條議搭

賚奏明之語而見聞之哈吧吐一船及哋咧之嘩咁嘛等船
八隻由瑞船之隻又探聞米京報於本月初間先
後駛出老萬山東向揚帆而去瞭望無蹤據探得高佐依
棠等禀呈咪唎㗎夷人稟譯出漢字內稱聽說英夷兵
船係赴浙江江蘇又有夷人說往天津等情臣等復查夷
情詭譎凡事粉飾虛張固難盡聽而現值南風盛發

兩廣總督林則徐等奏片 密陳英國續來兵船寫有說帖滋擾並東向北上情形 道光二十年七月初六日

外洋並無界限亦無從遏止前月彼又敢至浙江舟山[illegible]
以及上海等處該二省已嚴[illegible]稽查省治文武自當有備不
知等所見不為無因然[illegible]決不為此也
防該夷若其徑達天津求通貿易[illegible]以為該國久矣
大皇帝[illegible]之恩不致遽遭屏斥此次既求通市[illegible]臣等
私自擅行借所陳各條恭順之詞而吾仰懇
天恩仍優以懷柔之術
敕下兵部臣查照嘉慶二十一年間英國夷使[illegible]
臣等自北遣回成案將[illegible]人由內河[illegible]送粵
[illegible]而教其身不敢易就[illegible]花園借所過之詞[illegible]臣等
之處惟求
欽派大臣來粵查辦俾知
天朝法度一秉大公益生其敬畏之誠不敢再有藉口事[illegible]

兩廣總督林則徐等奏片　密陳英國續來兵船寫有說帖滋擾並東向北上情形
道光二十年七月初六日

外夷臣等管見所及謹合詞附片密陳並將該夷說帖另
繕清摺恭呈
御覽伏乞
聖鑒訓示再沿海西路一段俱照常靜謐合併奏明謹
奏
道光二十年八月初六日奉
硃批另有旨欽此

兩廣總督林則徐等清單　英夷兵船所出漢字説帖鈔録清摺

卜

謹將暎夷兵船所出漢字説帖鈔録清摺恭呈

御覽

大英國特命水師將帥為通行曉諭事照得粤

東大憲林鄧等因玩視

聖諭相待英人必須秉公謹度輙將住省英國領事

商人等詭譎强逼捏詞誆騙表奏無忌故此大

英國主欽命官憲著伊前往中國海境俾得據

實奏明

御覽致使泰平永承妥務正經貿易且大英國主恭敬

皇帝懷柔内地安分良民嚴命本國軍士設使民人

不為抗拒即當凛行保全各人身家產業是則

該民無庸驚懼乃可帶同貨物接濟赴到英師

之營汛定要施惠保護給爾公道價錢也且大
憲林鄧捏詞假奏請奉
皇帝停止英國貿易之諭以致中外千萬良人喫虧
甚重緣此大英國將帥現奉國主諭旨欽遵為
此告示所有内地船隻不准出入粤東省城門
口兼嗣後所指示各口岸亦將不准出入也迨
俟英國通商再行無阻本將帥纔給符官印發
檄曉示所應經商之港口也至魚艇悉准日間
出入粤省港口不為攔截又沿海各邑鄉里商
船亦准往來可赴英國船隻停泊之處貿易無
妨特示

甚屬可惡

圖書在版編目（CIP）數據

清宫林則徐檔案匯編.23/ 中國第一歷史檔案館　福建省林則徐研究會　編.—福州：海峽文藝出版社，2020.3

ISBN 978-7-5550-2128-5

Ⅰ.①清…　Ⅱ.①中…②福…　Ⅲ.①林則徐（1785~1850）—檔案資料—匯編　Ⅳ.① K827=52

中國版本圖書館 CIP 數據核字（2019）第 265465 號

清宫林則徐檔案匯編　23

中國第一歷史檔案館　福建省林則徐研究會　編

責任編輯　陳　婧
美術編輯　劉小岳
出版發行　海峽文藝出版社
經　　銷　福建新華發行(集團)有限責任公司
社　　址　福州市東水路 76 號 14 層　　**郵編**　350001
發 行 部　0591-87536797
印　　刷　福建新華印刷有限責任公司　　**郵編**　350011
廠　　址　福州市福新中路 42 號
開　　本　889 毫米 × 1194 毫米　1/16
字　　數　772 千字
印　　張　35.25
版　　次　2020 年 3 月第 1 版
印　　次　2020 年 3 月第 1 次印刷
書　　號　ISBN 978-7-5550-2128-5
定　　價　300.00 元